DIALOGUE
THE ART OF VERBAL ACTION
FOR PAGE, STAGE, AND SCREEN

ダイアローグ

小説・演劇・映画・テレビドラマで効果的な会話を生みだす方法

ロバート・マッキー
ROBERT McKEE
越前敏弥 訳

FILM ART
フィルムアート社

DIALOGUE

The Art of Verbal Action for Page, Stage, and Screen

by Robert Mckee

目次

マイラへ
彼女が話すと、わたしの心は耳を傾ける。

［凡例］

▼本文中の映画作品について、初出時はその制作年を（　）内に算用数字下二桁で示した。

▼〔　〕内は、訳者による補足説明である。

▼本文中の引用作品は、基本的には既訳を参考にしたが、既訳の一部を変更するか、または該当箇所を新たに訳出し直した作品もある。既訳からの引用については、文末の（　）内に翻訳者と出版社名を表記した。

謝辞

どんな書き手にとっても、信頼できる仲間たちは欠かせない。彼らは不完全な原稿に目を通して、意義深い指摘を重ねてくれ、友情ゆえに批判の手をゆるめることはけっしてない。キャロル・タンバー、バシム・エル‐ワキル、ジェイムズ・マッケイブ、ジョエル・バーンスタイン、ポール・マッキー、ミア・キム、マルシア・フリードマン、スティーヴン・プレスフィールド、パトリック・マグラスに感謝している。

まえがき

ダイアローグをたたえて

人は語らう。

ほかの何にも劣らず、語りには人間らしさが表れる。恋人にささやく。敵を罵る。配管工と口論する。飼い犬を褒める。母親の墓に誓う。人間関係とは、つまるところ、日々の生活にストレスや喜びを与えるさまざまな要素にまつわる長い長い語らいである。家族や友人たちとの面と向かった語らいが何十年とつづく一方、自分自身との対話には終わりがない。良心の呵責が破廉恥な欲望を叱りつけ、無知が知をあなどり、希望が失望を慰め、衝動が慎重さをあざける。そして、それらすべてを才知が笑い飛ばし、内なる善と悪の声が最後のひと息までせめぎ合う。

何十年にもわたって降り注ぐ語らいの雨は、ことばから意味を奪い去ることもある。意味がすり減れば、日常の深みが消える。だが、時間が薄めるものを、ストーリーは凝縮する。

作家はまず、日常生活の凡庸なものや些末なもの、騒々しい雑談などを切り捨てて、意味を凝縮する。そして、複雑で相反する欲望の渦巻く重大な局面を築きあげていく。緊張感のもとで、ことばには言外の意味や含みが満たされる。ある登場人物が葛藤に面して口にしたことばが、その奥底にひそむ真意を浮かびあがらせてしまう。表現豊かなダイアローグは半ば透明なものとなり、読者や観客はそれを通して、登場人物の目の奥に静かに影を投じた思考と感情を理解する。

すぐれた作品は、読者や観客をいわば超能力者に変身させる。劇的な会話は、語られないふたつの領域、すなわち、登場人物の内面と読者や観客の内面とを結びつける力を持つ。無線機さながらに、われわれの本能が登場人物の内面の揺らぎを感じとると、潜在意識が同調していく。文芸評論家のケネス・バークが言ったとおり、物語はわれわれに、この世界で生きるため、他者と親しむため、そして何より大事なことに、自分自身と親しむための知識を与えてくれる。

作家はわれわれにこの力を授けるために、つぎのような手順を踏む。まずは人間の性質の隠喩となるものとして、登場人物を作り出す。つぎに、その心理を探求し、意識と無意識の両方のレベルの欲求、自己の外側も内側も駆り立てるような願望を掘り起こす。この洞察をもとに、作家はその人物のやむにやまれぬ欲求を、対立や葛藤の引火点へと送りこむ。そしてシーン（場面）を重ねながら、変化の節目のまわりにその人物の行動や反応を織り混ぜていく。最終段階で、ようやく本人に語らせるが、それは日常会話のように冗長で単調なものではなく、半ば詩的な〝ダイアローグ〟として知られるものだ。作家は錬金術師さながらに、特徴や対立や葛藤や変化という調合物を掻き混ぜ、形作り、それをダイアローグで飾り立てて、ありふれた地金を輝く黄金の物語へと昇華させる。

ひとたび語られると、ダイアローグはわれわれを感情と本質の波へとまで押し進め、そこから〝言うこと〟、〝言わないこと〟、そして〝言えないこと〟へと波紋をひろげていく。**言うこと**とは、ある登場人物が別の登場人物に対して口に出して述べる考えや感情を指し、**言わないこと**とは、内なる声で自分に対してのみ告げる思考や心情を指し、**言えないこと**とは、黙したままで意識が及ばないせいで自分に対してすら告げることができない、意識下の衝動や願望を指す。
どれほど演劇の制作費が高額だろうと、小説の描写が鮮明だろうと、映画の撮影技術が高度だろうと、ストーリーの奥底にある複雑さや皮肉や深みを形作るのは登場人物の語りにほかならない。表現豊かなダイアローグがなければ、出来事は奥行きを欠き、登場人物は立体感を失い、ストーリーは単調になる。登場人物の肉づけの技巧（性別、年齢、衣服、階級、配役）のどれにも増して、ダイアローグには人生の層を幾重も経てストーリーを引きあげる力があるため、ただのこみ入った話を重層的な高みへと上昇させることができる。
わたしはよく、気に入った台詞を暗記するが、あなたはどうだろうか。ダイアローグを暗記するのは、それらが描く生き生きとしたことばの風景にあらためて息を吹きこみたいからだけではなく、登場人物の考えに共鳴した自分の声も聞きたくて繰り返し口にするからだ、とわたしは考えている。

あす、あす、そしてあす
一日一日と小刻みに忍びおり
時の記録の最後の一語にたどり着き
きのうという日はすべて、愚か者たちのために
塵と化す死への道を照らしてきた。

——『マクベス』のマクベス

世界じゅうのあらゆる町に酒場は山ほどあるのに、おれの店に来るとはな。

——『カサブランカ』のリック

わしはこの波に乗って、おまえと闘う。何もかも打ち壊す無敵の鯨よ。最後までおまえとつかみ合い、地獄のただなかからおまえを刺し、今際の息にも憎しみをこめて、おまえの面に吐きかけてやる。

――『白鯨』のエイハブ

それが悪いってわけじゃないんだけど。〔ゲイと勘ちがいされたときの嘆き文句〕

――『となりのサインフェルド』のジェリー

この四人のように、だれもが皮肉なめぐり合わせに苦悩したことがあるはずだ。世間の仕打ちに、さらにひどい場合は、自分に対する自分の仕打ちにふと気づくことや、冗談のような出来事に見舞われてどうとでも受け止めうる瞬間に出くわし、笑うべきか嘆くべきかと窮したこともあるだろう。だが、そうした皮肉を作家がことばのマリネに浸けて風味づけしてくれるので、われわれはその甘美な苦味を堪能することができる。ダイアローグの記憶があるからこそ、矛盾に満ちたものの数々を心にとどめておくことができるのだ。

わたしはありとあらゆるダイアローグの技巧を愛している。その親愛の情にほだされて本書を執筆し、ストーリー作りにおける至高の作業――登場人物に声を与えること――の解明に取り組むことにした。

本書の概要

第一部　ダイアローグの技巧では、ダイアローグの定義を大幅に拡張して、使い道を増やす。第二章から第五章では、登場人物の語りの機能、内容、形式、テクニックについて、四つの媒体にわたって考察する。

第二部　欠陥と対処法では、嘘っぽさ、月並みな決まり文句、正確すぎる記述、過剰な繰り返しなどの欠点を突き止めて、原因を探り、改善策を伝授する。技巧を凝らしたダイアローグを生み出すさまざまなテクニックを説明するために、小説、演劇、映画、テレビからいくつか例を示す。

第三部　ダイアローグを作るでは、最後の仕上げ、すなわち、テクストを形作ることばの見つけ方を考えていく。われわれがある作家を「すぐれたダイアローグの書き手」と評するのは、その作家が登場人物に適合したダイアローグを生み出しているときだ。それぞれの登場人物の語りに筋道とリズムと色調があり、何より大切なことに、その人物以外は使いそうもないことばが選ばれている。すべての登場人物が独自のことばに彩られた用語辞典になることが理想だ。それゆえ、ダイアローグの独創性は語彙からはじまる。

登場人物に適合したダイアローグの力を説明するために、ここではシェイクスピアの戯曲『ジュリアス・シーザー』、エルモア・レナードの小説『アウト・オブ・サイト』、ティナ・フェイのテレビシリーズ「30 ROCK／サーティー・ロック」、アレクサンダー・ペインとジム・テイラーの映画『サイドウェイ』（04）のシーンを取りあげて説明する。

第四部　ダイアローグの設計は、ストーリーやシーンの構成要素を研究することからはじめる。第十二章では、それぞれの表現形式が登場人物の語りをどのように形作るかを示す。ケーブルテレビのシリーズ「ザ・ソプラノズ　哀愁のマフィア」からは均衡のとれた対立のシーン、ネットワークテレビのシリーズ「そりゃないぜ!?　フレイジャー」からは喜劇的な対立のシーン、戯曲『アート・レーズン・イン・ザ・サン』からは不均衡な対立のシーン、小説『グレート・ギャツビー』からは間接的な対立のシーン、中編小説「フロイライン・エルゼ」と長編小説『無垢の博物館』からは内省的な葛藤のシーン、映画『ロスト・イン・トランスレーション』（03）からは暗黙の葛藤のシーンを選び出し、六件のケーススタディをおこなう。

こうした分析を通して、効果的なダイアローグのふたつの主原則を考察していく。第一は、ダイアローグが交わされるたびに、シーンを進展させる行動（アクション）や反応（リアクション）が生まれることである。第二は、そうした行動は語りの表層で具現するが、登場人物の行動の水脈はサブテクスト（言外の意味）から目に見えぬ形で流れていることだ。

作家にとってのGPS機能のごとく、本書は創作志望者には道案内を提供し、道に迷った者には方向づけをする。ダイアローグの技巧を試そうとして、創造の袋小路にはまりこんだ者を、本書は卓越への道に押し進める。創作や著述を生業としながらも、考えるよりどころを失っている者を、本来の居場所へと導くだろう。

第1部
ダイアローグの技巧

1　ダイアローグの完全な定義

ダイアローグ——あらゆる登場人物が、あらゆる人物に対して発する、あらゆることば。

通常、ダイアローグは登場人物同士が交わす会話と定義されている。だが、ダイアローグを包括的かつ綿密に研究するために、そこから一歩もどって、できるかぎり広い視野でストーリーテリングを考察することからはじめよう。その見地に立ってまず気づくのは、登場人物の語りは、他者に話す、自身に話す、読者や観客に話すという、明確に異なる三つの流れに分かれることだ。

この三つの語りの形式を「ダイアローグ」という用語でまとめて呼ぶのには、ふたつの理由がある。第一に、ある登場人物が、いつ、どこで、だれに対して語るにせよ、作家はその役柄に個性を与えるために、その人物ならではの声を言語化して示さなくてはいけないからだ。第二に、心中のつぶやきであれ音をともなう声であれ、脳裏の思考であれ世間に向けた発言であれ、語るという行為はすべて、内なる活力が外へ発せられたものだからだ。語りはどれも、必要を満たし、目的を持ち、行動を引き起こす。どんなにあいまいで空疎に見えても、他者に対して、いや、自身に対してさえ、目的も理由もなく語りかける登場人物はいない。だから作家は、登場人物の発言ひとつひとつの裏に、欲求と意図と活力を組みこまなくてはならない。そしてその活力が、ことばの駆け引き、すなわちダイアローグになる。

では、ダイアローグの三つの流れをくわしく見てみよう。

一、他者に話す。二方向間の会話は対話劇《デュアローグ》と呼ばれる。三人が会話をすると、三人劇《トライアローグ》が生まれる。感謝祭の食事に大家族が集えば、多数劇《マルチローグ》となるのかもしれない。

二、自身に話す。映画やテレビドラマの脚本家は登場人物にひとり語りをあまりさせないが、劇作家はよくそうする。小説家にとっては、心のなかの語りは散文技巧の大切な要素である。小説には、登場人物の心にはいりこんで、内面の葛藤を思考の風景へ投影する力がある。小説家が一人称か二人称でストーリーを書くとき、その語り手はかならず登場人物のひとりだ。したがって小説には、あたかも読者に立ち聞きさせるかのような、内省的で自分に語りかける形のダイアローグが満ちていることが多い。

三、読者や観客に話す。演劇では、独白や傍白という手法によって、登場人物が観客の目の前でひそかにひとり語りをすることができる。テレビや映画では、画面外で登場人物に語らせるのがふつうだが、カメラに向かって直接語らせる場合もある。小説では、これこそがまさしく一人称形式で、登場人物が自分の話を読者へ語り聞かせる。

「ダイアローグ（dialogue）」ということばの語源は、「〜を通して（through）」という意味のdia-と、「発話（speech）」という意味のlegein、ふたつのギリシャ語である。この二語が直接英語に移されて、「発話による（through-speech）」という複合名詞ができ、〝行為〟と対比される語となった。他者へ向けて口に出したものでも、心のなかのつぶやきでも、登場人物が口にするすべての台

詞は、ジョン・L・オースティンのことばを借りると、〃遂行的〃である。〔原注1〕

　発話も一種の行動であるから、わたしはダイアローグの定義をさらにひろげて、「ある登場人物が自分自身、他者、読者や観客に対し、なんらかの必要や欲求を満たすために発するあらゆることば」と再定義してきた。三つの場合のすべてにおいて、登場人物が話すときは、肉体ではなくことばで行動するのであり、〃発話による〃アクションのひとつひとつがそのシーンを少しずつ動かすとともに、登場人物は願望の実現へ近づいたり（プラス）、そこから遠ざかったり（マイナス）する。アクションとしてのダイアローグは本書の基礎を成す原則である。

　ダイアローグはふたつの形式のどちらかでアクションを引き起こす。ドラマ型か、ナレーション型だ。

ドラマ型のダイアローグ

　ドラマ型とは、シーン内で演じるという意味だ。喜劇調であれ悲劇調であれ、ドラマ型のダイアローグは相対する登場人物のあいだで台詞のやりとりをおこなう。それぞれの台詞には具体的な意図を持ったアクションが含まれ、シーン内のある時点で反応（リアクション）を引き起こす。

　これは人物がひとりしか登場しないシーンでもあてはまる。人が「自分に腹が立つ」と言うとき、だれがだれに腹を立てているのだろうか。鏡のなかに自分の姿が見えるように、想像のなかに自分自身が見えているのだ。自分自身と論じ合うために、心は第二の自己を生み出して、別の人物に対するかのように語りかける。内面のダイアローグは、同一人物中のふたつの自己が対立し合う、きわめて劇的なシーンを生む。自己のどちらが口論に勝つかはわからない。したがって、厳密に定義すれば、すべてのモノローグは、実のところダイアローグだ。登場人物が話すときは、つねにだれかに向かって話す。相手がもうひとりの自分の場合もある。

ナレーション型のダイアローグ

ナレーション型とは、シーン外で語るという意味だ。この場合、現実と虚構を隔てるいわゆる第四の壁が消え去り、登場人物がドラマの枠から外へ踏み出す。ここでもまた、厳密に言えば、ナレーション型の語りはモノローグではなくダイアローグであり、登場人物は読者や観客や自分自身に対し、声を出して直接語りかける。

作り手の願望という観点から言うと、小説における一人称形式の語りや、演劇や映画における登場人物によるナレーションは、読者や観客に過去の出来事を知らせて、これから起こる出来事への好奇心を呼び起こしたいだけなのかもしれない。ナレーション型のダイアローグを用いて、そのような単純な野心を実現させたいだけで、それ以上の意味はないとも言える。

だが、もっとこみ入った状況では、たとえば語りによって読者や観客を誘導し、登場人物のかつての過ちを許させたり、敵に対する一方的な見方に共感させたりという効果を狙う場合もありうる。登場人物がアクションを起こす引き金となる欲求も、読者や観客に語りかける技巧も、ストーリーによってさまざまで、際限がないように思える。

それと同じことが、内面と向き合って自分自身に語りかける登場人物についても言える。目的はどんなものでもおかしくない。記憶をよみがえらせて楽しんだり、恋人の誠意を信じるべきか否かで頭を悩ませたり、先々の人生を夢想して希望を募らせたりしながら、その思考は過去を、現在を、そして起こりうる未来をさまよっていく。現実も空想も含めてだ。

三種類のダイアローグの形式で同じ内容が表現できることを示すために、スウェーデンの作家ヤルマール・セーデルベリが一九〇五年に発表した小説『グラース博士』の一節を使って試してみよう。

この作品は、タイトルと同名の主人公による日記の形式で書かれている。日記というものは、自分自身に語りかける秘密の会話を記録するものだから、虚構の日記は、秘められた内面のダイアローグを盗み聞きしている気分に読者をさせなくてはならない。

セーデルベリの小説のなかで、グラース博士は（ひそかに恋心を寄せる）ある患者を、性的暴行を加える夫から救いたいと思っている。博士の心は日々、彼女の夫を殺すべきか否かと道義上の争論を繰りひろげていて、夜ごと見る悪夢のなかでは、決まって殺人を犯す（その後、実際に夫を毒殺する）。八月七日と記された日記には、悪夢で冷たい汗をかいて目が覚めたと書いてある。この忌まわしい夢は予知夢ではないと自分に言い聞かせようとするグラースの、とりとめのないナレーション型のダイアローグに耳を傾けてみよう。

「夢は小川のごとく流れゆく」。古き格言よ、おまえのことはよく知っている。そして現実には、人が見る夢のほとんどが思い返すに値しないことも。それらはまとまりのない経験の断片であり、しばしば意識が蓄えるまでもないと判断したこの上なくばかげて無意味な断片であるが、そんなものでも頭のなかの屋根裏部屋や納戸でひそやかに息づいている。だが夢の種類はそれだけではない。若いころ、午後をまるまる費やして幾何学の問題に挑み、結局解けないまま寝てしまったことがある。睡眠中でも脳は勝手に働きつづけ、夢のなかで解答を導き出した。正しい答えだった。また、心の奥底から湧きあがる泡のような夢もある。このごろは夢についてもっとはっきりした考えを持つようになった――自分自身について夢が教えてくれたことが幾度もあり、いだきたくなかった願望や、白日のもとにさらしたくなかった願望をしばしば暴き出す。そうした夢や願望を、のちにわたしは明るい日差しのもとで秤にかけて見定めた。けれども日の光に耐えうるようなものはめったになく、たいがいはそれらが属すべき深い淀みへ追い返した。それらは夜になるとあらためて襲いかかるが、わたしはその正体を知っているから、夢のなかであっても笑い飛ばす。それらが現実に日の目を見たいという欲求をことごとく捨てさせてやる。［原注2］

グラースは一行目で、まるで観念に心があるかのように、心に浮かんだ成句に対して語りかける。それから、寡黙で不道徳な自分の暗黒面、殺人願望で乱れる自己との論戦をはじめる。最後の文によって、善良な自己が議論に勝利したとグラースは考える……少なくともいったんは。冗長で反芻が積み重なった文でそれが語られるさまに注目するといい。

つぎにこの一節を、グラース博士が直接読者へ向けて語るナレーション型のダイアローグとしてセーデルベリが書いたと仮定しよう。グラースが他者へ語りかけるときの声として、医師が患者を治療するときによく使う威厳ある声を想定してもいいだろう。一文の長さは短く、命令調になるかもしれない。発想に鋭いひねりをもたらすために、「～べきだ」「～してはいけない」「しかし～」などが用いられることもある。

「夢は小川のごとく流れゆく」。聞き覚えがある成句だろう。これを信じてはいけない。たいがいの夢は思い返すに値しない。それらのまとまりない断片はばかげて無意味で、意識が蓄えるまでもないと判断したものだ。それでも頭のなかの屋根裏部屋でひそやかに息づいている。健全とは言えない。だが便利な夢もある。若いころ、午後をまるまる費やして幾何学の問題に挑んだことがある。結局、解けないまま寝てしまった。しかし、脳は睡眠中でも働きつづけ、夢のなかで答えを導き出した。また、心の奥底から湧きあがる泡のような危険な夢もある。あえて考えてみると、そうした夢は自分自身について教えてくれる気がする――いだきたくなかった願望や、口にしたくなかった願望をだ。それらを信じてはいけない。よく考えたが、それらは明るい日の光に耐えられるものではない。だから健全な人間がすることをなすべきだ。それらが属すべき深い淀みへ追い返すべきだ。夜にあらためて襲いかかったら、それらを笑い飛ばし、現実に日の目を見たいという欲求をことごとく捨てさせてやるべきだ。

第三の選択として、戯曲も手がけていたセーデルベルグが、この話を舞台劇に仕立てた可能性もある。博士の役柄をふたつに分けたかもしれない――グラースとマーケルだ。小説では、ジャーナリストのマーケルはグラースの親友である。舞台劇では、マーケルにグラースの道義的な一面を体現させ、グラースには殺人の誘惑に苦しむ一面を演じさせることもできる。

つぎのシーンには、グラースが厄介な夢から解き放たれたくてマーケルに助けを求めるという含みがある。それを感じとったマーケルは、グラースの質問への答えとして、前向きで道義的な意見を述べる。テクストには小説の比喩表現がそのまま残されている（実のところ、戯曲では象徴的な言いまわしが求められる）が、台詞の設計を蓄積型の文から掉尾文にして、俳優が話しはじめるきっかけを作ってある（台詞の設計については第五章参照）。

グラースとマーケルはカフェにいる。

夕暮れから夜になる時分で、ふたりは食後のブランデーを飲んでいる。

グラース　こういうことわざを知っているか？　〝夢は小川のごとく流れゆく〟。

マーケル　ああ。ばあさんがしじゅう口にしてたけど、実のところ、ほとんどの夢は一日の断片にすぎない。覚えておく価値はないさ。

グラース　役立たずだとしても、ひそやかに息づいているんだぞ、頭のなかの屋根裏部屋で。

マーケル　あんたの頭のなかではね、博士。おれのじゃない。

グラース　しかし、夢が見識を与えてくれるとは思わないか？

マーケル　ときにはね。若いころ、午後をまるまる費やして幾何学の問題に取り組んだことがあるんだが、結局解けないまま寝てしまった。でも、脳は働きつづけて、答えが夢に出てきたんだ。翌朝たしかめたら、なんと正解だったよ。

グラース　いや、わたしが言っているのはもっと秘められたもので、おのれを見透かす洞察とか、心の奥底から湧きあがる真実の泡とか、朝食を食べながらとても認める気にはなれないような邪悪な願望のことだ。

マーケル　もしそんな願望があるなら、おれのなかにあるかどうかはともかく、それらがいるべき深い淀みへ追い返すよ。

グラース　だが、願望が夜ごともどってきたら？
マーケル　だったらそれをあざけるような夢を見てやり、笑い飛ばして頭から追い払うまでさ。

この三つでは内容の本質が同じだが、語りかける対象が自分自身から読者へ、さらに別の登場人物へと変わると、輪郭、ことばづかい、調子、構成が大きく変化する。この三つの基本的なダイアローグの形式には、くっきりと差がある三種の文体が求められる。

ダイアローグと主要媒体

すべてのダイアローグは、ドラマ型であれナレーション型であれ、ストーリーという大交響曲のなかで奏でられるものだが、演劇と映画とテレビと小説では、その楽器や編曲が著しく異なる。そのため作者がどの媒体を選ぶかは、ダイアローグの構成、その量と質に大きな影響を及ぼす。たとえば、演劇はおもに聴覚の媒体であり、観客を観るより聴くほうに集中させる。その結果、演劇では外見より声が優先される。

映画はその逆で、おもに視覚の媒体であり、観客を聴くより観るほうに集中させる。そのため、映画では声より外見が優先される。

テレビの場合は、演劇と映画のあいだを浮遊している。テレビドラマは声と外見の調和をめざす傾向にあり、だいたいのところ、観ることと聴くことを等分に求める。

小説は心の媒体である。舞台やスクリーンで演じられるストーリーは観客の耳と目に直接訴えるが、文学は迂回路を通って読者の心へ訴える。読者はまず言語を解釈しなければならず、それから描かれている光景と音を想像し（読者の想像は人それぞれだ）、そこでようやく、描かれたものに身をまかせる。そのうえ、文芸作品の登場人物に演じ手は不在であるから、作者が適切と判断すれば、ドラマ型でもナレーション型でも、量に関係なく、ダイアローグを自由に用いることができる。

では、ストーリーの各媒体がダイアローグをどのように形作るかを見てみよう。

演劇のダイアローグ

ドラマ型のダイアローグ

主要な四つの媒体のどれについても、シーン（場面）はストーリーを構成する基本単位だ。演劇では、語りの大部分はいくつかのシーンにおいて、ドラマ型のダイアローグとして登場人物たちのあいだで交わされる。

ひとり芝居の場合も例外ではない。唯一の登場人物が舞台を歩きまわるときには、言ってみれば自身をふたつに分割し、互いを闘わせることによって、内面でドラマ型のダイアローグを作り出す。その人物が椅子に深々と腰かけて、自身の考えを口に出すとき、そこで語られる思い出や空想や哲学は、何かの欲望に突き動かされ、何かの目的によって引き起こされた内面の動きとしてしっかり機能する。そのように物思いにふけることは、うわべがどれほど受け身で漫然とした行為に見えたとしても、たしかにドラマ型のダイアローグであり、葛藤をかかえた登場人物がシーン内で口に出したことにほかならない。自分を理解しようとしたり、過去を忘れようとしたり、みずからに嘘を納得させようとしたり、さまざまな内面の動きを劇作家は考えつく。サミュエル・ベケットの『クラップの最後のテープ』は、ひとり芝居におけるドラマ型のダイアローグの秀逸な例だ。

ナレーション型のダイアローグ

古来の演劇の伝統に従って、劇作家は登場人物をそのシーンの流れからはずして観客と向き合わせ、独白やごく短い傍白によってナレーション型のダイアローグを利用する場合がある。[原注3] それによって明かされるのは、告白や秘密、あるいは登場人物が他者に告げられない本音や願望であることが多い。例として、テネシー・ウィリアムズの『ガラスの動物園』におけるトム・ウィングフィールドの痛ましい悔恨があげられる。

『悲しみにある者』『マーク・トウェイン・トゥナイト』『アイアム・マイ・オウン・ワイフ』のようなひとり芝居では、劇全体が独白によって成り立っている。このような作品は、伝記や自伝を脚色したものが多く、俳優は現代の著名人（ジョーン・ディディオン）や過去の偉人（マーク・トウェイン）を演じる。俳優は一度の舞台で三つの語りをすべて使うかもしれない。だがその大部分は、ナレーション型のダイアローグで観客へ向けて自分の話を伝える形をとるだろう。ときにはほかの人物になって、ドラマ型のダイアローグによって過去のシーンを演じるかもしれない。

現代のスタンドアップ・コメディは、ただの冗談からナレーション型のダイアローグへと変化したときに成熟期を迎えた。スタンドアップ・コメディアンは、演じる役柄を作り出すか（スティーヴン・コルベア）、自身の特徴を選び抜いて造形した別の自分を演じるか（ルイス・C・K）、そのどちらかをするしかないが、それはベッドから起き出たときとまったく同じ自分のまま舞台にあがれる者はいないからだ。演じるための人格が必要である。

舞台では、ドラマ型とナレーション型のダイアローグの線引きは、俳優の解釈しだいで決まる。たとえば、ハムレットが自身の存在について問う台詞「生きるべきか、死ぬべきか」は、観客か自分自身か、どちらに投げかけたものだろうか。それは俳優が選ぶことだ。

ナレーション

ストーリーが何十年にも及び、おおぜいの俳優が出演する場合、劇作家が語り手を舞台袖に立たせることがある。登場人物ではない語り手はどんな役まわりもこなすことができる。歴史を解説したり、登場人物を紹介したり、舞台で直接演じられない概念や解釈を並行して語り聞かせたりする。

ドナルド・ホールの『アン・イヴニングズ・フロスト』（詩人ロバート・フロストの生涯を舞台化した作品）や、エルヴィン・ピスカトールによるトルストイの『戦争と平和』の壮大な舞台化作品では、神の語り手が歴史や登場人物について神のような知識を披露するが、個人的な思惑は何もない。彼らは劇全体を俯瞰し、ストーリーを進めていく。一方、ソーントン・ワイルダーの『わが町』で、舞台監督として登場する語り手には、さまざまな役割が混成されている。解説したり、観客を劇へ向き合わせたりするばかりか、ときどき作中のシーンにはいりこんで、端役を演じたりもする。

映画のダイアローグ

ドラマ型のダイアローグ

演劇と同じく、映画の会話はドラマ型のダイアローグであり、実写映画では画面内で俳優が語り、アニメーション映画では画面外で声優が声を吹きこむ。

ナレーション型のダイアローグ

映画の登場人物は、画面外で映像にかぶせて声を吹きこむか、映画型の独白としてカメラに向かって語りかけるか、どちらかの形でダイアローグをナレーション化する。

画面外で自分語りをする登場人物は、映画が声を発しはじめて以来、欠かせないものになっている。あるときは穏やかで論理的で信頼できる声で語り（『ママと恋に落ちるまで』）、あるときはヒステリックで理不尽な、信頼できない声で怒鳴る（『π』［98］）。あるときは不可解な出来事に意味づけをし（『メメント』［00］）、あるときはいくつかの出来事を対比する（『ビッグ・リボウスキ』［98］）。内なる自己とのドラマ型のダイアローグによって痛ましいほど正直な考えをさらけ出す者（『アダプテーション』［02］）もいれば、弁解と正当化によって自分を覆い隠す者（『時計じかけのオレンジ』［71］）、ユーモアをこめて自分の苦境を語る者（『マイ・ネーム・イズ・アール』）もいる。

登場人物がカメラを見て、自分にまつわる内緒話をささやくのは、たいがい観客を味方につけたいときの戦術だ（『ハウス・オブ・カード　野望の階段』）。ボブ・ホープ以降のコメディアンは、ジョークを強調するためにカメラを見据えて台詞を投げかける（『イッツ・ギャリー・シャンドリングズ・ショー』)。そして、最もすばらしいのは、ナレーション型のダイアローグを画面内でも画面外でも用い、共感を誘ったり辛辣な風刺を利かせたりしたウディ・アレンだ(『アニー・ホール』[77])。

イングマール・ベルイマンの『冬の光』(63)では、ある女(イングリッド・チューリン)が元恋人(グンナール・ビョルンストランド)へ、臆病ゆえにあなたはわたしを愛せなかったという内容の手紙を送る。男が手紙を手にとると、カメラは女の顔のクローズアップへと切り替わり、女の朗読がはじまる。女がカメラを見据えたまま、朗読は六分間途切れることなくつづく。ベルイマンの主観的なカメラワークは、観る者を元恋人の想像へと走らせ、女が話す姿を思い浮かべる男とその苦しみに共感させるが、その一方で、イングリッド・チューリンのカメラへ向けた演技がふたりの親密さを燃え立たせる。

ナレーション

『バリー・リンドン』(75)、『アメリ』(01)、『天国の口、終わりの楽園。』(01)などの映画では、登場人物ではない者が画面外において、よく響く明瞭な声で語り、エピソードをつないだり、説明を加えたり、台詞との対比を際立たせたりする(ナレーションはそれぞれ、マイケル・ホーダーン、アンドレ・デュソリエ、ダニエル・ヒメネス・カチョ)。

対比のナレーションは、ストーリーの世界の外側からアイディアや洞察を採り入れて、奥行きや深みを加える。たとえば、語り手はコメディを芝居気たっぷりに語るかもしれないし、ドラマをおもしろおかしく語って盛り立てるかもしれない。妄想を現実で突き破ることもあれば、現実を空想で突き破ることもある。政治の世界を民間と比べて論じることや、その逆もあるだろう。ストーリーにかかわりのない者の皮肉な意見が、登場人物が感情に溺れるのを抑えて、映画を感傷的な表現から救うこともたびたびある。『トム・ジョーンズの華麗な冒険』（63）がその例だ。

小説のダイアローグ

舞台やスクリーンで表現されるストーリーは、大気や光という物理的な媒体を通り抜け、聴覚や視覚を介して頭にはいってくる。文章の形で語られるストーリーは、言語という知の媒体を介して、読み手の想像力のなかで息づく。想像力は感覚よりはるかに複雑であり、多面的で多層的でもあるため、文学作品は演劇やテレビドラマや映画より多くの種類と柔軟性を持つダイアローグを提供できる。

小説のストーリーは、作品世界のなかの登場人物か、外の世界の語り手のどちらかによって語られる。しかし、この単純な区分は、小説に三つの視点が存在するせいで、はるかに複雑なものとなる。三つの視点とはすなわち、**一人称**、**二人称**、**三人称**だ。

一人称。一人称形式の語りでは、登場人物が自身を「わたし」や「おれ」などと称し、読者に対して、思いつくままに出来事を語っていく。出来事の説明をすることもあれば、自分とほかの人物が直接対話しているシーンで劇的に語りをはさむこともある。また、胸のなかで自分自身に語りかけることもできる。その場合、読者は語り手に寄り添って、内なる会話を盗み聞くかのように感じる。

一人称の語り手はストーリーに深くかかわる登場人物だから、周囲の日常を観察する者としては不十分であり、出来事の全体像もしばしば理解できずにいる。自分が何を追い求めているかを口にしなかったり、意識していなかったりするので、往々にして客観的とは言いがたい。そのため、一人称の語り手には、信用するに値する者からまったくあてにならない者まで、さまざまなタイプがある。

また、一人称の語り手は他人より自分自身に関心を寄せることが多いため、心の動きや内省や反芻でページが埋まる傾向がある。したがって、読者がほかの登場人物の内面を知るには、語り手の推測や暗示をもとにして、行間から読みとるしかない。

ほかの登場人物の思考や感情を知る超人的な洞察力を持った、全知の一人称の語り手というのは、めったに見られない仕掛けだ。そのような奇抜な着想には、特別の説明が必要になる。たとえば、アリス・シーボルドの『ラブリー・ボーン』では、一人称で語るのは殺害された少女の霊であり、天から下界をながめつつ、自分を失って苦悩する家族の心をのぞきこむ。

一人称の語り手には、物語の主人公（ジュリアン・バーンズ『終わりの感覚』のトニー・ウェブスター、バスカヴィルのウィリアム）、主人公の親友（シャーロック・ホームズにとってのワトスン医師）、一人称で語るグループ（ジェフリー・ユージェニデス『ヘビトンボの季節に自殺した五人姉妹』）、物語から距離を置いた観察者（ジョゼフ・コンラッド『闇の奥』の無名の語り手）などがある。

三人称。三人称形式の語りでは、語り手をつとめる知的存在が読者を導いて、ストーリーを案内していく。この語り手は全登場人物の思考や感情を知りつくしていることが多く、作中に顔を出さないにもかかわらず、物語世界と社会に関する強い倫理観やその他の意見を持っていることもある。登場人物を「彼」「彼女」「彼ら」という代名詞で呼んで、一定の距離を保つのがふつうだ。

三人称の語り手は登場人物ではないので、その語りはダイアローグではない。また、作家の声を書き表したものでもない。三人称で語りながら生きていく人間はいない。ナショナル・パブリック・ラジオのトーク番組に出演する、きわめて多弁なゲストですら、そんなことはできない。

この登場しない語り手は、著者よりいくらか情け深かったり、政治的だったり、客観的だったり、道徳的だったり、あるいはその逆かもしれない。いずれにせよ、それぞれの登場人物に声を与えるのと同じ要領で、作家はこの語り手の話し方を考え出す。観客が舞台上や画面外のナレーターにみずからを委ねるのと同じように、読者が話の進行の約束事として、非登場人物によるダイアローグなしの語りを受け入れることを作家は知っている。

このような知的存在が用いる文体は、きわめて表現豊かな場合もあるため、読者は自身の想像のなかで、何者かの声として聞くかもしれないが、それはだれの声でもない。真の声を持つのは登場人物だけだ。三人称の語り手の「声」と称されるものは、作家の生み出した文体にすぎない。だから、読者はその声に共感もしなければ、陰にいる語り手の運命に好奇心を持つこともない。

ホメロスより古い時代からつづく慣例により、作家が非登場人物の語り手を生み出した目的は、理解しやすいことばで話を進めることだけだと読者は知っている。一方、もしこの知的存在が突然みずからを「わたし」と呼びはじめたら、非登場人物は登場人物となり、語りは一人称へと変わる。

三人称の語り手の知識の幅は全知からほぼ無知まであり、物の見方の幅は中立的から批判的まであり、読者にとっての存在感は強烈から希薄まであり、語りの信頼性は誠実から（非常にまれだが）いい加減まであり、実にさまざまだ。作家はこれらの特質をあれこれ考え、辛辣で突き放した立場からストーリーに深くかかわる立場まで、三人称の語り手をより客観的にするか主観的にするか、濃淡をつけることができる。

客観的な三人称（潜在型や演劇型の三人称とも言う）は、見せることより語ることのほうがはるかに少ない。観察をするが、解釈をすることはない。この語り手は、人生劇場の後見人のごとく椅子に深々と腰かけ、内なる領域にはけっしてはいりこまず、どの登場人物の思考も感情も説明しない。有名な例としては、アーネスト・ヘミングウェイの「白い象のような山並み」「キリマンジャロの雪」などの短編がある。二十世紀半ばにフランスのヌーヴォー・ロマンがこの手法を採り入れて徹底させ、アラン・ロブ＝グリエの『嫉妬』などの作品を生み出した。

主観的な三人称は、複数の登場人物の内面を見透かして、思考や感情を切り替えて描いていく。もっとも、主人公の内面だけに制限する作家も珍しくない。この形式は一人称の一種にも思えるが、「わたし」ではなく、主観を交えない代名詞「彼」「彼女」を用いて、距離をとる。たとえば、ジョージ・R・R・マーティンの『氷と炎の歌』シリーズでは、各編において独立した話が展開し、視点はそれぞれの主人公のものにかぎられている。

主観的な探求の技法は、語り手が全知であれ、一部しか知らないのであれ、二十世紀の小説で最も用いられた語りとなった。主観的な語り手は、若干の個性と明確な意見を持っている場合もある（このあとの『コレクションズ』からの引用を参照）。だが、三人称の語り手がどんなに陽気だろうと辛辣だろうと、またどんなに通俗的だろうと個人的だろうと、その声は作家の創造物であり、外側からストーリーを進めるために生み出された作家自身の特殊な一面である。

作家はその気になれば、詩や散文が何千年もかけて築いてきた読者との信頼の絆を、語り手に壊させることもできる。まれにではあるが、作家が語り手の声に、混乱や不誠実といった特質を加える例もある。しかし、繰り返すが、三人称の語り手がいかにごまかしがうまく、信頼できず、気まぐれであったとしても、そのことばはダイアローグではない。語っているのは仮面をかぶった作者である。三人称の語りには独特の戦略と技法が求められるが、本書の目的からはずれるので、ここではふれない。

二人称。二人称形式は、一人称か三人称が形を変えたものだ。この形式では、ストーリーを語る声が「わたし／おれ／ぼく」などの一人称代名詞や、「彼女／彼／彼ら」の三人称代名詞を排除して「あなた／きみ／おまえ」などと呼びかける。この「あなた」は、主人公自身であることもありうる。たとえば、ある人が自分自身を「この愚か者」と叱咤するときは、自分の一面が別の一面を批判していると言えるだろう。だから、二人称の声が自身を分析したり、励ましたり、回顧したりできる（ミシェル・ビュトールの『心変わり』）。あるいは、「あなた」は声も名前もないほかの登場人物ということもあり、その場合、語りは一方通行のドラマ型ダイアローグとなる（イアン・バンクスの『ア・ソング・オブ・ストーン』〔未訳〕）。また第三の可能性として、「あなた」が読者ということもありうる。ジェイ・マキナニーの小説『ブライト・ライツ、ビッグ・シティ』では、だれとも言えない意識が現在形で読者を物語へ引きこみ、読者は数々のシーンをみずから演じているかのような気分になる。

どこへ行こうとしているのか、きみにもはっきりとはわからない。もう家へたどり着く元気など残ってはいまい。きみは足を速める。陽の光が路上を歩くきみを捕まえたら、きみの身体には取り返しのつかない化学変化が起こるだろう。

少したってから、きみは指についた血に気がつく。手を顔にあてる。シャツにも血が滲んでいる。きみはジャケットのポケットからティッシュをとりだして鼻に詰める。頭を後ろに倒すようにしてきみは進む。（高橋源一郎訳、新潮社）［原注4］

この一節を過去形で書きなおして「きみ」を「わたし」に変えれば、通常の一人称小説になるし、「きみ」を「彼」にすれば、通常の三人称小説になるだろう。二人称現在形は語りをどっちつかずのあいまいなものとし、主観カメラを思わせる映画的な空気のなかでストーリーの流れを進めていく。

その複雑さをわかりやすく示すために、小説の慣例を演劇や映画と比べてみよう。

ドラマ型のダイアローグ

小説において、ドラマ型のシーンは、一人称、二人称、三人称のいずれの視点でも書くことができる。どの形でも、それぞれの時空の設定でシーンが作られ、登場人物とその行動が描かれ、語ることばがそのまま引用される。そういったシーンがページを離れて舞台やスタジオへ移り、ほとんど手を加えずに俳優が演じることもありうる。

ナレーション型のダイアローグ

ドラマ型のシーン以外で、一人称または二人称によって語られることばを、わたしはすべてナレーション型のダイアローグと見なしている。そういう箇所は、ストーリーを進める目的で語られていて、独白劇や、カメラを見据えた語りのような効果を読者に与える。ナレーション型のダイアローグが意識の流れ（後述）へ転調すると、演劇のひとり語りや、映画『メメント』『π』に見られる画面外の主人公の語りのように読むことができる。どの場合でも、著者は登場人物の役柄に合わせて書き進めていく。

間接的なダイアローグ

主要な四つの媒体のどれでも、作家は過去の出来事の説明をするか、読者や観客の前にそのまま提示するか、どちらかを選ぶことができる。説明を選ぶ場合、ドラマ型のダイアローグのシーンになりえたものは**間接的なダイアローグ**に変わる。

登場人物を使って過去の出来事を説明させる場合、その人物は別の登場人物がかつて語ったことばを言い換えて口にする。例として、ブルース・ノリスの戯曲『クライボーン・パーク』（未訳）から、ベヴが夫への不満を漏らすくだりを見てみよう。

ベヴ　――ひと晩じゅうそんなふうに起きててね。きのうは夜中の三時にぼんやりすわってたから、言ってやったの。〝ねえ、眠たくないの？　睡眠薬を飲むとか、トランプ遊びでもしたらどう？〟ってね。そしたらあの人、〝それになんの意味があるんだ〟ですって。まるで、人間がやることなすこと全部に立派な理由がなきゃいけないみたいに。［原注5］

ベヴの言い換えが正確かどうかについては、観る者は推測するしかないが、このシーンでは厳密な発言内容は重要ではない。間接的なダイアローグによって、作者は観客に重要なことを伝えている。すなわち、ベヴ自身のことばで語る、夫のふるまいについての解釈だ。

三人称の語りで会話を言い換える場合も、それが口にされたときにどう聞こえたのか、読者は判断しなくてはならない。ジョナサン・フランゼンの小説『コレクションズ』にある夫婦のシーンを見てみよう。

妊娠で幸福になった彼女は気がゆるみ、アルフレッドにまずいことを言ってしまった。セックスや生活の充足感やよその夫婦との比較を話題にしたわけではもちろんないが、それらとほとんど同じ程度に禁じられた話題がいくつかあり、ある朝上機嫌のうちにうっかり踏みこんでしまったのだ。彼女は夫にある銘柄の株を買ったらどうかと提案した。アルフレッドは、株式投資は非常に危険なもので、金持ちかやくざな投機屋がやるものだと答えた。イーニッドはそれでもこれは買ってみたらと提案した。アルフレッドは、おれは暗黒の火曜日を昨日のことのように覚えていると言った。イーニッドはそれでもそれでもやはり買ったらどうかと提案した。アルフレッドはその銘柄の株を買うのはきわめて不適切だと言った。イーニッドはなおも提案した。アルフレッドは金がないし、もうすぐ三人めの子供も生まれると言った。イーニッドはお金なら借りられるからと提案した。アルフレッドはノーと言った。大声でそう言って朝食の席を立った。そのノーの返事はあまりにも声高で、キッチンの棚の装飾を施された銅製のボウルが短く共鳴音を響かせたほどだった。アルフレッドは彼女にキスもせず、十一日と十晩、家にもどらなかった。(黒原敏行訳、新潮社、一部改変)［原注6］

「提案した」を五度繰り返すことにより、イーニッドのしつこさとアルフレッドの怒りが、滑稽すれすれまで達している。「十一日と十晩」というのは、休暇のクルーズ旅行の日数を予示したものであり、壁にかかった皿が低く鳴るイメージは、このシーンを、滑稽を通り越して不条理の域にまで突き進めている。

間接的なダイアローグは読者に情景を想像させるので、白熱してメロドラマ風になりかねない直接的なダイアローグを親しみやすくして、説得力のある形で読者に訴えかけることができる。

2　ダイアローグの三つの機能

ダイアローグは、ドラマ型でもナレーション型でも、三つの重要な役割を果たす——明瞭化、性格描写、アクションである。

明瞭化

明瞭化は、フィクション作品の設定、背景、性質など、読者や観客がある時点で理解しておくべき事柄を整理する技巧のひとつであり、話の筋を追いやすくすることで、読者や観客はストーリーの展開に興味を持つことができる。作家が語りのなかに組みこめる明瞭化の手立ては、描写とダイアローグの二通りしかない。

演劇や映画では、演出家や監督が劇作家や脚本家の記述を読みこんで、ダイアローグ以外の表現的な要素、たとえばシーン設定、衣装、照明、小道具、音響などへと軒並み作り換えていく。コミックやグラフィックノベルの作家は、ストーリーを図解しつつ語る。小説家は文章表現を組み立て、ことばによるイメージを読者の想像のなかに投影する。

ダイアローグにも同じことができる。たとえば、こんなシーンを思い描いてみよう――ビジネススーツが行き交う大理石造りのきらびやかなロビー、制服姿の警備員が配された受付で署名する金髪の訪問者たち、後方でせわしなく開閉を繰り返すエレベーター。このイメージを描いたとたん、明瞭化の要素がいくつも読みとれるはずだ。場所――北半球のどこかの大都市にあるオフィスビル。時間――平日の午前八時から午後六時のあいだ。描かれる社会――上階の重役陣を路上の貧困階級から守るべく、銃を携帯した警備員を雇う、西洋文化の知的職業層。さらにこのイメージでは、富と権力を追い求め、いつ腐敗してもおかしくない、営利主義と競争と白人男性優位の世界が暗に示されている。

つぎに、精力的な投資ブローカーが顧客になりそうな相手と昼食をとっているシーンを思い描いてみよう。ブローカーの口から出ることばの二重の意味を汲みとってもらいたい。「どうか、うちの若き鷹たちと会ってくださいよ。七十七階の巣からウォール街の獲物を狙ってますから」。ことばによる描写は、ツイッターのつぶやきより少ない文字数で、カメラがとらえるより多角的に物事を表現できる。

イメージとして表現されたものや、ナレーションで説明されたものは、ほぼすべてダイアローグによって暗示することができる。だから、ダイアローグの第一の機能は、立ち聞きしている読者や観客に対して明瞭化をしてやることだ。これから述べる指針が、この困難な作業の道案内をしてくれる。

ペースとタイミング

ペースとは、語りのなかで明瞭化がおこなわれる速度や頻度のことで、タイミングとは、的確なシーンと的確な台詞を選んで、ふさわしい事実を明かすことだ。

明瞭化のペースとタイミングにかかわる危険はこういうものだ――明瞭化が少なすぎると、読者は混乱して関心が薄れてしまうが、逆に手とり足とりのつまらない解説がつづくと、興醒めになる。読者は本を置く。観客は座席で体を揺すり、もっとポップコーンを買っておけばよかったと後悔する。だから、明瞭化を配するペースとタイミングには細心の注意と技術が必要だ。

すぐれた作家は、関心を引きつづけるために明瞭化に細かく工夫を凝らし、ある事柄を観客や読者が知らなくてはならない、そして知りたいと思う、まさにそのタイミングで明瞭化をおこなう。一瞬のずれも生じずにだ。興味と共感の流れを保つために、明瞭化は必要最小限のみにとどめる。

ストーリーの知識が豊富な現代の読者や観客に対して、あまりにも早く過剰な明瞭化をおこなうと、彼らは歩みを鈍らせるばかりか、転機や結末の訪れをはるか前に見破ってしまうだろう。作品を前にして、苛立ちと失望を感じながら「予想どおりだよ」と言い捨てるわけだ。十九世紀の小説家チャールズ・リードは、彼らを「笑わせて、泣かせて、待たせろ」と助言している。

最後に補足すると、どの明瞭化も同じ価値があるわけではないので、等しく強調する必要はない。ストーリーに関するすべての事実を別に書き出して、読者や観客にとって重要なことから順位づけするとよい。作品を書きなおして推敲するうちに、ある種の事柄は何度か繰り返して強調すべきだと気づくだろう。のちに重大な転機が訪れたときに、読者や観客がその事実を思い出すようにするためだ。あまり重要ではないそのほかの事柄は、一度の暗示や身ぶりだけで事足りる。

見せるか語るか

「語らず見せろ」という格言は、ダイアローグが力強いドラマを生まず、受け身の説明に終始してしまうことへの警告だ。「見せる」とは、真実味のある登場人物たちが願望を満たそうと苦心し、その場にふさわしい行動をとりながら適切な会話を交わすという、現実さながらのシーンを提示することだ。「語る」とは、登場人物にそれぞれの探求を中断させ、そのシーンや人々にとって必要でもないのに、生い立ちや考えや感情、好きなことやきらいなこと、過去や現在などを長々と説明させることだ。ストーリーは人生の隠喩であり、心理学や環境破壊や社会的不平等に関する論文でも、登場人物の生き方とは無縁の主張を論じるものでもない。

このような語りは、行動を起こす登場人物にとっての強い必要性ではなく、そこにいる読者や観客の耳に作家が意見を吹きこむためだけの弱い必要性を満たすものになりがちだ。さらに悪いことに、そういう語りはサブテクスト（言外の意味）を消し去ってしまう。登場人物がさまざまな障害に立ち向かい、目標を達成しようとするとき、そこで口にすることばや起こす行動によって、読者や観客はその人物の内なる思考や感情を感じとるものだ。しかし、作家が登場人物の口を借りて、たいした動機のない明瞭化をおこなうと、読者や観客はつまらない台詞を口にした人物の内面へ通じる道をふさがれる。また、その登場人物が作者の考えを述べる代弁者になり果てれば、興味がしぼんでしまう。

そして、見せることは感情移入を促してペースを速めるのに対し、語ることは好奇心を削いでペースを落とす。見せることは読者や観客を大人として扱って、ストーリーへ誘いこみ、作者の築いた世界で感情を解放させたり、さまざまな物事の核心を見せたりしたあと、先々の事柄へと進ませる。語ることは読者や観客を子供として扱い、親が膝を突いてわかりきったことを説明してやるのと同じだ。

たとえば、つぎの台詞は、語っている。共同経営するドライクリーニング店のドアの鍵をハリーとチャーリーがあけるとき、チャーリーが言う。

チャーリー　なあ、ハリー、おれたち、知り合ってもう何年だ？　なんと、二十年か。学生のころからだから、それ以上だな。長い付き合いだな、古きよき友よ。さて、こんなすがすがしい朝の気分はどうかな。

この台詞は、チャーリーとハリーが二十年来の友人で、同じ学校へかよっていたこと、一日がはじまったばかりだということを読者や観客に伝えるだけだ。

これに対し、つぎの台詞は、見せている。

チャーリーがドライクリーニング店の鍵をあけると、無精ひげを蓄えたTシャツ姿のハリーが、マリファナ煙草を吸いながらドアの支柱にもたれて、含み笑いを抑えきれずにいる。チャーリーはハリーを見て、かぶりを振る。

チャーリー　おい、ハリー、いつになったら大人になるんだ。そのふざけた絞り染めのシャツを着た姿を見てみろよ。二十年前、学生だったころの洟垂れ野郎のままじゃないか。目を覚ませよ、ハリー。そのザマがわからないのか。

読者の想像や観客の目は、侮辱されたハリーの反応をとらえようとハリーへ向かい、また自然に

「二十年」や「学生」という事柄を知ることになる。

作中の重大な事実は、どこかの段階でストーリーのなかへ盛りこまれなくてはならず、作家は最も効果的な瞬間を見計らって、大切なことが伝わるように組みこんでいく。こうしたディテールとその含意は、読者や観客を話の流れからそらすことなく、意識のなかへ送り届ける必要がある。作家は読者や観客の注目をある方向へ動かすと同時に、別の方向からそれとなく事実を持ちこまなくてはならない。

この巧みな手さばきには、**語りの疾走感**と**弾薬としての明瞭化**という、ふたつのテクニックのうちのいずれか、あるいは両方が求められる。前者は知的好奇心を、後者は感情移入を引き出す。

語りの疾走感

語りの疾走感は、受け手の心とストーリーが噛み合っているときの副作用だ。変化や発見がストーリーを追う者の疑問を誘発し、「つぎは何が起こる？　そのあとは？　結末はどうなる？」と感じさせる。明瞭化の要素がダイアローグからいくつか滑り出て、読者や観客の意識にまぎれこむと、好奇心が未来のかけらをつかもうと両手を差し出し、語りを突き抜けて進もうとする。読者や観客は、知るべきことを必要なときに知らされるが、そのおかげで先を知りたい気持ちがいっそう募るので、そのように告げられたことを意識しない。

明瞭化の力が語りの疾走感を掻き立てる例として、タイトル自体が明瞭化の一片をなす小説『キャッチ＝22』を見てみよう。作者のジョーゼフ・ヘラーは、理論の悪循環に人を閉じこめる制度の罠を表現するために、この語を作り出した。

物語は第二次世界大戦中の地中海の空軍基地ではじまる。第五章で、主人公のジョン・ヨッサリアン大尉は、オアという名の飛行士について基地の軍医ダン・ダニーカに尋ねる。

「オアは気が狂っているか」

「ああもちろんだとも」とダニーカ軍医は言った。

「あんたは彼の飛行勤務を免除できるか」

「できるとも。しかし、まず本人がおれに願い出なければならない。それも規則のうちなんだ」

「じゃ、なぜあいつはあんたに願い出ないんだ」

「それは、あの男が狂っているからさ」とダニーカ軍医は答えた。「危機一髪の恐ろしさをあれほど経験したあと、まだこれからも出撃をつづけるんだ。気が狂うのも当然さ。もちろんおれはオアの飛行勤務を解くことができる。だが、まず彼がおれに願い出なければならない」

「それだけで飛行勤務を免除してもらえるのか」

「それだけだよ。あいつに免除願を出させろよ」

「そうしたら、あんたはオアの飛行勤務を免除できるんだな」とヨッサリアンは問いただした。

「ちがうね。そうしたらおれは彼の飛行勤務を免除できないんだ」

「つまり落とし穴があるってわけか」

「そう、落とし穴がある」とダニーカ軍医は答えた。「キャッチ＝22だ。戦闘任務を免れようと欲する者はすべて真の狂人にあらず」

たったひとつだけ〝落とし穴《キャッチ》〟があり、それがキャッチ＝22であった。それは、現実的にしてかつ目前の危険を知った上で自己の安全をはかるのは合理的な精神の働きである、と規定していた。オアは気が狂っており、したがって彼の飛行勤務を免除することができる。彼は免除願を出しさえすればよかったのだ。ところが願い出たとたんに、彼はもはや狂人ではなくなるから、またまた出撃に参加しなければならない。オアがもしまた出撃に参加するようなら狂っているし、参加したがらないようなら正気だろうが、もし正気だとすればどうしても出撃に参加しなくてはならない。もし出撃に参加したらそれは気が狂っている証拠だから、出撃に参加する必要はない。ところが、出撃に参加したくないというなら、それは正気である証拠だから出撃に参加しなくてはならない。ヨッサリアンはキャッチ＝22のこの条項の比類のない単純明快さに深く感動し、尊敬の口笛を鳴らした。

「ちょいとした落とし穴だな、そのキャッチ＝22ってやつは」と、彼は心のままに言った。

「そりゃもう最高さ」とダニーカ軍医がうなずいた。（飛田茂雄訳、早川書房）

ドラマ型のダイアローグのシーンにヘラーが間接的なダイアローグを挿入した手法に注目してもらいたい。この段落を要約すると、ダニーカがヨッサリアンに語りかけ、それに対してヨッサリアンが口笛を鳴らした、とまとめることができる。著者の注釈が加わった三人称の記述だが、つぎの理由から、ここは語っているのではなく、見せていると言える。(1)シーンのなかで起こっている。(2)シーンを動かすアクションを促している。このシーンで、ダニーカはヨッサリアンが戦闘からはずれる口実で自分を悩ますのをやめてもらいたく、ヨッサリアンのほうは、狂っていると自己主張しても無駄だと急に理解する。ダニーカの説明が転機となり、ヨッサリアンの企みはしぼんでいく。

語りの疾走感の観点からすると、キャッチ＝22の逃れられない論理に気づくや、読者の期待は跳ねあがる。ヨッサリアンやほかの登場人物たちは、万力のようにつかみかかるこの不条理な軍規から逃れられるのだろうか、と。明瞭化によって生じた疑問に対し、その答えを見つけようと読者や観客がずっと探し求めることによって、語りの疾走感が増していく。

弾薬としての明瞭化

読者や観客へ気づかれないように明瞭化をする第二のテクニックは、ストーリーを追う者の感情移入を頼みにする。共感はつぎのような思考からはじまる――「この登場人物も自分と似た人間だ。だから、この人には望むものをなんでも手に入れてほしい。自分がこの人であっても、同じことを望むだろうから」。自分と登場人物に共通する人間性を認めた瞬間、共感するだけにとどまらず、みずからの実生活の願望を作中の願望と重ね合わせて考えるようになるわけだ。

この共感による結びつきが関心をつなぎ留めれば、弾薬としての明瞭化のテクニックの出番だ。登場人物たちは、読者や観客が展開を追うために必要な過去や現在の出来事、そして自分自身のことや互いのことについて知っている。だから、望むものを手に入れようと奮闘しつつ、決定的な局面で、登場人物に自分の知識を弾薬として使わせるといい。そうやって明るみに出た事柄は、感情を注ぎこんできた読者や観客に発見の喜びをもたらし、すぐさま事実として意識のなかへ吸いこまれていく。

たとえば、最初の『スター・ウォーズ』(77、80、83)三部作を考えてみよう。三作とも、ストーリーはひとつの事実を要としている。それは、ダース・ベイダーがルーク・スカイウォーカーの父親だということだ。ジョージ・ルーカスにとって、ストーリーを語るうえでの大きな問題は、この明瞭化をどこでおこなうかだった。第一作のどこかの時点でC‐3POに「ルークに言ってはいけませんよ、知ったら逆上するにちがいありませんから。でも、ダース・ベイダーはルークの父親なんです」とR2-D2へ耳打ちさせて暴露することもできた。そうすれば、事実は観客に伝わっただろうが、最小限の、ばかばかしくなるほどの効果しかあげられなかったにちがいない。だがルーカスは弾薬としての明瞭化をおこない、三部作中で最も有名なシーンに仕立てあげた。

第二作『帝国の逆襲』のクライマックスで、ルーク・スカイウォーカーは英雄らしい決断をしてダース・ベイダーへ立ち向かう。互いのライトセーバーがぶつかり合い、悪の頭目が采配を振るって、弱き者が苦戦する。ルークへの感情移入と結末への不安で、観客の目は釘づけになる。

月並みなアクションのクライマックスなら、英雄が意外な方法を見つけ出し、悪者との形勢が逆転する。ジョージ・ルーカスはそうせずに、それまでサブテクストに潜在していた動機を決闘のただなかに解き放った。ダース・ベイダーは離別した息子を悪名高き暗黒面へと連れこみたいが、やがて望まざる結果の二者択一を迫られる。実の息子を殺すか、実の息子に殺されるかだ。このジレンマから逃れるために、ベイダーは映画史上屈指の名高い明瞭化――「わたしはおまえの父親だ」――を弾薬として用い、ルークに武器を捨てさせた。だが、この告白でルークを救うつもりが、自殺行為へと走らせることになる。

前二作で隠されていた真実がいきなり衝撃と感動を引き起こし、観客はルークに同情して、その未来を案ずるようになる。弾薬として用いられたこの出生にまつわる事実が、登場人物の内面や過去の出来事を深々とさかのぼっていき、観客の胸をいっぱいにして、三部作の最後のエピソードへと準備を整えるわけだ。

秘密の暴露

喜劇であれドラマであれ、ほぼすべてのストーリーにおいて、明瞭化に使われる最も重要な事実は、登場人物が世間から、ときに自分自身からさえも隠している秘密、後ろめたい真実だ。
では、秘密はいつ明るみに出すべきか。それは、登場人物が望まざる結果の二者択一のジレンマと向き合っているときだ。つまり、「この秘密を打ち明けたら、愛する人たちから尊敬されなくなる」と「でも秘密を打ち明けなければ、もっとひどいことが起こる」が対立している。このジレンマの重圧が秘密の扉をこじあけ、いったん明るみに出ると、その衝撃が力強く転機をもたらす。ところで、秘密はどこからやってくるのだろうか。

バックストーリー――未来の出来事を突き進める過去の出来事

バックストーリーは、しばしばまちがって理解される用語で、「生い立ち」の意味で誤用される。登場人物の生い立ちには、生涯にわたって遺伝子と経験がかかわり合ったすべてが含まれている。バックストーリーはその一部であり、通常は、ストーリーをクライマックスへ昇華させる重要な瞬間に明かすために伏せておいた過去や出来事の断片だ。バックストーリーから明かされるものは、ふつうの行動の積み重ねよりも強い衝撃をもたらすので、大きな転機のためにとっておくことが多い。このテクニックの有名な例をつぎに示す。

『ヴァージニア・ウルフなんかこわくない』

エドワード・オールビーが一九六二年に書いたこの戯曲には、ジョージとマーサという中年夫婦が登場し、衝突の絶えない結婚生活を送っている。この夫婦は二十年にわたって、息子ジムの育て方のごく些細な点について争いつづけてきた。うんざりするほど騒々しく、酒浸りで、罵倒が飛び交う退廃的なパーティーで、招待客たちの見守るなか、息子をめぐる激しい口論を繰りひろげたあと、ジョージはマーサに向かって言う。

ジョージ　大変な話がある。われらがジムのことだ。
マーサ　もうやめて、ジョージ……
ジョージ　聞くんだ！……マーサ、きみにとって悪い知らせ……いや、もちろん、おれたちにとってだ。悲しい知らせと言ったほうがいい。
マーサ　（不安で疑わしげに）いったい何？
ジョージ　（とてもつらそうに）いいか、マーサ、きみが部屋を出ていったあいだに……その、玄関の呼び鈴が鳴ったんだ……それで……ああ、言うのがつらいよ、マーサ……
マーサ　（喉から絞り出すような奇妙な声で）教えて。
ジョージ　……それで……いたのは……《ウェスタン・ユニオン》の配達人だったよ、七十歳くらいの若造さ。
マーサ　（話に乗る）クレイジー・ビリー？
ジョージ　ああ、マーサ、そうだ……クレイジー・ビリーだよ……電報を届けに来たんだ、うち宛の。その話をしなきゃいけない。
マーサ　（遠くから話しかけるように）どうして電話じゃないの？　わざわざ届けるな

　　　　んて。なぜ電話じゃないの？
ジョージ　電報で届けるしかないものもあるんだよ、マーサ。電話ですませられないもの
　　　　がね。
マーサ　（立ちあがって）どういうこと？
ジョージ　いいか、マーサ……とてもじゃないが、おれの口からは言えない……。（深く息をつく）
　　　　マーサ……おれたちの息子は、今年の誕生日には帰らない。
マーサ　帰りますとも。
ジョージ　帰らないんだ、マーサ。
マーサ　帰るに決まってる。当然よ！
ジョージ　帰らない……帰れないんだ。
マーサ　帰る！　ぜったいにね。
ジョージ　マーサ……（長い間）……おれたちの息子は……死んだんだ。（沈黙）ジムは
　　　　……事故に遭った……きょうの夕方に……（自嘲気味に笑う）……田舎道で、
　　　　ポケットに仮免許証を入れたまま、ハンドルを切りそこねたんだ……ヤマアラ
　　　　シを避けようとして、その勢いで……
マーサ　（怒りで体をこわばらせる）そんな……ばかな……とんでもない！
ジョージ　……大木にぶつかった。
マーサ　だめよ、とんでもない！
ジョージ　（冷静に、感情を抑えて）きみは知っておくべきだと思った。
マーサ　（怒りと喪失感で震えている）だめ、だめ！　そんなの、だめ！　勝手に決め

ないでよ！　そんなこと、許さないから！
ジョージ　昼ごろには発たなきゃいけないんだ……
マーサ　そんなこと、ぜったい許しませんよ！
ジョージ　……言うまでもないが、身元の確認やら、いろんな手続きが……
マーサ　（ジョージにつかみかかるが、手応えがない）だめよ、そんなの！　そんな勝手は許しませんからね！
ジョージ　わかってないようだな、マーサ。おれは何もしてない。さあ、気をたしかに持つんだ。おれたちの息子は死んだ！　それがわからないのか。
マーサ　勝手に決めないで！
ジョージ　いいか、マーサ、よく聞くんだ。電報が届いた。交通事故があった。あの子は死んだ。ふう！　あっけなくね！　さあ、お気に召したかい。
マーサ　（わめき声が弱まって、嘆き声に変わる）いやあああぁぁぁ……。（悲しげに）ちがう、ちがう、あの子は死んでない。死んでなんかいない。
ジョージ　死んだんだ。主よ、憐れみたまえ。キリストよ、憐れみたまえ。主よ、憐れみたまえ。
マーサ　だめよ。そういうことは勝手に決めちゃいけない。
ジョージ　そのとおりだよ、マーサ。おれは神じゃない。人を生かしたり殺したりできるものか。
マーサ　殺すなんてひどい！　死なせるなんてひどい！
ジョージ　電報が届いたんだよ、マーサ。

マーサ　（また立ちあがり、ジョージと向き合う）じゃあ見せてよ！　電報を見せて！

ジョージ　（長い間。そして真顔で）食べてしまった。

マーサ　（短い間。そして、あらんかぎりの不信感をこめて、ヒステリー気味に）いま、なんて言った？

ジョージ　（大笑いしそうなのをかろうじて抑えて）電報は……食べて……しまった。（マーサはジョージをしげしげと見つめ、その顔に唾を吐く）上等だよ、マーサ。

『ヴァージニア・ウルフなんかこわくない』のクライマックスは、ジョージとマーサのバックストーリーの秘密が明るみに出て、その効力を発揮する。つまり、夫婦の争いの種であるジムは想像上の息子であり、むなしい結婚生活を埋めるために作りあげた存在だったわけだ。ストーリーを転じるためにバックストーリーを使うことは、明瞭化をおこなう際に際立った威力を発揮するテクニックだ。

直接の語りかけ

「語らず見せる」際の注意点は、演じられたシーンのなかのドラマ型のダイアローグのみにあてはまる。小説でも演劇でも映画でも、また、ナレーション型のダイアローグでも三人称形式のナレーションでも、巧みで率直な語りには、スピードと「対照による強調」というふたつの大切な効用がある。

(1) スピード。ナレーションは、多くの明瞭化をごく短いことばで簡潔におこなうことができ、読者や観客に理解を促して、先へ進むことができる。心のなかの独白には、サブテクストをまたたく間にテクストへ変える力がある。自分自身との対話には、記憶から別の記憶へとりとめもなく飛び移る自由な連想もあれば、潜在意識から浮かびあがる一瞬のイメージもある。そのようなことばは、美しくしたためられれば一文で人の心を動かせる。たとえば、ガブリエル・ガルシア＝マルケスの小説『百年の孤独』に「長い歳月が流れて銃殺隊の前に立つはめになったとき、恐らくアウレリャノ・ブエンディア大佐は、父親のお供をして初めて氷というものを見た、あの遠い日の午後を思い出したにちがいない」（鼓直訳、新潮社）という一節がある。これはすばやく鮮やかな語りで、一文のなかに複雑で凝縮されたイメージが見られる。

だが、映画のナレーションは「それから……それから……それから……」という凡庸な明瞭化をおこないがちだ。そこでは「見せる」難業ではなく安易な「語り」を選んでいる。複雑な登場人物を動かす映画やテレビドラマのダイアローグでは、才能と知識と想像力が要求されるが、ことば漬けのナレーションならキーボードさえあれば作れる。

ナレーション型の明瞭化を劇的な一場面に変えるためには、ふたつの技巧のいずれかが求められる。

第一は、シーンを挿入することだ。「それから……それから……それから……」式の語りを、「わたしが言った／彼（女）が言った」というナレーションつきのシーンへ変えてみよう。語り手（小説や演劇の一人称や、映画の画面外の声）は、あるシーンの会話を記憶どおりにそのまま再現してもいいし、間接的なダイアローグを用いてほのめかしてもいい。

たとえば、ネットフリックスのドラマシリーズ「ハウス・オブ・カード　野望の階段」では、間接的なダイアローグのシーンがしばしば挿入される。ケヴィン・スペイシー演じるフランク・アンダーウッドは、あたかも自身が政治スパイ活動を講義する教授で、視聴者が学生であるかのように、頻繁にカメラに向かって語りかける。アンダーウッドは以下の語りによって、ドナルドという登場人物と自分自身の両方を説明し、明瞭化を劇的なものにしている。アンダーウッドはドナルドの性格の欠点を、比喩的な二文から成る鮮やかなシーンで描き出す。

殉教者はみずからを貫く剣を何より求めている。だからわたしは刀を研いで、正しい角度で構えて待つだけだ。三、二、一……

つぎの展開で、フランク教授が予想したとおり、ドナルドはフランクの悪行の責めを負わされる。

第二は、内面の葛藤を生むことだ。ナレーションをつとめる登場人物の一面が別の一面とせめぎ合う、自己対自己の決闘を仕組めばいい。映画の例としては、マーティン・スコセッシ監督『救命士』（99）のフランク・ピアース（ニコラス・ケイジ）と、ボブ・クラーク監督『クリスマス・ストーリー』（83）のラルフィー・パーカー（ジーン・シェファード）のふたつがあげられる。

(2) 対照による強調。 わたしの経験では、ストーリーを最も豊かにするナレーションのテクニックは「対照による強調」だ。作家のなかには、語り手を使ってふつうに話を語らせるのではなく、ストーリーを完全にドラマ化したうえで、テーマと矛盾したことや相反することを語り手に言わせる者もいる。機知を使って劇的なものを風刺する場合もあれば、劇的なものを用いて風刺を深める場合もある。個人を社会に対置させたり、逆に社会を個人に対置させることもある。

ジョン・ファウルズが書いたポストモダンかつアンチロマンな歴史小説『フランス軍中尉の女』を例にとってみよう。内容の半分は、ヴィクトリア時代の紳士チャールズ・スミソンと、雇い主を失った家庭教師サラ・ウッドラフとの関係を描いたストーリーだ。ところが、このストーリーとからみ合うかのように、十九世紀の文化や階級対立にくわしい現代の語り手が、チャールズとサラのロマンスに水を差す。十九世紀には、なんの手立ても持たない女にとっては恋愛より苦難のほうがはるかにふさわしかった、と語り手は何度も突き放して論じる。

　別の例をいくつかあげよう。『天国の口、終わりの楽園。』では、成長物語に対立するものとして、画面外のナレーターが繰り返しメキシコ社会の困窮に言及する。ウディ・アレンの『アニー・ホール』での辛辣な画面外のナレーションは、主人公の自己探求と対をなす。サミュエル・ベケットの戯曲『芝居』では、首まで壺にはいった三人の登場人物が観客を見据えつつ、一見脈絡のないそれぞれの考えを三つの異なった視点から語っていく。

　小説は直接の語りかけをしやすい表現手段である。長編であれ短編であれ、小説家は明瞭化を好きなだけ目立たせることができるし、ことばに魅力があって満足のいくものであるかぎり、好きなだけページを費やして描写することも可能だ。たとえばチャールズ・ディケンズは『二都物語』の冒頭で、大量の対立表現を並べて読者の興味を引きつけている。

　あれは最良の時代であり、最悪の時代だった。叡智の時代にして、大愚の時代だった。新たな信頼の時代であり、不信の時代でもあった。光の季節であり、闇の季節だった。希望の春であり、絶望の冬だった。われわれのまえにはすべてがあり、同時に何もなかった。みな天国に召されそうで、逆の方向に進みそうでもあった。（加賀山卓朗訳、新潮社、一部改変）

ディケンズの全知の三人称の語り手が「われわれ」を用いて、読者の肩に手をまわし、物語へ引きこむ手法に注目したい。これをラルフ・エリスン『見えない人間』の冒頭、ペースの速い「僕」の対照的な声と比べてみよう。

僕は見えない人間である。かといって、エドガー・アラン・ポーにつきまとった亡霊のたぐいではないし、ハリウッド映画に出てくる心霊体でもない。僕は実体を備えた人間だ。筋肉もあれば骨もあるし、繊維もあれば液体もある――それに、心さえ持っていると言ってもいいかもしれない。僕の姿が見えないのは、単に人が僕を見ないだけのことだから、その点を分ってほしい。サーカスの余興で見かけることがある胴体のない人間の頭のように、僕は、まるで歪んで映るひどい鏡に四方からとり囲まれているみたいなものである。人は、僕の近くに来ると、僕の周囲のものや彼ら自身を、あるいは彼らの想像の産物だけを――要するに、僕以外のものだけを見るんだ。（松本昇訳、南雲堂フェニックス）

ディケンズもエリスンも、先々の章でシーンをドラマ型にするが、そんなことをしない作家もいる。彼らはページというページを直接語りかける叙述文で埋めつくし、ひとつの出来事も描かない。右のふたつの引用箇所で明瞭化されていることは、実演可能なダイアローグのシーンでどのように表現できるだろうか。理論上は不可能ではない。シェイクスピアならやってのけただろうが、どれほどの困難がともなうか、想像もつかない。読者へ向けて書くときは、語りそのものが驚きを呼び起こす。俳優へ向けて書くときは、その逆である。

演劇や映画では、話すことばに溶けこませる形で、観客に気づかれずに明瞭化がおこなわれるのが理想だ。これまで見てきたように、明瞭化を見えなくするには、忍耐と才能と技術が必要である。

その三つの要素が欠けたせっかちで凡庸な脚本家は、明瞭化を無理やりおこなって、観客の寛容さを願うしかない。

強いられた明瞭化

映画の黎明期から、作り手はある事件を知らせるために、「戦争勃発!」といった大見出しがついた新聞のカットを挿入したり、たまたまニュース番組を放送しているテレビやラジオの前を登場人物に横切らせて、観客が知るべきことを絶好のタイミングで知らせたりした。小刻みに重ねたモンタージュや分割画面のコラージュは、短時間に可能なかぎりの情報を画面に詰めこむための手法だ。作り手がそうした仕掛けを用いるのは、電光石火のごとく明瞭化をおこなえば観客を飽きさせまいという考えに基づくが、それは正しくない。

同様の考えがタイトルロールにも影響していて、『スター・ウォーズ』の冒頭（壮大な調子で速射砲のように明瞭化をおこなう）や、『ワンダとダイヤと優しい奴ら』（88）のエンディング（笑いとともに登場人物たちのその後の人生を伝える）がいい例だ。タイムリミットがあって場所が目まぐるしく変わるスリラー映画などでは、シーンのはじめのエスタブリッシング・ショット〔状況を説明するショット〕に場所の名前と日時の字幕がはいることが多い。そういう場合、語りが少ないほうがうまくいく。説得力のあるイメージを築くために少し止まって、すばやく事実を提示すると、ストーリーは一瞬だけつまずくことになるが、歩みを止めないので、観客はそれをやり過ごせる。

だが、そのシーンや登場人物にかかわる必然性もなく、大量の説明的な事実がダイアローグへぞんざいに詰めこまれたときには、観客は許してくれない。不器用な脚本のせいで、登場人物同士が既知の事実を語り合う羽目になると、ストーリーは高いハードルにつまずいて、競技場の地面に顔から落ち、二度と立ちあがれないだろう。

例をあげよう。

屋内。豪華な居間——日中

ジョンとジェーンは絹の房飾りがついたソファーに腰かけて、マティーニを飲んでいる。

ジョン　なんということだ、ダーリン、わたしたちが知り合って愛し合うようになってから、どのくらい経つだろう。そう、二十年以上にはなるかな。

ジェーン　ええ、同じ大学にかよっていたころからですものね。あなたが所属していた友愛会が親睦会を開いて、女性社会主義者クラブを誘ったのよ。あなたの家はとても裕福で、貧しいわたしたちは、あなたたちのことを、百万長者とか億万長者とか呼んでいたわ。

ジョン　（自分たちの豪邸をながめまわしながら）そうだな。それからわたしは相続権を失った。しかし、夢を実現させるために、ふたりで何年も働きづめに働いたんだ。どうだ、わたしたちの夢はかなったじゃないか、愛しのトロツキー主義者どの。

このやりとりは観客に七つのフィクション上の事実を伝えている。この夫婦は裕福で、年齢は四十代、出会ったのは大学のエリートグループの集まり、ジョンは裕福な家庭に生まれ、ジェーンは貧しい家の出身、かつて互いの政治観は反対だったがいまは変わり、そのことは歳月を経てふたりだけに通じる冗談になった。

このシーンに真実味がなく、ダイアローグが薄っぺらなのは、脚本が不誠実だからだ。登場人物がするはずのことをしていない。ふたりは思い出にふけっているように見えるが、実は耳をそばだてている観客が立ち聞きできるように、ことばで明瞭化をおこなっている。

前に述べたとおり、小説家はおもしろく事実をつなぎ合わせて、夫婦の歴史を簡潔に浮かびあがらせることによって、こうした嘘っぽいシーンを回避できる。また、限度はあるものの、その気になれば、読者が知る必要があることをそのまま書いてもいい。劇作家や脚本家のなかには、小説家をへたに真似てナレーションに頼る者もいるが、ごくまれな例外を除いて、舞台の直接の語りかけや映画の画面外のナレーションは、知的な迫力や感情的な影響力では、よくできたドラマ型のダイアローグに及ばない。

この点を理解するためには、弾薬としての明瞭化を試してみるといい。先ほどのふたりのシーンを、一方が他方の望まないことを強要して争っている設定にして、ふたりが過去の事実を武器として扱うように書き換えたらどうか。

それからもう一度やってみよう。ただし今回は、一方が他方を誘惑する設定にする。知っている事実を弾薬として用い、相手を巧妙に操って、望まないことをするよう仕向けるわけだ。

書くべきなのは、明瞭化の技巧が目立たず、登場人物のふるまいが信頼できるようなシーンだ。言い換えれば、争いや誘惑の描写で読者や観客の心を惹き、必要な明瞭化がいつの間にかさりげなく頭へ滑りこむようなシーンにするといい。

性格描写

ダイアローグの二番目の機能は、それぞれの登場人物に対し、際立った性格を作り出して表現することだ。

人間の性質は、大きくふたつの側面に分けることができる――外見（その人がどのように見えるか）と実体（その人のほんとうの性質）だ。したがって作家は、実像と性格描写というふたつの側面に応じて登場人物を造形していく。

実像とは、そのことばどおり、人物の深層心理や倫理観を示すもので、人生が窮地に陥って、選択と行動を迫られるときにはじめて明るみに出る真実の姿だ。〝選択の原則〟は、フィクションであれノンフィクションであれ、すべてのストーリーテリングの基本である。真の人物像は、欲望を追い求めて危険だらけの行動を選んだときにのみ表現することができる。

性格描写とは、人物の総合的な外見、つまり表面上の特徴と行動の総体を表す。これは、好奇心を刺激する、説得力を与える、個性を持たせるという三つの役割を果たす。

（1）好奇心を刺激する。読者や観客は、登場人物の表向きの顔がほんとうのものではないことを知っている。その顔はペルソナと呼ばれ、表の世界と真の性質のあいだにはさまれた人格の仮面だと知っている。独特な登場人物に出くわすと、読者や観客はその人物のことばに耳を傾け、こんなふうに考えをめぐらす。「この人はこう見えるけど、ほんとうはどうなんだろう。正直者か、嘘つきか。やさしいのか、残酷なのか。賢いのか、愚かなのか。冷静なのか、せっかちなのか。強いのか、弱いのか。善なのか、悪なのか。興味深い人物像の奥にどんな個性がひそんでいるんだろう。

いったい、ほんとうの姿は？」

読者や観客の好奇心を刺激しつづけると、ストーリーはそれらの問いに答える驚きの新事実の連続になる。

(2) 説得力を与える。想像力をよく働かせて巧みに設計した人物像は、観客や読者が架空の人物の存在を信じたくなるほどの精神や肉体、感情や言語を具え、現実にいるかのように感じさせる。二世紀前の詩人サミュエル・テイラー・コールリッジも言ったとおり、読者や観客はストーリーと登場人物が実在しないと知っているものだ。けれども同時に、物語に没頭するためには一時的に信じなくてはいけないこと、あるいはもっと正確に言うと、みずから不信感を捨てて、疑念や批判なしに登場人物の行動や反応を受け入れなくてはいけないことも知っている。

読者や観客がある登場人物のことを嘘つきだと感じて、「こいつの言うことはひとことも信じられない」と考えるなら、それは真の姿の発見にもなりうる。だが、同じように考えたとしても、単にありそうもない人物像と思っただけなら、そこは書きなおしたほうがよい。

(3) 個性を持たせる。想像力をよく働かせ、しっかり調査して生み出した人物像は、多くの要素を組み合わせてできた独特のものである。遺伝、幼少時の環境、身体的な特徴、知性、感受性、教育、経験、物腰、価値観、嗜好、そしてその人物に個性を与えてきたありとあらゆる文化的影響が混じり合う。日々の暮らしをつづけ、仕事、交友、性、健康、幸福などを追い求めるなかで、さまざまなふるまいが独自の人格を形作っていく。

そして何よりも重要な特徴は、発することばだ。これまでだれも出会ったことがないような話し方をさせるとよい。その語りは登場人物のなかで際立つばかりか、秀逸な技巧を凝らせば、どんな架空の人物とも異なることになる。最近の例では、ウディ・アレン監督『ブルー・ジャスミン』

（13）のジャネット・〝ジャスミン〟・フランシス（ケイト・ブランシェット）がそうだ（性格描写のためのダイアローグは、第十章と第十一章でくわしく解説する）。

アクション

ダイアローグの重要な機能の三番目は、アクションを起こす手段を登場人物に授けることだ。アクションには三種類ある――精神のアクション、身体のアクション、ことばのアクションだ。

精神のアクション　ことばやイメージは思考を組み立てるが、思考が精神のアクションとなるためには、登場人物のなかで何かの変化――態度、信念、期待、理解などの変化――が起こる必要がある。精神のアクションは表立った行動へ変わることも変わらないこともありうるが、仮にそれが表面化しなかったとしても、精神のアクションを体験した人物は以前と同じではなくなっている。精神のアクションによる人物の変化は、現代のストーリーの多くを突き動かしている。

身体のアクション　身体のアクションは基本の二種類に分かれる――ジェスチャーとタスクだ。ジェスチャーとは、あらゆる種類の身体言語だ。表情、手ぶり、姿勢、物との接触、人との距離のとり方、声の抑揚、細かいしぐさ、などなど。これらのふるまいは会話言語の変形か代用のどちらかであり、ことばでは表現できない感情を伝えるものだ。［原注1］

タスクとは、何かを成しとげる活動だ。仕事、遊び、旅行、睡眠、性愛行為、喧嘩、白昼夢、読書、日没を愛でる、などなど。つまり、話すことを必要としないアクション全般を指す。

ことばのアクション　小説家のエリザベス・ボウエンによると、「ダイアローグは、登場人物同

士が互いに対しておこなうこと」である。[原注2]

表面的な行動のレベルでは、ある人物のダイアローグの型は、ほかの特徴と混ざり合って表向きの人物像を形作るが、内側の真の人格のレベルでは、送り出したアクションが人間性やその欠如をさらけ出す。さらには、あるシーンで重圧が大きくなればなるほど（その瞬間に勝つか負けるかが重要になればなるほど）、その人物のふるまいが正体を明らかにする。

だが、登場人物の発言に読者や観客が心を動かされるのは、台詞の裏にあるアクションが、その瞬間にその人物にとって真実味があるときだけだ。だから、台詞を書く前につぎのように自問するとよい——登場人物はこの状況で何を望んでいるのか？　望みをかなえようとするまさにそのとき、どんなアクションを起こすのか？　それを実行するために、正確にはどのようなことばを用いるのか？

話されたことばは、登場人物の思考や感情を示唆する。ことばの裏で起こすアクションは、その人物の個性を表現する。人物の内面を明らかにするには、サブテクストとなるアクションを探し、短いことばで表現して分類するとよい。つぎの四つのダイアローグは、まえがきで引用したものだ。それぞれのサブテクストをよく吟味して、アクションを簡潔に表現してみたらどうか。終わったら、わたしの解釈と比べてみよう。

あす、あす、そしてあす
一日一日と小刻みに忍びおり
時の記録の最後の一語にたどり着き
きのうという日はすべて、愚か者たちのために塵と化す死への道を照らしてきた。

――『マクベス』のマクベス

世界じゅうのあらゆる町に酒場は山ほどあるのに、おれの店に来るとはな。

――『カサブランカ』のリック

わしはこの波に乗って、おまえと闘う。何もかも打ち壊す無敵の鯨よ。最後までおまえとつかみ合い、地獄のただなかからおまえを刺し、今際の息にも憎しみをこめて、おまえの面に吐きかけてやる。

――『白鯨』のエイハブ

それが悪いってわけじゃないんだけど。〔ゲイと勘ちがいされたときの嘆き文句〕

――『となりのサインフェルド』のジェリー

四つの引用すべてが嫌悪の感情を暗示しているが、マクベス、リック・ブレイン、エイハブ、ジェリー・サインフェルドはまったく異なる話し方で軽蔑を表現しているので、それぞれの性格は似ても似つかない（性格描写の入口としてのダイアローグの形式は、第三部で採りあげる）。

この四つの話し方からわたしが感じとった深層の性格は、つぎのようなアクションを暗示している。マクベス――存在を糾弾。リック・ブレイン――失恋を悲嘆。エイハブ――神の力を冒瀆。ジェリー・サインフェルド――愚行を嘲笑されまいとする非差別主義を嘲笑。言外のアクションに対するあなたの解釈は、わたしのものとは異なるかもしれない（それはまったく悪いことではない）。

この練習問題の目的は、話すこととアクションを起こすことのあいだの相違を明らかにすることだ。

第四部では、七つのシーンを細かく解析して、内側のアクションから外側のことばを切り離し、この技巧をさらに具体的に示す。また、シーンが転換点で変わるとき、こうした大きな設計がどんな台詞を形作っていくかを見ていく。

3　表現力（1）　内容

『お気に召すまま』第二幕七場

ジェイクイーズ　（前侯爵に向かって）
　この世はひとつの舞台
　そこでは男女を問わず、すべての人間は役者にすぎない。
　それぞれに出番があり、退場があり
　しかもひとりひとりが生涯にいくつもの役を演じ分ける……

ジェイクイーズは、人生という劇場のなかではだれもが幼年から成年、そして老年へと、何十年にもわたって自分自身の役を演じると考えている。ジェイクイーズはこれを一歩離れたところから、理性的に、客観的に、長期的に、外から内へと公の視点で概観する。だが、そういった暗鬱たる思想を作り出すために、シェイクスピアは逆の視点——心情的に、主観的に、短期的に、内から外を見るきわめて私的な視点――から取り組んだ（とわたしは推測している）。

ダイアローグを組み立てる際には、三重構造の同心球――自己のなかに別の自己があり、そのなかにまた別の自己がある構図――を思い描いて人物の設計をするとうまくいく。この三層から成る複合体は、ダイアローグを思考と感情で満たすとともに、身ぶりとことばによる表現を形作る。最も内側の球のなかは〝言えないこと〟で沸き返っている。二番目の球は〝言わないこと〟を抑えこんでいる。そして外側の球は〝言うこと〟を放出する。

言うこと

外側の〝言うこと〟は、いわば核となる概念を内包しているが、話しことばであれ、書きことばであれ、これを直接表現するにあたっては、表層の意味と深層の意味の両方をともなう。たとえば「蛇」は、字義どおりには「脚のない爬虫類」という意味だが、西洋文化では裏切りと邪悪の象徴でもある。「家」ということばには、ただの住居以上の含意がある。わが家、家庭、家族といった響きがある一方で、掘っ建て小屋、一時的な宿、簡易宿泊所のような意味も潜在する。だから「必死に生きるか、必死に死ぬか」（『ショーシャンクの空に』（94）のエリス・ボイド・〝レッド〟・レディング）や、「目標の体重まで胃腸炎あと一回」（『プラダを着た悪魔』（06）のエミリー・チャールトン）のような引用に値するダイアローグが、ストーリーや登場人物より長く生き延びる。これらの名文句は、だれがいつ言っても意味がはっきりしている。

ことばの選択（必死に死ぬ、胃腸炎）は、作品の舞台を取り囲む文化から生じた含意によって、台詞を自然と豊かなものにする。だが、特定の人物が特定の状況で特定の目的のために台詞を口にするからこそ、その人物の知性や想像力、そのほかの遺伝的要素など、まったく新しい領域のものが浮かびあがる。

語彙、ことばづかい、構文、文法、口調、比喩、アクセントなど、ダイアローグの独創的なスタイルを作り出すことによって、作家は役柄に個性を与える。台詞の選択は、複雑に入り組んだ人格を形成する際立った特徴――その人物の教育の有無、機知の有無、人生観、感情表出のしかたなど――を明らかにする。

言わないこと

二番目の球である〝言わないこと〟は、登場人物のなかで回転している。この内部空間から自己は世の中を見つめる。思考と感情がこのレベルで形成されると、自己はそれらを慎重に抑えこもうとする。にもかかわらず、いったん登場人物が話すと(テクスト)、本能的に読者や観客はそのことばの奥にある〝言わないこと〟をつかむべく、口にしなかった本音や感情(サブテクスト)を探ろうとする。だから作家はダイアローグに磨きをかけて、それが可能なように、〝言わないこと〟を察知できるようにしなくてはならない。[原注1]

エミリー・チャールトン(エミリー・ブラント)がアンディ・サックス(アン・ハサウェイ)に「目標の体重まで胃腸炎あと一回」と言うとき、口にはしなくても、こんなふうに考えているのは明らかだ。「ファッション業界にいると、拒食症の人生を送らなくちゃいけないけど、わたしの望みは健康よりキャリア。いつもお腹をすかせてることぐらい、喜んで受け入れる。自分の仕事の未来を大切に思うなら、だれだって同じことをするはずよ」

小説は、〝言わないこと〟のレベルの記述が豊かだ。イアン・マキューアンの『愛の続き』の第一章では、ある男が悲惨な事故で命を落とす。つぎの章で、ほかの生存者たちとともに立ちつくしていたジョー・ローズが、事故後の現場をながめながら、読者に秘密を打ち明ける。

> クラリッサが後ろから近づいてきて両腕をぼくの胴に回し、背中に顔を押しつけた。ぼくが驚いたのはクラリッサがもう泣きだしている（シャツの濡れるのが分かった）ことで、ぼくにとっては悲しみははるか先のことに思えた。
>
> まるで夢のなかのように、ぼくは自分でもあれば他人でもあった。ぼくは行動し、同時にその行動を眺めた。ものを考えると同時に、その考えがスクリーンを横切ってゆくのが見えた。夢のなかと同じで、ぼくの常道は実体がないか場違いなものだった。クラリッサの涙はひとつの事実に過ぎなかったが、ぼくは自分の両足がしっかり地面を踏みしめて十分に開かれていること、両腕が胸で組み合わされていることを喜んでいた。野原の向こうを眺めると、ひとつの考えがそこをスクロールしていった。あの男は死んだ。ある暖かさ、ある種の自己愛がからだに広がってゆき、組んだ両腕がぼくを抱きしめた。理論の必然がこう告げるようだった。そしてぼくは生きている。偶然のことなのだ、ある瞬間に誰が生きて誰が死ぬかは。ぼくはたまたま生きていた。（小山太一訳、新潮社）

言えないこと

さらに奥深く、〝言わないこと〟の下に隠された〝言えないこと〟の球では、その人物の判断や行動のもとになる無意識の動機や要求が渦巻いている。

登場人物の真の性格は、大きな重圧を受け、人生を決定づける要求を満たそうとして行動を選ぶときにはじめて表出する。逆風がどんどん力を増すにつれ、行動の選び方が隠れた自己をあらわにし、極限まで重圧をかけられたなかでの最終選択が、根源にある単純きわまりない自己をさらけ出す。人がどんな行動を選ぶかの動機づけが、熟慮によるものなのか直感によるものなのかは、何世紀にもわたって論じられてきた。しかし、どんな場合にも、選択はこのいちばん奥にある球からはじまる。

したがって、言語が伝えることができるのは、その人物の真の姿ではなく、見かけの姿だけだ。聖書の記述によると、人はことばではなく行為によって知られる。だが、作家がことばもまた行為であることに気づけば、真実は一周まわってもとの場所へもどる。

話すことは、人間の行動のなかで筆頭の伝達手段だ。ある人が何かを口にするとき、実のところ、その人は行動を起こしている。話すことによって愛する者を慰めることができるし、敵を買収することも、助けを乞うことも、協力しないと伝えることもできるし、権力に従うことや反抗することも、代償を払うことも、その日を思い出すこともでき、人間がとる行動のリストには終わりがない。ダイアローグは、ことば自体の意味よりはるかに多くのものを伝える。言語としてのダイアローグは性格描写を伝えるだけだが、行動としてのダイアローグは実像を表す。

あなたが生み出した登場人物は、刻一刻と、欲望を追い求めて苦闘する。その人物は行動を起こし、ことばを口にすることで目標を達成しようとする。だが、それと同時に、意識的であれ無意識的であれ、ことばの選択は当人の内面をさらけ出す。読まれると演じられるとにかかわらず、すぐれたダイアローグは透明性を生み出すので、読者や観客は会話というテクストの奥を透かし見ることができる。そしてこの現象が、ストーリーを追う者を読心術者へ変える。

表現豊かなダイアローグが書かれたページを読んだり、巧みな俳優が複雑なシーンを演じるのを観たりすると、あなたの第六感が登場人物に侵入する。あなたはテレパシー能力者になり、ときには登場人物自身以上に内面で何が起こっているかわかるようになる。これまでストーリーを読んだり見たりして培われた探知機が、心の揺れを潜在意識の流れまで解読し、台詞の裏にひそむサブテクストとしての行動から当人の個性を明らかにするので、心の深い奥底までもが見えてくるわけだ。

一部の人々が信じるように、何もかもがことばで表現できるのだとしたら、ストーリーを語ることなどやめて、エッセイを書くべきだ。けれど、われわれはやめない。というのも、人間の最も深いところでは、潜在意識のなかに〝言えないこと〟の活力がたしかに存在し、表現されることを求めているからだ。

ことばは三つの球を通り抜けて口にされるので、ダイアローグはそのすべての領域の性質を併せ持っている。ダイアローグは、言い表せること（性格描写）を表現しつつ、言い表せないこと（実像）にも光を投じるという二重の力を使いこなし、ことばで表現できることと行動でしか表現できないことを並立させる。それゆえダイアローグは、登場人物の内面を表すのに最も有効な手段である。

アクション対アクティビティ

「何事も見かけどおりではない」という格言は、人生が本質的に二重性を持つことを言い表している。アクティビティ――「そう見えるもの」――は、人生の表層で見たり聞いたりするものであり、登場人物の発言や立ち居ふるまいといった外側の挙動を指す。一方、アクション――「そうであるもの」――は人生の中身であり、アクティビティの表層の下で登場人物が起こす行動を指す。

カード遊びに興じる、運動する、ワインを飲む、そして何よりも、話すなどの行為は、ただのアクティビティにすぎない。こうした字句どおりのふるまいは、登場人物が実際にしていることの真実を覆い隠す。バス停で見知らぬ人としゃべるという行為には目的がないように見えるかもしれないが、そんなことはぜったいにない。ことばによるアクティビティの裏で、この人物が実際起こしているアクションとは何か――この問いに答えてはじめて、ダイアローグは完結する。

アイスクリームのことを考えてみよう。ただ空腹だからという理由でアイスクリームを食べる人はいない。あらゆるふるまいと同様に、このアクティビティの裏には、意識的もしくは無意識的なアクションが隠れている。アイスクリームを食べる人は、実のところ、何をしているのだろうか。甘いもので悲しみをまぎらしているのかもしれないし、医師の命令に逆らっていたり、ダイエットをつづけてきた自分に褒美を与えていたりするのかもしれない。このようなアクション――悲しみをまぎらす、逆らう、褒美を与える――が、アイスクリームを食べるというアクティビティに表現を見いだしている。

話すという行為も同じだ。登場人物Aと登場人物Bが会話を交わしているとき、ふたりは何をしているのか。Aが用いることばがBを慰めているのか、嘲笑しているのか。Bが反応するとき、そのダイアローグが示唆するのはAへの服従なのか、威圧なのか。Aは興味があるふりをしているのか、恋に落ちているのか。BはAをだましているのか、Aに告白しているのか——このように質問はつづいていく。登場人物が口にしたとおりのアクティビティの裏で、どんな言外のアクションが実際にシーンを動かしているのか。

アクティビティはアクションの表層にすぎず、登場人物がアクションをおこなうための手段だと言える。アクションはストーリーテリングの基盤であり、すべてのアクティビティはアクションを内包している。

古代ギリシャのことばで「ドラマ」は行動という意味で、「する」や「おこなう」という意味の動詞 draō に由来する。古代ギリシャの観客は、芝居の表層で何が起こっていようと、内面のアクションがあらゆる外面のアクティビティを動かしていることを知っていた。この原理を劇作へとひろげてみると、沈黙さえもその深層にアクションを含んでいることがわかる。話すことが求められている状況で何も話さないのはひとつのアクションであり、おそらく相手へ向けた残酷な仕打ちだろう。人が話すときは何かをしている——助けている、傷つけている、懇願している、買収している、説得している、思いとどまらせている、説明している、惑わせている、攻撃している、防御している、褒めている、けなしている、不平を述べている、感謝しているなどなど、アクションのリストは尽きることがない。一瞬の間合いでさえ、アクションやリアクションの一拍としての役割を果たす。登場人物がことばを切れば、シーン内の以前のアクションに対するリアクションか、つぎの行為への準備かのどちらかである。

「ダイアローグ」という語は、しばしば「モノローグ」と対照され、双方向のやりとりだけであるかのように見なされる。だがそれは誤解だ。第一章で述べたとおり、ダイアローグという語は「〜

を通して」と「話す」という意味のギリシャ語（diaとlegein）を組み合わせたものだ。「ダイアローグ」は、語ることを通して起こされるアクションという意味を内包する。だから、登場人物がみずからに語りかけるときには、自分のなかでアクションを起こしていることになる。「モノローグ」には人にも物にも語りかけないという含みがあるが、現実にはそんなことは不可能だ。話されたり考えられたりしたすべてのことばを受けとる側には、だれかが、何かが、あるいは自身の一部が存在する。

テクストとサブテクスト

アクティビティとアクションには、それぞれに対応して、テクストとサブテクストという用語がある。

テクストとは作品の外観、つまりその媒体で表現された結果そのものである。たとえば、キャンバス上の絵の具、ピアノから奏でられる和音、ダンサーのステップなどだ。ストーリーにおけるテクストは、小説のページ上に並んだことば、あるいは演劇や映画における登場人物のふるまいの外面を指す。つまり、読者が頭に描いたり、観客が見たり聞いたりするそのものだ。ダイアローグの創作では、テクストは〝言うこと〟、すなわち登場人物が実際に口に出すことばのことである。

サブテクストは作品の内奥、つまり表層の下に流れる意味や感情のことだ。実生活では、人はいわば奥底からことばをつむぎ出して語り合っている。沈黙の言語が意識の下で流動しているというわけだ。ストーリーでは、登場人物の隠された思考や感情、欲求や行動が、意識的なものも無意識的なものも含めて、〝言わないこと〟と〝言えないこと〟として、サブテクストのレベルに閉じこめられている。

巧みなダイアローグはある種の透明性を生み出す。登場人物が発したことばのテクストは、その内面をほかの登場人物から覆い隠すが、その一方で、読者や観客はふるまいの奥にあるものを見透かすことができる。よく練られたダイアローグは、読者や観客に対し、洞察を得たかのような感覚、登場人物の心が読めるかのような感覚をもたらして、その本音や、真の感情や、実際の行動をまるごと知っている、本人よりも内面を理解している気にさせてしまう。

ヨーロッパに端を発する言語至上主義の文化に生きるわれわれは、言語が経験を制限すると考えがちだ。言語が巧妙に思考を形作るのはたしかだが、作家はそのほかの表現手段――ジェスチャーや表情、声の調子、衣服、動作など――が登場人物の内面や外的生活の経験にどう影響するかを深く理解しなくてはならない。最も重要なのは、人が自分自身を表現するときにことばを使う場合と使わない場合のちがいを知ることだ

たとえば、登場人物Aが「やあ、元気？　あれ、ずいぶん痩せたね！」と登場人物Bに言うとき、Aのテクスト上のアクションは、Bへの挨拶と褒めことばにすぎない。だが、ふたりの関係の性質とそれまでのいきさつによっては、AのサブテクストはBへの元気づけ、誘惑、からかい、侮辱など、どうとでもなりうる。見かけ上はまったくあたりさわりのなさそうな表現でも、考えうるサブテクストのアクションは、それを起こす人物しだいで無数にある。

人間の本質は、外側のふるまい（テクスト）と隠れた自己（サブテクスト）をつねに組み合わせている。〝言わないこと〟をそのまま〝言うこと〟に置き換える人物はあまりいないし、かなり奇妙だと言える。そういう人々は機械的で、非現実で、非人間的で、支離滅裂で、正気を疑われさえ

するものだ。たとえば、ヒトラーにはサブテクストが存在しなかった。『我が闘争』は比喩などではなく、ホロコーストまでの日程表だ。ヒトラーは自身の意図をテクストでそのまま述べたが、その構想が信じがたいほど残忍だったため、ヒトラーに加担した政治家たちは一九三〇年代を費やして、存在しないサブテクストに慰めを見いだそうとしたのだった。

4　表現力（2）形式

ダイアローグの質と量は、ストーリーテリングで用いられる対立や葛藤のレベルによって変化する。

複雑な葛藤

人生を乱す葛藤のレベルは四つある。物理的葛藤（時間、空間など、あらゆる物理的なもの）、社会的葛藤（制度やそれに属する個々人）、個人的葛藤（友人、家族、恋人などの懇意な関係）、内的葛藤（意識的・無意識的な思考や感情）だ。複雑なだけのストーリーと複合的なストーリーのちがいや、最小限のダイアローグによるストーリーと最大限のダイアローグによるストーリーのちがいは、作者がドラマ化すると決めた葛藤のレベルによって生じる。

アクション物のジャンルでは、主人公はもっぱら物理的葛藤に苦悩する。J・C・チャンダー監督の映画『オール・イズ・ロスト ～最後の手紙～』(13)が好例だ。一方、小説のテクニックである意識の流れは、語りを内的葛藤に没頭させる。そこでは、主人公の心の奥へ押し寄せた夢と記憶が湧き返り、後悔と切望が渦巻いている。例として、ヴァージニア・ウルフの『ダロウェイ夫人』があげられる。

客観性のきわみを探るチャンダーのような映画作家や、主観性の純度を追い求めるウルフのような小説家は、ただひとつの葛藤のレベルに焦点を絞りつつ、作品を複雑なものに仕立てあげる。そしてその非凡な才能によって、口に出すダイアローグをほとんど必要としない魅惑のストーリーが作られる。人生の唯一のステージで、一気に集中して語られるストーリーは、複雑で困惑させられることも多いが、わたしの定義では、複合的ではない。

複合的なストーリーには、ふたつか三つ、ときには四つすべてのレベルの葛藤が含まれている。深く広大な世界観を持つ作家は、内的葛藤と物理的葛藤に取り囲まれるように語りを配し、その上で会話のふたつの主舞台である中間レベル――個人的葛藤と社会的葛藤――の処理に専念することが多い。

個人的葛藤は、友人や家族や恋人にかかわる。親密さは語りからはじまり、それをもとに築かれて、変容して、語りで終わるものだ。だからこそ個人レベルの葛藤は、多層で多義的なダイアローグに満ちている。

例として、「ブレイキング・バッド」の第四シーズン第六話での、ウォルター・ホワイトと妻スカイラーの会話を見てみよう。第一シーズンの第一話から、ウォルター・ホワイトは神経質で不安定な受け身の男として描かれている。だが、このシーンの終わりまでに、ウォルターのほんとうの性質が垣間見える。

屋内。寝室――昼間

夫婦はベッドに腰かけている。

スカイラー　前にも言ったけど、あなたに危険が及ぶなら、警察へ行きましょう。
ウォルター　だめだ。警察なんかご免だ。
スカイラー　こんなこと、軽い気持ちで言ってるんじゃないの。家族にどんな影響を及ぼすかわかってるけど、それしかないなら仕方ないでしょう？　玄関をあけたとたんにあなたが撃たれるくらいなら――
ウォルター　――警察の話はしたくない。
スカイラー　あなたは凶悪な犯罪者なんかじゃないのよ、ウォルト。借金で首がまわらなくなった。警察にそう言うの、ほんとうのことだし。
ウォルター　それはちがう。
スカイラー　事実でしょう。高校教師が癌になって、なんとしてでもお金がほしくて――
ウォルター　（立ちあがる）――話は終わりだ。
スカイラー　――仕事に引きこまれ、手を切れなかった。そう言ってたじゃない、ウォルト。もう、わたしったら何を考えてたのかしら。（間）ウォルト、ねえ、お互い、意地を張るのはやめにしましょう。自分が危険な立場にいるのを認めて。

ウォルターはゆっくりとスカイラーに向きなおる。

ウォルター きみはいま、だれと話してるつもりだ。目の前にいるわたしをだれだと思ってる。(間)年間いくら稼いでるか知ってるか。教えたとしてもきみは信じないだろう。わたしが突然辞めたら、どうなると思う。ナスダックの上場企業並みのビジネスが倒産するんだ。消えてなくなる。わたし抜きでは何もできない。(間)きみはぜんぜんわかってない。だからヒントをやる。危険など迫ってないよ、スカイラー。わたしのほうが危険人物なんだ。何者かがドアをあけて銃を撃つ。わたしが撃たれると? ちがう。ノックするのがわたしだ。

ウォルターは寝室を出ていく。スカイラーはその後ろ姿をじっと見つめる。

ウォルターは新しい別の自分、ハイゼンベルグと名乗る分身のことを説明している。スカイラーは夫のことばに呆気にとられ、どうにか意味を探ろうとするばかりだ。

社会的葛藤は、公共目的の組織がかかわると激しさを増す。医療、教育、軍事、宗教、政府、企業——合法であれ犯罪的であれ、すべての組織が舞台となりうる。個人的な関係から社会的な関係へ移るとき、人はあまり率直でなくなり、形式ばって話すようになりがちだ。葛藤が頂点に達すると、急に饒舌になる。

つぎの「ハウス・オブ・カード　野望の階段」からの例を見てみよう。ある政治工作員がフランク・アンダーウッドの申し出を拒絶する。工作員が立ち去ると、フランクはカメラに向かって語る。

フランク　才能の持ち腐れだ。彼は権力より富を選んだ。この街でほぼ全員が犯す過ちだがね。富など、サラソタに建てられた成金の豪邸のようなもので、十年後にはガタがくる。権力は、昔ながらの石造りの建物で、何世紀も持ちこたえる。このちがいがわからないとは愚かしい。

一般論としては、ストーリーの葛藤が、より物理的、社会的になると、ダイアローグは減る。一方、より個人的、内的になると、ダイアローグは増える。

したがって、複雑なストーリーを創作するためには、作家はダイアローグの二重構造――発話という外面と、思考や感情という内側の本音――に熟達しなくてはならない。ダイアローグの台詞は、口にされた瞬間には表面上の意味を伝え、話し手は相手がその意味を信用して行動を起こすことを期待する。この最初の意味は、一見筋が通っていて、話し手の意図や働きかけを伝え、読者や観客は好奇心を掻き立てられてその効果のほどを見届けようとする。また、演劇の場合は特にそうだが、使われることば自体が技巧や機知に富んでいて楽しいことも少なくない。ところが、つぎの瞬間には、確固としていたはずの台詞が崩れはじめ、ことばの奥に隠された、もっと深い第二の意味が感じとれるようになる。

われわれには直感や知覚の力が具わっているため、特定の登場人物のダイアローグがきっかけとなって、その人物の語らぬ内面、潜在的な欲求を唐突に見抜けることがある。人物の性質に忠実な語りは、意識的な思考の奥にひそむ無意識の衝動に至るまで、暗黙の感情を読みとることを可能にする。この効果は強力なので、架空の登場人物の内面を読みとる幅広さや深さのほうが周囲の実在人物に対するよりも上であることがよくある。

最高の状態にあるダイアローグは、登場人物の表向きの顔と秘めた自己とのあいだで宙吊りになっている。その人物が口にしたことばが、多面体の水晶のように、内面と外面を屈折させたり反射させたりする。個人的、社会的な人生は、語ることからはじまって、発展し、終わるものなので、人間同士の複雑な関係や葛藤は、人物に特化した表現豊かなダイアローグがなくては、ドラマの形に昇華できない。

逆に、的はずれのダイアローグは嘘っぽく聞こえるばかりか、話している人物の奥行きも失う。力のないダイアローグには、ことばの選択の貧しさなど、多くの欠点があるが、根本の原因はもっと深いところにある。

ダイアローグの問題はストーリーの問題である

ストーリーテリングがひどければ、計算可能と言ってよいほどの高確率で、ダイアローグの出来も粗末になる。そして、ストーリーはしばしば使いまわされるので、無数の映画や演劇で、また何百というテレビのチャンネルで、不調和なダイアローグを耳にして苦しむ羽目に陥る。小説についても同じことが言える。近ごろの小説は、ページにつぐページをダイアローグで埋めて、読むスピードを速めることが多いが、しゃべってばかりの章で深く感動したのはいつが最後だろうか。見聞きするダイアローグの大半は、どうにか耐えうるものがせいぜいで、すぐに忘れ去られる。

われわれがストーリーに惹かれるのは、日々の暮らしを反映するからだけではなく、内面をも照らし出すからだ。ストーリーの大きな楽しみのひとつは、フィクションの鏡にじっと目を凝らして夢中になれることにある。ダイアローグは、われわれがどのように他人に嘘をつくか、また自分自身を欺くか、どのように愛し、懇願し、争い、どのように世界を見つめるか、そのありさまを示してくれる。人生で最も過酷なときや最も好調なときに、何を言えて、何を言うべきかを、ダイアローグは教えてくれる。

演劇のダイアローグ

舞台は象徴的な空間だ。はるか何千年もの昔、自分の部族の前でストーリーを演じるために人類初の俳優が立ちあがった瞬間から、その特別な空間のなかで語られたり、なされたりするものには、ことばや身ぶりよりはるかに多くの意味があることを、観客は本能で理解していた。［原注1］

舞台は技巧の不自然さを堂々とさらけ出す。劇場のしきたりでは、俳優は実在の人間たちの前で架空の人間を演じる。だれもが同じ空気を吸いながら、この虚構が差しあたりは現実であると装う。劇場へ出向く者は、座席を確保することによって、劇作家と暗黙の契約を交わす。劇作家は舞台上の空間を思うままの世界に変え、何を表現したいのであれ、それを象徴する場にしてかまわない。一方、観客は作り物であることを忘れ、それぞれの人生を目のあたりにしているかのように、俳優たちの演技に反応する。

この暗黙の了解に限界はあるのだろうか。おそらくないだろう。一世紀以上前のダダの出現をはじめとして、観客たちは数々の荒唐無稽な出し物を受け入れてきた。アンドレ・ブルトンの『シル・ヴ・プレ』（一九二〇年、未訳）のようなシュルレアリスム演劇、ウジェーヌ・イヨネスコの反演劇作品『禿の女歌手』（一九五〇年）のような不条理劇、ジョージ・ファースとスティーヴン・ソンドハイムのコンセプトミュージカル『カンパニー ～結婚しない男～』（一九七〇年）のような断片の寄せ集め、毎年八月のエディンバラ・フェスティバル・フリンジで上演される文字どおり何百もの前衛劇などだ。

作家と観客の暗黙の申し合わせは、人間がこれまで実際に口にしたことのないような、卓抜した高みと深みを具えたダイアローグを劇作家が書くことを容認する。古代ギリシャの巨匠から、シェイクスピア、イプセン、オニールを経て、最近のジェズ・バターワース、マーク・オロウ、リチャード・マーシュまで、劇作家は豊かな言語と韻律を使って、詩的な力でダイアローグの魅力を高めてきた。そして観客はしっかり耳を傾ける。というのも、演劇では聞くことが見ることより先だからだ。

そのうえ、演劇は言語の探求と再生に刺激を与えつづける。シェイクスピアは望んだ表現が見つからないときに、新たなことばを作り出した。barefaced（厚かましい）、obscene（卑猥な）、eyeball（目玉）、lonely（孤独な）、zany（道化師）、gloomy（陰鬱な）、gnarled（ひねくれた）、bump（こぶ）、elbow（肘）、amazement（驚嘆）、torture（拷問）など、シェイクスピアの生み出したことばは千七百語以上にのぼる。

ユージン・オニールの『氷屋来たる』に見られる酒場の写実的な力強さから、T・S・エリオットの『寺院の殺人』の詩的な優雅さまで、演劇におけることばの振れ幅の大きさは、そのほかの媒体とは比べ物にならない。

たとえば、ヤスミナ・レザの戯曲『大人は、かく戦えり』でのテーブル談義を検討してみよう。ある晩、ふた組の夫婦が、互いの子供たちが遊園地で起こした喧嘩について話し合っている。はじめは礼儀正しい会話だったが、アルコールで舌がなめらかになり、それぞれの結婚生活の醜い真実を暴露するようになる。つぎのダイアローグでは、双方の妻が痛烈な比喩を用いて、自分の夫をこきおろしている。

マイケル　きみは酒を飲むと、決まって悲しそうになる。

ヴェロニカ　マイケル、あなたのひとことひとことが突き刺さるの。わたしは飲まない。飲んだのは、あなたがいまトリノの聖骸布みたいにゆらゆら見せびらかしてる、そのまずいラムをひと口だけ。わたしは飲まないし、それが残念でたまらない。ちょっとしたことでつまずいても、お酒に逃げることができたら、気分も落ち着くでしょうに。

アネット　うちの旦那も悲しそう。見てちょうだい。こんなにうなだれて。まるで道端に置き去りにされた子供みたい。きっと、きょうが人生最悪の日ね。［原注2］

さて、このふたりの妻の粘着質のあざけりを、フェデリコ・ガルシア・ロルカ『血の婚礼』（一九三三年）の生き生きとした台詞と比較してみよう。使用人の女が婚礼のためのテーブルを整えながら、比喩につぐ比喩を用いて、迫りくる悲劇を花嫁に警告している。

使用人
婚礼の夜のために
いびつな月に
黒い葉を分け入らせて

のぞかせましょう
花嫁の白い窓から
婚礼の夜のために
霜を燃やして
にがいアーモンドを
蜂蜜のように甘くして
ああ、すばらしき女《ひと》よ
婚礼の夜は近い
ガウンをしっかりまとって
花婿の翼にお隠れなさい
彼はその胸に
炎をいだく雄鳩
どうぞ家から離れずに
荒野は駆け落ち者の
血の叫びを待っているから

演劇における古くからの暗黙の申し合わせの上に、ミュージカル劇はさらなる光沢を重ね、詩的な話しことばを歌詞や詠唱へと増幅させて感情を高める。ダンスが通常の動きを増幅させるのと同じだ。実のところ、本書で論じているダイアローグの原理とテクニックは、すべてミュージカル劇にもあてはまる。オペラのレチタティーボ（叙唱）から、現代のミュージカルの歌いつづけるシーンまで、登場人物たちは歌って踊りながら、ダイアローグを音楽に変換している。歌は登場人物による語りのもうひとつの形式にすぎない。

観客が作者との暗黙の申し合わせに従いつづけられるのは、登場人物たちが実社会や自分自身に対して忠実に語る（または歌う）という一貫した設定がある場合だけだ。言い換えれば、ダイアローグがその役から逸脱しないかぎり、ということだ。そこが信頼できないと、無意味で無感動な見せ物になってしまう恐れがある。

映画のダイアローグ

カメラは現実世界を三百六十度通り抜けることができ、行く手にある物体や形や色を余すところなく撮影する。作家が思い描けることであれば、コンピューター・グラフィックスはそれ以上を再現できる。大きなスクリーンは音よりもまずは映像を目立たせるので、観客は知らず識らずのうちに目からストーリーを吸収し、一方で楽曲や音響やダイアローグはいい加減に聞き流す。

それどころか、映画の純粋主義者のなかには、無言こそが映画の理想だと考える者もいる。彼らの美学は評価しうるし、映画の感動的な瞬間はしばしば音がないものだが、最高の無声映画と極上の有音映画を比較した場合、わたしからすれば、聞きとれるダイアローグで語られたストーリーの圧勝だ。『テルマ&ルイーズ』（91）でふたりが崖からグランド・キャニオンへ飛びこんだ映像は、記憶のなかで鮮やかに輝いているが、思い出してみると、ふたりはそのとき、「このまま行って！」

と楽しげに叫んでいた。その台詞がなければ、ふたりの自殺の衝撃は半減したことだろう。

大画面上のストーリーテリングでは、ことばより映像のほうが明らかに有利だが、そのバランスはジャンルによって大きく変化する。『オール・イズ・ロスト ～最後の手紙～』のようなアクション／冒険映画はダイアローグなしで語られるのに対し、『マイ・ディナー・ウィズ・アンドレ』（81）のような教養物語は全編がダイアローグで語られる。

だから、映画が演劇や小説と最も異なる点は、ダイアローグの量ではなく質だ。カメラとマイクはふるまいを拡大し、増幅するので、嘘くさい視線、見せかけのしぐさ、わざとらしい台詞などは、どこにでもある素人芝居より陳腐で素人っぽく感じられる。映画の演技には、自然で説得力のある、一見無造作な技巧が求められる。これを可能にするには、ダイアローグがごく自然に生まれたと感じられなくてはいけない。飾り立てられたダイアローグを届けろと強要されると、どんな名優でも滑稽な語りをせざるをえず、観客に「人はこんなふうにしゃべらない」と思わせてしまう。このことは、描くものが現実的であれ非現実的であれ、テレビや映画のすべてのジャンルにあてはまる。

当然ながら、例外はある。

1　様式化されたリアリズム

リアリズムにはある程度の柔軟性がある。なじみのない世界にストーリーを設定することで、作家はありふれた場所よりも多用な修飾表現でダイアローグを引き立てることができるが、それでもその語りは、設定された作品世界で現実味を失わない領域にとどめなくてはならない。映画やテレビシリーズにおける異国（『グランド・ブダペスト・ホテル』［14］、「ホームランド」）、犯罪社会（『パルプ・フィクション』［94］、「デッドウッド ～銃とSEXとワイルドタウン」）、地域文化

（『ハッシュパピー　～バスタブ島の少女～』［12］、「ＪＵＳＴＩＦＩＥＤ　俺の正義」）、はるか昔の世界（『スパルタカス』［60］、「ヴァイキング　～海の覇者たち～」）などの設定は、みずから課した制約のなかで信頼性を保ちつつ、ダイアローグを日常からはるか遠くへ連れていくことを可能にしている。

こうした風変わりな状況では、一貫性が問題になる。作家は、奇抜でありながらも説得力のある様式を、長編映画まるごと一本や、「ザ・ワイヤー」のような長期にわたるテレビシリーズを通じて貫きつづけなくてはいけない。これは簡単なことではない。

2　非現実

非現実のジャンル（ＳＦ、ミュージカル、アニメーション、ファンタジー、ホラー、笑劇）は寓話的なストーリーを語る傾向にあり、類型的・象徴的な登場人物によって演じられる。これらのジャンルでは、観客はきわめて様式化されたダイアローグを容認するだけでなく、楽しんでもいる。このジャンルとして、『マトリックス』（99）、『３００〈スリーハンドレッド〉』（07）、『ティム・バートンのコープスブライド』（05）、『ロード・オブ・ザ・リング』（01、02、03）、『ハットしてキャット』（03）、「ゲーム・オブ・スローンズ」、「グリー」などがある。

3　際立った人物像

実社会では、周囲より感受性がすぐれた人、思考でまさる人、話がうまい人がいる。そのような登場人物には、想像性に富んだ独特なダイアローグを与える価値があるし、そうすべきだ。

たとえば、「ブレイキング・バッド」のウォルター・ホワイト（ブライアン・クランストン）、

『パイレーツ・オブ・カリビアン』(03)のキャプテン・ジャック・スパロウ(ジョニー・デップ)、『恋愛小説家』(97)のメルヴィン・ユーダール、『ホッファ』(92)のジミー・ホッファ、『ディパーテッド』(06)のフランク・コステロ(三役とも演じたのはジャック・ニコルソン)、『ソフィーの選択』(82)のソフィー・ザウィストウスキー、『ハリウッドに口づけ』(90)のスザンヌ・ヴェール、『マーガレット・サッチャー 鉄の女の涙』(11)のマーガレット・サッチャー(三役とも演じたのはメリル・ストリープ)のような際立ったキャラクターの台詞を書いているとする。すぐれた作家は、このような強烈な存在感を持つ人物に味わい深いことばを授け、演じ方を知りつくした俳優を惹きつける。

『三つ数えろ』(46)のフィリップ・マーロウ(ハンフリー・ボガート)とヴィヴィアン・ラトレッジ(ローレン・バコール)について考えよう。これはレイモンド・チャンドラーの小説『大いなる眠り』を、ウィリアム・フォークナー、リイ・ブラケット、ジュールス・ファースマンが脚色した作品だ。ハリウッド用語で言えば、この作品は〝クライメディ〟、つまりクライムストーリーと恋愛コメディを合わせたジャンルに属する。当意即妙なやりとりと模倣が策謀と銃撃戦に彩りを添えた作品だ。たとえば、あるシーンでは、私立探偵のマーロウがゲイの稀覯本収集家のふりをしている。

つぎのシーンでは、マーロウが依頼者の娘ヴィヴィアンと会っている。ふたりは自分たちを競走馬にたとえ、競馬をセックスの隠喩として利用する。戯れのやりとりからは、ふたりが機転が利き、頭がまわり、自信家で愉快な人物であること、そして互いに惹かれ合っていることが伝わる。

ヴィヴィアン 馬と言えば、わたしも競馬をするわ。でも、どの馬が先頭を切るのか、後ろから追いあげてくるのか、少しでも早くわかるといいんだけど。切り札とか、その力のもととかね。

マーロウ　わたしだったら、どんな走りをするだろう。

ヴィヴィアン　そうね、きっとあなたは抑えられるのが好きじゃなくて、先頭に飛び出して、リードをひろげ、バックストレッチでちょっとひと息ついて、それでもぶっちぎりでゴールするタイプね。

マーロウ　きみも抑えられるのが好きじゃないな。

ヴィヴィアン　いまのところ、だれにも抑えられたことはないけど。それで?

マーロウ　そうだな、ちょっと距離をとって見てみないことには、なんとも言えない。品格を感じるが……どこまで無茶できるか。

ヴィヴィアン　騎手によりけりよ。

マーロウ　ひとつだけわからないことがある。

ヴィヴィアン　わたしの力のもと?

マーロウ　ああ。

ヴィヴィアン　ちょっとだけヒントをあげる。甘ったるいおべっかはだめ。もう試したの。

映画の脚本を書くときは、たとえ奇想天外なジャンルであっても、つねに演じる者のために書く。ことばは制限知らずだが、演技はそうもいかない。あなたの作品が映画化されるとなると、俳優はあなたの考えた台詞を、明快に説得力をもって演じなくてはいけない。だから、口に出して言うことは、演じることができる領域におさまっている必要がある。この問題が、演劇と映画のダイアローグのちがいを生む。つまり、アドリブが可能かどうかだ。

演劇では、劇作家が戯曲の著作権を持っている。そのため、俳優は作者の許可なしでアドリブを入れたりことばを変えたりはできない。だが、映画やテレビでは、脚本家は著作権を制作会社に預けているので、必要があれば、監督や編集者や俳優がダイアローグをカットしたり変えたり付け足したりできる。映画の世界の現実としては、台本に書かれたとおり一言一句変えずに演じられることはないだろう。その結果、残念なことだが、俳優のアドリブがあなたの作品を台なしにすることもありうる。

へたなアドリブはすぐわかる。俳優の注意が散漫になると、互いに繰り返し合図を送り合って時間稼ぎをすることがよくあり、そのシーンはまるで反響室のようになる。

俳優A　もう出ていってちょうだい。
俳優B　きみはぼくに出ていってほしいんだな。ふん、言うべきことを言うまでは、どこへも行くもんか。
俳優A　あなたの言い分を全部聞いたけど、どれもさっぱりわけがわからない。
俳優B　わからない？　わからないだと？　わけがわかるように言えと？　ぼくの言ったことのどれがわからないんだ。

こんなふうに、とりとめのない会話がつづく。

とはいえ、まれなケースだが、『タクシードライバー』（76）のロバート・デ・ニーロの名台詞「おれに話しかけてるのか？」のように、俳優のアドリブが台本をしのぐこともある。たとえば

『フォレスト・ガンプ／一期一会』（94）では、フォレスト（トム・ハンクス）が従軍して仲間の志願兵ババ・ブルー（ミケルティ・ウィリアムソン）と友人になる。新兵訓練所での働くシーンがつづくあいだ、ウィリアムソンはつぎの一節を即興で語る。

ババ・ブルー　とにかく、前にも言ったが、エビは海の果物だ。バーベキュー、ボイル、焙る、焼く、炒める、なんでもできる。シュリンプ・カバブ、シュリンプ・クレオール、シュリンプ・ガンボ。フライパンで焼く、油で揚げる、強火でさっと炒める。パイナップル・シュリンプ、レモン・シュリンプ、ココナッツ・シュリンプ、ペッパー・シュリンプ、ドウケツエビ、エビシチュー、シュリンプ・サラダ、エビとイモ、シュリンプ・バーガー、ドウケツエビ。まあ——こんなもんかな。

ウィリアムソンが「ドウケツエビ」（アラバマ州やケンタッキー州の地下水路に生息する色のない甲殻類だ）を二度言っていることに注目してもらいたい。アドリブの名手でも、うっかりミスをしがちだ。

テレビドラマのダイアローグ

映画とテレビを比較した場合、どちらにも例外はあるものの、映画はカメラを戸外へ持ち出して、市街や自然のなかで撮影することが多いのに対し、テレビは家族、友人、恋人、職場仲間などが登場する屋内のストーリーと相性がよい。そのため、テレビは人物が向き合ったシーンが多くなりがちで、ダイアローグと映像のバランスは語りのほうへ傾くが、その理由は三つある。

（1）画面の小ささ。全身のショットでは、表情が読みとりづらい。このことから、テレビのカメラはよく登場人物の顔を大写しにし、その顔から台詞が発せられることになる。

（2）ジャンル。テレビが好んで扱うジャンルは、家族向けのコメディ、家族ドラマ、ラブストーリー、友情物語、さまざまな専門職（警察、犯罪者、法律家、医師、精神科医など）を題材にしたドラマなどである。こうしたシリーズ物は家庭や職場の個人的な関係を描くが、そういう話では、何よりもまず語り合うことで親密さが生まれ、変化し、失われていく。

（3）低予算。凝った映像を撮るには資金が必要で、フィルムの予算がかさむ。実演と撮影について、ダイアローグは割安なので、テレビの少ない予算では会話を多用することになる。

将来へ目を転じると、今後も壁に設置するタイプのテレビの画面サイズが大きくなり、人気もあがりつづけるなら、テレビドラマの予算も上昇するだろう。そのころには、家庭用の大画面が映画とテレビを融合して、ひとつの大きな媒体を形作ると思われる。その一方で、家にいないとき、人々はiPadやiPhoneでストーリーを消費するから、ダイアローグはやはり重要だ。しかし、どちらの場合でも、映画館は消滅する。

小説のダイアローグ

小説は、内的、個人的、社会的、物理的な葛藤を、たいがい登場人物の内面で彩られたことばの絵図へと作り換え、それを読者の想像へと投影する。そのため、小説家が最も鮮烈で濃密な文章を駆使するのは、ダイアローグのやりとりではなく、一人称や三人称の叙述である。それどころか、口に出して言われたことを自由間接話法〔会話文でも地の文のように記すこと〕のダイアローグとして地の文に組みこむこともある。小説家がドラマ型のシーンで直接話法のダイアローグを使うときには、会話の軽さと地の文の修辞上の重さを対比させるため、意図的にきわめて自然なことばづかいを選ぶことが多い。スティーヴン・キングの『ドロレス・クレイボーン』のような例外を除いて、小説家の多くは、長編であれ短編であれ、単純にペースを変える、あるいは長い段落の連続から逃れる技巧として、カギ括弧つきのダイアローグを用いる。

演劇や映画やテレビでは、ダイアローグは演じられたシーンにかぎられ、ほかにときおり独白やナレーションの形で直接観客へ向けて語りかけることがあるだけだ。どの媒体も、俳優がサブテクストやパラ言語（声質、身ぶり、表情など）を用いて、演じる人物に厚みを加えることに頼っている。それゆえ、劇場や映画やテレビの作り手による表現は、俳優の技能の範囲内にとどまるしかない。だが小説は読者の想像のなかを舞台としているから、使いうるダイアローグの範囲が最も広い。

その範囲の一端には、型どおりのシーンを作り出す小説があり、一語も変えずに舞台や画面へそのまま移植することも可能である。中ほどには、一人称の声が小説一冊の長さに及ぶ小説があり、何万語にも及ぶことばでひたすら読者へ語りかける。作家のなかには、いわば読者へ背を向け、思考を凝縮して内面のダイアローグに仕立てる者もいる――内なるいくつもの声を闘わせたひそやかな会話だ。そして反対側の端には、三人称形式の小説があり、しばしばカギ括弧もはっきりした声もすべて消し去って、登場人物の会話を自由間接話法のダイアローグに組みこむ。

第一章では、小説を視点によって三つに分類し、それぞれがどのようにダイアローグの質と量に影響するかを見てきた。ここでは、さまざまな種類のダイアローグの差異をさらに踏みこんで詳述するために、ふたつの大きなグループに分けてみよう――非登場人物によるものと登場人物によるものだ。

非登場人物の語り

小説における非登場人物の語りは三人称でなされる。語り手は作中に登場せず、作者自身の肉声そのものとももちがう。これは作者が作り出した案内役で、どの程度の知識があるかやどれほど客観的かは作品によってさまざまだが、登場人物や出来事について解説し、いろいろな形での言及をおこなうのがその役割である。

非登場人物の語り手は、ドラマ型のシーンのなかではっきりダイアローグを口にすることも、ナレーション型の間接的なダイアローグによって暗示することもできる。デイヴィッド・ミーンズの短編「未亡人の苦境」（未訳）を見てみよう。


ふたりはハドソン・ハウスで向き合ってすわり、会話を交わした。彼は日焼けしていて、ほとんどずっとアイスランドについて語った。そこから自然に生じたのは、いつの日か彼女もアイスランドを見たくなるかもしれないという誘いかけだった。火山の噴火口のふちで踊ろうとも、そのひとつへ生け贄のように身を投じようとも口にせず、それとなくほのめかしただけ

だった。[原注3]

非登場人物の語りのなかの間接的なダイアローグには、直接的なダイアローグが通常持つ強みがある。それによって、会話が交わされたこととそこで話された内容が、読者が知るべきときに伝わる。間接的なダイアローグは、登場人物がどのように話すかではなく、何を話したかによってその人物を特徴づける。また、引用した例のように、間接的なダイアローグのまわりの叙述によって言外の意味を表現することができる。「そこから自然に生じた」という言いまわしで示したサブテクストや、「誘いかけ」「それとなくほのめかした」ということばで、ミーンズが表現不能の感覚を伝えていることに注目してもらいたい。

非登場人物の語りにおける間接的なダイアローグのおもな利点はふたつあり、ひとつはペースの加速、もうひとつは凡庸さに対する防御だ。夕食でのアイスランドについての会話は、一時間に及んだかもしれないが、ミーンズはそれを一行足らずにまとめて、読者を救った。また、登場人物がヘミングウェイ並みの目をもって描写できないのなら、景色を言い表す形容語句は書かないのが得策だ。

三人称による語りの個性のない声は、冷徹で客観的になることができる。

例として、ジョゼフ・コンラッドの作品のある語り手による熱帯地方の夜明けの描写を見てみよう。

鎧戸の穴を一色に塗りつぶしていた暗黒は、しだいに薄れ、混沌たる闇の中から、新しい宇宙が展開するかのように、色々の形が不明瞭に、点々と顕れだした。やがて、輪郭がうかび、ここに樹、かしこに藪、遠い彼方には黒い帯のような森林、近くには家の輪郭の直線や、高い棟が、細部のない形だけをはっきり見せはじめた。小屋の中では、今しがたまでは、説得の声に過ぎなかったババラッチが、人間の姿に変り、銃の筒口に不注意にも顎をもたせ、不安な眼をぎょろぎょろさせて、現れてくる世界をみつめている。河霧や、重たい陰鬱な水蒸気の覆いかぶさった朝が——色も、日光もなく、失望と悲しみだけを盛った朝が、足早にやってきた。

(『文化果つるところ』蕗沢忠枝訳、角川書店)

非登場人物の語り手がそれと逆の方向へ進み、温順で主観的になると、意識の流れの手法を採り入れて、〝言わないこと〟と〝言えないこと〟の領域へ侵入し、登場人物の内面を映し出す。この手法では、三人称の語りの平静さと、登場人物の感情的なエネルギーやことばづかいを融合して、その人物の思考の過程をたどっていくが、内面のダイアローグの印象を伝えながらも、けっして登場人物による語りへと変質することはない。

例として、ヴァージニア・ウルフの小説『ダロウェイ夫人』の一節を検討してみよう。ここでの非登場人物の語り手は、クラリッサ・ダロウェイの使うことばをそのまま用いて(「気持ちいい」「飛びこむ」「なんだか恐ろしいこと」)、記憶の流れを模倣している。

なんて気持ちいいの! この飛びこむ感じ! フランス窓を勢いよく押しあけて、開けた大気へ飛びこんでいくとき、いつもそう感じた。蝶番の小さなきしみがいまも聞こえるようだ。早朝の空気のなんとすがすがしく、穏やかだったことか。もちろんここより静かだった。打ち寄せる波に似て、波のキスに似て、冷たくて鋭く、だが(当時十八歳だった彼女にとっては)

おごそかで、開いた窓の前に立っていると、いまにもなんだか恐ろしいことが起こりそうな気がした……。

意識の流れに忠実な文体のすべてが、ヴァージニア・ウルフのように息もつかせぬなめらかさで「流れる」わけではない。意識と同化した文体のなかには、曲がりくねったり、堂々めぐりをしたり、脈打ったりするものもある（このあと紹介するケン・キージーとデイヴィッド・ミーンズの例を参照）。そのため、一部の作家養成講座では、「意識の流れ」と「内面のダイアローグ」を交換可能な同義語であるかのように見なしている。だが本書では、このふたつに明確な定義づけをしたい。すなわち、「だれがだれに向けて語っているのか」という質問の答えで区別できるというわけだ。「意識の流れ」は、三人称の非登場人物の声で読者に語りかける（既出のウルフの例のように）が、「内面のダイアローグ」は、一人称か二人称の登場人物の声でみずからに語りかけている（後述のナボコフの例のように）。

登場人物の声

小説の登場人物は、その人物特有の声で話す。前に定義したとおり、ダイアローグは、それがほかの登場人物へ向けたものであれ、読者へ向けたものであれ、自分自身へ向けたものであれ、すべて目的を持った語りかけを含んでいる。第一章で見たとおり、小説は読者の想像のなかで実演されるため、演劇や映画やテレビよりはるかに多くの方法で登場人物に語らせることができる。それには六つの手法がある。（1）ドラマ型のダイアローグ、（2）一人称による直接の語りかけ、（3）間接的なダイアローグ、（4）内面のダイアローグ、（5）パラ言語、（6）混合した手法、である

（最後のふたつについては第五章を参照）。

ドラマ型のダイアローグ

小説では、ドラマ型のダイアローグが韻文劇の濃密さに達することはめったにない。それでも、著者が選んだジャンルと人物造形のもとで、演劇や映画やテレビと同じように、比喩を用いた表現がシーンを豊かにすることはありうる。一人称の語り手はよく、「わたしは言った」「彼女は言った」「彼は言った」が連続するシーンを語り、なんの説明も加えずに純粋にドラマに仕立てあげる。

ロバート・ペン・ウォーレンの『すべて王の臣』の語り手はジャック・バーデンである。小説の中心人物である無慈悲な政治家、〝ボス〟ことウィリー・スタークの補佐官だ。スタークは政敵であるアーウィン判事の評判を落とすための秘策を求めている。スタークが人生をたとえて、おしめから棺までの年月を引き合いに出すさまを見てみよう。

> さきに言ったように、ボスが夜のなかを疾駆する黒いキャディラックに坐ってわたし（歴史の学生ジャック・バーデンが成長したわたし）に言ったとき、事はすべて始まったのだ、《何かあるものだ》と。
>
> それでわたしは答えた、「あの判事にはないだろうね」
>
> すると彼は言った、「人間は罪を犯して妊まれ堕落のうちに生まれおしめの悪臭から経帷子の臭気へと移っていく。何かあるものだよ」（鈴木重吉訳、白水社）

直接の語りかけ

一人称の語りは、演劇の独白や、映画やテレビの登場人物によるナレーションと血続きの間柄にある。三つとも、ストーリーを受け止める人へ向けて登場人物が直接話しかけている。たいがい主人公が自身のストーリーを語るのだが、脇役の人物が語り手となる場合もある。直接の語りかけは、程度の差こそあれ、感情的で客観的でもあり、語り手の性格に合わせた固有の文体を持つ。

つぎの引用では、ラドヤード・キプリングの作品の主人公が、海をながめたことを思い出しながら、自身が体験した大きく静かで客観的な喜びを読者へ説明している。

こちらへ向かってきた帆船を思い出す。その後方には夕日が燃え立っている。下では波しぶきが立ち、打ちつけられたロープが帆を巻きあげて、不機嫌な天使の頬のように両側をふくらませている。

あるいは、一人称の語り手の見るものは、感情の激化や理性の喪失によって収縮するかもしれない。ケン・キージーの『カッコーの巣の上で』では、精神科病院の患者である〝チーフ〟ブロムデンが、小説の冒頭でつぎのように語る。

黒人たちはもうそこにいた。
白衣姿のかれらはわたしよりも先に起き出し、廊下で性行為《セックス》をして、わたしに見つけられないうちに、そのあとをモップで拭いていた。

わたしが宿舎《ドーム》から出てきたとき、かれらはモップで床を拭いていた。三人とも不機嫌だった。朝のこの時を、この病院を、面倒を見なければならない患者たちを、何もかもを憎んでいるような顔をして働いていた。このように機嫌の悪いときは、かれらの目にとまらないほうがいい。わたしは壁にそって、ズック靴の音をしのばせ、埃のように音も立てずに歩いていった。だがかれらには何か特殊な感覚がそなわっていて、わたしのちぢかんだ心を感じとり、みんなして顔を上げる。三人ともそろって顔を上げ、古いラジオの背後からのぞく真空管のかたい光のように、その黒い瞳からきらきらと目を光らせて、わたしを見る。（岩元巌訳、白水社）［原注5］

目に見えぬ乱交パーティーや恐怖探知技術をブロムデンが思い描き、豊かな比喩（埃のように音も立てずに、ラジオの背後からのぞく真空管のかたい光のように）が彼の偏執的な内面をうまく表現しているが、それと同時に、ブロムデンは収縮した異様な思考を働かせつつ、読者へ向けて計算ずくで語りかけてもいる。

間接的なダイアローグ

非登場人物の三人称の語り手が間接的なダイアローグを使うとき、サブテクストがテクストに変わることが多い。たとえば、前に引用したデイヴィッド・ミーンズの作品のシーンでは、口に出して言わないことを、三人称の語り手が読者へ向けて語っている。〝……火山の噴火口のふちで踊ろうとも、そのひとつへ生け贄のように身を投じようとも口にせず、それとなくほのめかしただけだった〟。

登場人物が語る一人称や二人称の小説が間接的なダイアローグを用いるときには、サブテクストは暗示から脱することができない。一人称の語り手というものは自分の潜在意識に近づけないからだ。例として、ジュリアン・バーンズ『終わりの感覚』のつぎのシーンを見てみよう。主人公のウェブスターは、自分に所有権があると信じる手紙を渡してくれない元恋人を訴えたいと思い、弁護士に相談している。


ガネル氏は瘦せて口数の少ない人で、依頼人が黙っていてもまったく気にしない。まあ、しゃべろうがしゃべるまいが料金は同じだ。

「ウェブスターさん」

「ガネルさん」

相手をさん付けで呼び合いながら四十五分間。私は支払う料金に見合うだけの専門的アドバイスをもらった。最近母親を亡くしたばかりの熟年の女性を相手に、警察に行って窃盗容疑で告発するなど愚かです、とガネル氏は言った。私は感銘した。アドバイスそのものより、その言い方が大いに気に入った。「愚か」――「お勧めできない」や「不適切」よりどれほどいいことか。（土屋政雄訳、新潮社）［原注6］

読者は、ウェブスターがガネルのことばの選び方を口先だけでたたえ、実際には憤っていることを察知する。

内面のダイアローグ

演劇や映画やテレビでは、俳優は〝言わないこと〟をサブテクストにとどめ、演技のなかに取りこんで息吹を与える。だが、小説家がその気になれば、サブテクストをテクストへと変えて、〝言わないこと〟を直接作品に記せる。だから、登場人物による直接の語りかけと内面のダイアログの最も大きなちがいは、だれが聞いているかということだ。一人称の声は読者へ向けたもので、内面のダイアローグは自身へ向けたものだ。

たとえばウラジーミル・ナボコフの小説『ロリータ』は、主人公ハンバート・ハンバートの浮かれ調子の語りからはじまる。

ロリータ、我が命の光、我が腰の炎。我が罪、我が魂。ロ・リー・タ。舌の先が口蓋を三歩下がって、三歩めにそっと歯を叩く。ロ。リー。タ。(若島正訳、新潮社)

ハンバートはわれわれに語りかけているのではない。われわれは外にいて、彼の内向きの思考が記憶のなかで歓喜するのに耳を傾ける。ナボコフは性と崇拝の入り混じったこの自己陶酔を描くために、祈りの形をとった情熱の隠喩で小説の幕をあけ、それから〝ロリータ〟と発音するときのハンバートの舌の動きを強調する。

ハンバートの自慰めいた妄想と、デイヴィッド・ミーンズの短編「ザ・ノッキング」(未訳)の一節を比べてみよう。この話の主人公は、ニューヨークの自室で横になり、階上の住人が絵を掛けるか部屋を修理するか何かしている音を聞きながら、読者へ直接語りかける。主人公自身の声が、現在と過去をとりとめもなく行き来する思考の案内役をつとめている。

鋭くとがった金属的な音が、大きすぎもせず、小さすぎもせず、夏の午後にありがちなふだんの雑音――五番街を行き交う車の音、ハイヒールの音、タクシーのクラクション、人々のつぶやき――に混じってまた聞こえてきたが、ぼくが白日夢に浸りきっている日にかぎって遅れて響くのは、上の住人がそのことを知っているからで、こういうときぼくは、過去にしたことへの悲しみの正体を考えようとしていたり――考えるほかに何ができるというのか！――ひっそりと、ことばもなく、わが定理を否定していたりする。その定理とは、愛は空虚で無意味な心の震えだが、別の魂に拾われると、永遠と感じられるものへと形を変え（ぼくらの結婚生活のように）、やがては先細り、薄く、弱々しく、ほとんど感知できないものになり（ハドソン川沿いの家で過ごした最後の日々のように）、ついには、何も動かせないただの空気と化す（頑固に住み着いた喪失の虚脱感）、というものだ。

内面のダイアローグは、登場人物の心のなかを跳ねまわる自由な想像を反映したものだ。像のあいだの裂け目をのぞきこむと、〝言えないこと〟が垣間見える。

まとめ――演劇、映画、テレビ、小説のそれぞれで、ダイアローグの性質と必要性と表現法は大きく異なる。演劇のダイアローグが最も装飾に富み、映画やテレビドラマのダイアローグが最も簡潔で、小説のダイアローグが最も形を変えやすい。

5　表現力（3）　技巧

修辞の凝らし方

　修辞の工夫は、隠喩、直喩、代喩、換喩から、頭韻、類韻、矛盾語法、擬人法など、多岐にわたる。実のところ、言語表現にまつわる手法の種類は何百ではおさまらない。こうした表現手法は、口にすることばを豊かにするだけでなく、含意を伝えて〝言わないこと〟や〝言えないこと〟のサブテクストを呼び起こすこともできる。

　例として、テネシー・ウィリアムズの戯曲『欲望という名の電車』の第六場を見てみよう。南部の上流階級出身で、若さを失いつつある女ブランチ・デュボアは、労働階級の独身男ミッチと出会う。ブランチは自暴自棄で傷つきやすく、いまにも心が崩れそうで、孤独で繊細なミッチは、死の床につく母親とふたり暮らしだ。ある晩、ふたりはいっしょに出かけたあと、かけ離れた境遇ながらも同じ苦悩に満ちた日々について語り合う。互いへの関心が高まって、このシーンになる。

ミッチ　（両腕でゆっくりブランチを抱き寄せながら）あなたには誰かが必要だ。俺にも誰かが必要だ。どうだろう――あなたと俺では？

ブランチは一瞬ぼんやりと彼を見つめる。それから静かな泣き声をあげ、彼の抱擁に身を委ねる。彼女はしゃくりあげながら何かしゃべろうとするが、言葉にならない。彼は彼女の額に、それから両目に、そして最後に唇に、キスをする。ポルカがフェードアウトしていく。彼女が吸いこみ、吐き出した息はそのまま長いうれし泣きになる。

ブランチ　ときには――神様が――こんなに早く！（小田島恒志訳、慧文社）

最後の一行のなかに、あまりにも多くの意味と感情が凝縮されている。「神様」というのは、ミッチを神にたとえた隠喩ではなく、天から力強い救いの手が差し伸べられたかのようにブランチが感じたのを誇張している。だが、ブランチの前に神が現れたのはこれがはじめてではあるまい、とわれわれは察知する。

ブランチが口にした「ときには」と「こんなに早く」ということばが、過去にブランチを救った男が何人もいることを示している。しかし、ブランチを突然救った男たちは、そのときと同じようにすばやく見捨てたにちがいない。ブランチはいまだに自暴自棄で孤独で、また新しい男にしがみついているのだから。観客はほんの一行の台詞から、そこに暗示された過去の繰り返しを感じとる――ブランチは男と会うときに犠牲者を演じ、相手のなかの白い騎士を呼び起こすのだ。男たちは手を差し伸べるが、やがてわれわれがまだ知らない理由によって、ブランチを見捨てる。さて、ミッチはこれまでの男とちがうのだろうか。

ここでは、印象に残る一行によって、ブランチの人生における悲劇の本質があらわになり、観客の心には不安に満ちた疑念が生じる。

ダイアローグを構成することばは、論理的なものから感覚的なものまで色とりどりだ。たとえば、登場人物がある歌手の声を「へたくそ（lousy）」または「調子はずれ（sour）」と評したとする。どちらも意味は通じるが、lousy は「シラミまみれの」という本来の意味を失っているのに対し、sour の「すっぱい」という意味はまだ現役であり、sour と聞いたとたん、観客の唇はすぼみはじめる。「彼女はモデルのように歩く」と「彼女はスローでホットな歌みたいに動く」のどちらが心の奥の感情を掻き立てるだろうか。ダイアローグは同じアイディアを無数の手立てで表現できるが、一般には、表現が感覚寄りであるほど、その効果は深まって記憶に残りやすい。［原注1］

修辞は一文内で作用するものだが、ダイアローグは台詞につぐ台詞で葛藤に満ちた語りをドラマに仕立てるので、時間的な技巧やそれを逆手にとったものも役に立つ。速いリズムか無言の間か、息の長い文か分断された短文か、しゃれたやりとりか言い争いか、美文か乱文か、簡潔か冗長か、丁重か粗暴か、真実らしさか響きのよさか、控えめか誇張か、ほかにも数えきれないほどの様式とことば遊びがある。人生がさまざまな曲を奏でるように、ダイアローグもまた、それらの曲に合わせて踊ることができる。

作家が出くわす創作上のいくつもの選択については、すでに何度か強調してきたし、このあともするだろう。この点を繰り返し述べるのは、**形式は表現を制限するのではなく、表現に刺激を与える**ということを理解してもらいたいからだ。本書はダイアローグの根底にある形式を探求するものだが、ダイアローグを書くための公式を提案するものでは断じてない。創造とはみずから選ぶことだ。

パラ言語

俳優はあらゆる形式のパラ言語を使って演じる。パラ言語とは、ことばの意味や感触を微妙なニュアンスまで伝える非言語の音声や身ぶりのことで、表情、ジェスチャー、姿勢、話す速度、声の抑揚や大きさやテンポ、語調、アクセント、さらには他者と自分とのあいだの距離まで含まれる。俳優はパラ言語を使って、身ぶりによるダイアローグを交わす。観客の目は、こうした微細な表現を二十五分の一秒単位で読みとれるという。［原注2］一方、著作でのパラ言語は、修辞で彩られた記述を必要とする。

つぎに紹介するのは、「デイヴィッド・ミーンズの短編「一九九五年八月の鉄道事件」からの引用で、夜に四人のホームレスの男が焚火を囲んでいたとき、暗がりからろくに服も身につけていない男が現れるシーンだ。

現れたのは中年にさしかかった男だった。引きずる脚には威厳と格式のかすかな名残があり、まだ高価な靴を履いているかのような重い足どりだった。いや、それらすべてのことは、男が彼らの前に来て口を開くまで、だれも気づかなかったかもしれない。男は静かな口調でハローと言った。やけに長音を伸ばして言ったその口は、高価な貝殻のように見えた……。［原注3］

（デイヴィッド・ミーンズが短編小説を書くのは、持っている技巧があまりにも多様で、それらをみな試すには何百ものストーリーが必要だからではないかとわたしは思っている）

技巧の混合

小説の技巧は単独でも組み合わせても使うことができる。ノーマン・メイラーは小説『アメリカの夢』のこのやりとりに、直接的なダイアローグ、一人称による直接の語りかけ、パラ言語の三つの技巧を織りこんでいる。文字どおりのものも比喩もある。


「きみは離婚したいんだね」ぼくは言った。

「そう思うの」

「そんなにあっさりと」

「そんなにあっさりとじゃなくってよ、あなた。いろんなことがあったすえよ」彼女はかわいい欠伸をした。その瞬間、まるで十五のアイルランド娘みたいに見えた。「あなたがきょうディアドリにさよならを言いに見えなかったとき……」

「あの娘が出かけるってこと、知らなかったんだ」

「もちろんお知りにならなかったはずよ。どうしてお知りになれて？　二週間も訪ねていらっしゃらなかったんじゃありませんか。あなたはあなたの小娘さんたちと、くっつきあったり、つねりあったりしてらしたんです」このときぼくには女はひとりもなかったことを、彼女は知らなかった。

「あの娘たちは、もうそんなに小さくないよ」火がぼくのうちでひろがりはじめていた。いまそれがぼくの胃袋の中で燃えてい、ぼくの肺は枯れ葉のようにカサカサに乾き、心臓は駆り立てられた圧力に押されていまにも破裂しそうだった。「ラムを少し飲もう」と、ぼくは言った。

（山西英一訳、新潮社）

ストーリーをある媒体から別の媒体へ作り換えるときの要点を説明しよう。小説のストーリーを映画化したいなら、覚えておきたいのは、小説家は最高の修辞技巧を、ドラマ型のダイアローグではなく、語り手の声に集中させる傾向があることだ――前の引用のメイラーがまさにそうであるように。

文芸作品の映画化がむずかしいのには明白な理由がある。つまり、カメラが思考を撮影できないことだ。小説の形に凝縮された内面のダイアローグは、ページから画面へそのまま移すわけにいかない。だから、根底から作り換える必要がある。小説における語りを一から組み立てなおし、小説のナレーション型のダイアローグを映画のドラマ型のダイアローグに様変わりさせなくてはならない。これは大変な作業だ。

台詞の設計

台詞の設計では、意味を伝える際に欠かせないキーワードの入れ方が重要である。キーワードは、文頭でも文末でも、また文中のどこにでも置くことができる。その置き場所によって、台詞は基本的に、サスペンス型、蓄積型、均衡型の三種類に分かれる。

サスペンス型の文

好奇心は知識欲を駆り立てる——われわれの知性は、謎を解きたがり、質問に答えたがる。感情移入は人と結びつきたい思いを駆り立てる——われわれの感情は、他者との一体感を欲し、彼らの幸福を求める。人生の理性的な面と感情的な面が融け合うと、サスペンスが生まれる。サスペンスとは、簡単に言えば、感情移入で満たされた好奇心だ。

サスペンスは、「つぎは何が起こる？」「このあとはどうなる？」「主人公はどうする？　どう思う？」のように、感情を帯びた疑問で読者や観客の関心をつなぎ止め、頭をいっぱいにさせる。そして、「これからどんな展開になる？」という大きな疑問が、ストーリー全体を通してサスペンスを牽引する。こうした強力な疑問の数々に集中力をわしづかみにされると、時間が経つのを忘れる。ストーリーの山場に向かって出来事が積み重なるにつれ、サスペンスは高まっていく。そして、終盤の決定的な局面で頂点に達し、そこで大きな疑問が解かれて決着を迎える。

好奇心と不安感の組み合わせは、ストーリー全体に及ぶサスペンスの弧を描くが、さらによく見てみると、そういう感情は、規模を問わず、あらゆるストーリーに浸透していることがわかる。どのシーンもサスペンスに満ちた転換点をドラマに仕立てるし、シーン内の会話も、最初の台詞から最後まで興味をつかんで離さない。どんなに些細な要素であっても、ダイアローグのことばが最小単位のサスペンスを形作る。巧みに語られたストーリーは、シーンにつぐシーン、語りにつぐ語り、台詞につぐ台詞で知的好奇心と共感を呼び起こしつづける。読者はひと息入れる暇もなく、観客はよそ見をすることもない。ほんの一瞬たりとも。

小説で読者の目を釘づけにし、演劇や映画やテレビで観客を聞き入らせるダイアローグを構成する鍵を握るのは**掉尾文**だ。掉尾文とは、核となるアイディアを最後で明かす文である。文頭に修飾語句や従属するアイディアを持ってきて、キーワードを最後まで出し惜しみすることによって、掉尾文は中断することなく興味を引きつづける。

たとえば、「だったらあれはなんだったのよ、あのときのあなたの〇〇〇は?」という台詞を完成させるには、どんなことばが考えられるだろうか。「目つき」「銃」「キス」「うなずき」「写真」「お金」「報告」「微笑み」「Eメール」「アイスクリームサンデー」などなど、思いつくかぎりの名詞があてはまる。好奇心を刺激するためには、掉尾文を用いて意味を明かすのを遅らせ、読者や観客に最初から最後まで疑問を持たせて注目させることだ。

つまり、掉尾文はサスペンス型の文だ。

例として、ヤスミナ・レザによる戯曲『ART（アート）』の幕あけのシーンを見てみよう。それぞれの文の重要語句を太字で強調してある。

マーク、ひとりで舞台に立っている。

マーク　友人のセルジュが買ったのは**絵**だ。縦五フィート、横四フィートのキャンバス画で、色は**白**。背景が**白**なんだよ。じっと目を凝らせば見えるだろう、**斜めに走った細い線**が。

セルジュは昔からの**友人**だ。人生の表街道を歩いてきた男で、皮膚科医で、大好きなのは**アート**だ。
わたしは月曜に見てきたよ、**その絵**を。セルジュが実際に手に入れたのは土曜だが、いまかいまかと待ち焦がれていたらしい、**何ヵ月間も**ね。その、**白い線が描かれた白い絵**を。

セルジュの家。

白い線が斜めにいくつも走った白いキャンバス画が床に置かれている。セルジュは絵を見て興奮気味だ。マークが絵を見る。セルジュは絵を見るマークを見る。

長い沈黙。双方のあいだに渦巻く、あらゆる種類の**無言の感情**。

マーク　高かったのか？
セルジュ　二十万。
マーク　二十万だと？
セルジュ　ハンティントンに売るなら、**二十二万**かな。
マーク　**だれだ**、それ。
セルジュ　ハンティントンのことか？
マーク　**聞いたことがないよ**、そんな名は。
セルジュ　ハンティントンさ！　画廊だよ。

マーク　ハンティントン画廊では、これの引き受け額は二十と**二万**なのか？
セルジュ　ちがう、**画廊じゃない**。**人**だ。ハンティントン自身さ。目的は**個人コレクション**。
マーク　なら、どうして自分で**買わなかった**んだ。
セルジュ　画廊にとっては、こういうことが大事なんだよ、**個人クライアント**へ売ることが。そうやってマーケットを**動かす**。
マーク　ふうん……
セルジュ　で？
マーク　……
セルジュ　立ってる場所が**いまひとつ**だな。鑑賞するには、この**角度**だ。見えるだろう、何本かの**線**が。
マーク　この絵はいったい、**だれの**……？
セルジュ　絵の作者、**アントリオス**だ。
マーク　有名なのか？
セルジュ　ああ、**とても**。とてもね。

（間）

マーク　セルジュ、まさかこの絵につぎこんだのか、**二十万ユーロ**も。
セルジュ　わかっちゃいないな。それがこの絵の**値打ち**だ。だって**アントリオス**だぞ。

マーク　ほんとうに出したのか、**二十万ユーロ**も。
セルジュ　どうやら、きみは**大事なことがわかってない**。
マーク　二十万ユーロを支払ったのか、この**ごみ**に。

セルジュ、ひとりでいるかのように。

セルジュ　友人のマークは、なかなかの**知識人**で、わたしはふだんからこの友人関係を**大切にしている**。航空技術士という職業は**立派**だが、マークはいわゆる**新スタイルの知識人**で、**現代アートをきらい**、そればかりか不可解なプライドを持っているようで、**こきおろしさえする**……〔原注5〕

ふたつのナレーション型の独白にはさまれたドラマ型のダイアローグで語られるこのシーンは、四十五個の主要情報を伝えていて、そのうち四十がサスペンス型だ。パラ言語（マークとセルジュの表情）の簡潔な説明でさえも、「無言の感情」という要点を最後にまわしている。サスペンス型の文は、ドラマ効果が最も高いだけでなく、喜劇性もきわめて強くなる。ことばによるジョークのほとんどは、サスペンス型の文で緊張が高まったとき、威力のある結びのことばで唐突に終わらせて笑いを誘うものだ。この作品では、キーワードを一文の終わりまで隠すことによって、台詞の活力で観客の興味を引きつづけ、そして最後に強烈でしばしば滑稽なパンチをお見舞いする。

蓄積型の文

蓄積型の手法はいつ生まれたのだろうか。二千三百年以上前、すでにアリストテレスがその考え方を説いていた。アリストテレスは『弁論術』の第三巻第九章で、緊密なサスペンス型の掉尾文と、ゆるやかで自由な蓄積型の文のちがいを探求している。ふたつの構造は互いを鏡で反転させたものだ。サスペンス型は、従属する語句を最初に置き、キーワードで終える。**蓄積型**は、キーワードを冒頭に置き、それから従属する語句で論を展開したり修正を加えたりしていく。

つぎのダイアローグの登場人物Bの台詞の設計を検討してみよう。

登場人物A　ジャックを覚えてるか？

登場人物B　（うなずきながら）怒りの光輪みたいに煙に頭を取り囲まれ、煙草の吸いさしで唇を焦がしながら、スペアタイヤをつかんだり、ジャッキに毒づいたりして、パンクを修理しようとしてたよ……

（喪失感をこめて）……それが最後に見た彼の姿だ。

この台詞を反転させると、サスペンス型の文から蓄積型の文に変わる。

登場人物A　ジャックを覚えてるか？

登場人物B　（喪失感をこめて）最後に見たとき、彼はパンクを修理しようとしてたところで、ジャッキに毒づいたり、スペアタイヤをつかんだりしていたっけ。煙草の吸いさしで唇が焦げて、怒りの光輪みたいに煙が頭を取り囲んでたよ。

蓄積型の文はサスペンス型の文よりドラマ効果が薄いかもしれないが、ぞんざいに書いているわけではない。よく練られた蓄積型の文は、主題についての細やかな描写をどこまでも発展させていく。この雪玉のような性質によって、心地よいリズムで語句が繰り出されるとともに、会話の自然さがダイアローグに加わる。

サスペンス型には多くの長所があるが、短所もある。まず、キーワードの登場が遅れてばかりだと、わざとらしく聞こえる恐れがある。つぎに、サスペンス型の長い文は、あまりにも多くの複雑な情報を覚えておくことを読者や観客に強要するため、話がまとまるのを待ちきれなくなってしまう。入念に書きすぎたサスペンス型の文は、へたに組み立てた蓄積型の文と同じように、退屈で説得力を欠く。

サスペンス型と蓄積型は、文章を設計するうえで対極に位置する。キーワードで台詞をはじめる場合と終える場合とのあいだに、無数のバリエーションがある。

たとえば、類似した長さや意味の語句をつないで対比や強調の効果を狙う、並列型の文の例をあげてみよう。

あの**教会**へ足を踏み入れたとき、わたしは**新たな人生**へ足を踏み入れた。

均衡型の文

均衡型の文では、キーワードを文の半ばに置き、従属する語句を前後に配する。

ジャックのセックスとギャンブルへの依存はひどく危なっかしいが、どうやらジャックは**アドレナリン中毒**にちがいなく、ロッククライミングとスカイダイビングにものめりこんでいる。

サスペンス型の文は、単独であれ、対比されるのであれ、ダイアローグの作りとしては最も劇的で力強いものであり、緊張感、強調、修飾、笑いなどのために、キーワードの登場を遅らせる。それに対して、蓄積型と均衡型の文は、きわめて会話らしく、自由な構造を持つ。だが、どんな技巧でも、そればかりを使いつづければ、壁紙並みに単調で、ロボットのように人工的に感じられる。だから、感情に訴えかけ、緊張感を生み出すためには、登場人物がその瞬間に生きていると感じさせ、内容としても見合った発言を考えるとともに、いくつかの構造を混合させる工夫が求められる。

台詞構造の混合

「二人の刑事　ＴＲＵＥ ＤＥＴＥＣＴＩＶＥ」第一シーズン第三話で、ふたりの主人公の一方、ラスティン・コールが、自分の世界観をギルバー刑事とパパニア刑事に語る。ここでもキーワードを太字で示した。それぞれが文中でどの位置にあるかに注目してもらいたい（ＤＢとは、警察用語で死体《デッド・ボディ》のこと）。

ラスティン・コール　これだ……。**これ**の話をしてる。つまり、**時間**や**死**や**無益さ**だよ。そういう話をするときは、もっと広い概念が働いてる。おもにわれわれの社会が負う**共通幻想**だ。十四時間ぶっ通しで**ＤＢ**を見てると、そんなことを**考えちまう**。やったことあるか、**そんなこと**？　彼らの**目**をのぞきこむのさ。写真だっていい、死んでようが生きてようが、目から**読みとれる**。何が**見える**？　彼らは**受け入れてる**のさ……最初はちがうだろうが、でも……最後の瞬間に得るんだ。完全な**安らぎ**をな。そう、彼らは恐れていたが、そのときにはじめて気づくんだよ、簡単なことだと、ただ……**受け入れればいい**と。彼らは最後の何億分の一秒かで理解する……**自分が何者なのか**を。自分という壮大なドラマは**思いこみとばかげた願望**にすぎなかったと、ただそう**受け入れる**。必死でしがみつくことはないと、ようやく知るのさ。自分の人生のすべては、愛や憎しみや記憶や痛みは、どれもこれも**同じだ**と。全部同じ夢なんだよ。密室のなかで見る夢、**人間**である夢。そしてそのほかの夢と同じく、最後に現れるのは**怪物**だ。

ラスティンが伝える二十の主要情報のうち、サスペンス型の文を用いているのは半分程度で、残りは均衡型、並列型、蓄積型が入り混じっている。結果として、この長い一節は観る者の興味を掻き立て、気持ちを盛りあげ、期待に応え、それでいて、とりとめがないと言ってよいくらいに自然だ。また、作者のニック・ピゾラットがラスティンの語りを〝人生は夢〟という比喩で終えていることにも注目したい。楽曲を強調する装飾音のように、サスペンス型の文を飾る比喩は心をつかむ装飾品となりうる。

節約

表現力のあるダイアローグに不可欠な要素の最後を飾るのは、節約——最小限のことばで最大限の内容を伝えることだ。すぐれた文章、とりわけダイアローグは、ウィリアム・ストランク・ジュニアとE・B・ホワイトによって執筆された『英語文章ルールブック』の節約の原則に従う。「力強い文章は簡潔だ。文には無駄な語があるべきではなく、段落には無駄な文があるべきではない。それは、素描に無駄な線があってはならず、機械に無駄な部品があってはならないのと同じ理由による。だからと言って、すべての文を短くしろとか、詳細をすべて省いて主題の概要だけにしろ、などとは求めていない。必要なのは、どの語にも意味を持たせることだ」［原注6］

骨抜きにするのではなく、節約する。

この原則が、ストランクとホワイトの名言「不要な語を省け」となった。よい文章を書きたかったら、この指示書きをパソコンの画面に貼って、実行するといい。長さはどうあれ、どんな台詞でも、無駄な語を一語でも読者や観客の目や耳にふれさせるべきではない。無駄な語は邪魔なだけだ。捨てろ。

（ソフィア・コッポラ監督『ロスト・イン・トランスレーション』のダイアローグは、節約の原則を完璧に実行している。第十八章を参照）

間

ダイアローグのやりとりのなかで、間《ま》には多くの効用がある。転換点の前に使われれば、無言のためらいの瞬間が読者や観客の緊張を高めて、つぎに起こることへ関心を集中させ、事の重大さを強調する。転換点のあとの間は、読者や観客にその変化の意味を考えさせ、余韻を味わわせる時間を与える。

重大な局面を迎える前の間は、感情の激流を押しとどめる。巧みに書かれたシーンでは、好奇心と不安感が重大な変化の瞬間へ向かって流れていく。読者や観客は「つぎは何が起こるんだろう。そのときこの人物はどうするんだろう。その結果はどうなるんだろう」と自問する。その勢いが頂点に達すると、間が流れを食い止めて力を圧縮する。そして転換点が訪れるとき、抑えられていたエネルギーが絶頂に達して爆発が起こる。

とはいえ、台詞の技巧と同じで、間を多用しすぎると、効果が薄れかねない。節約の原則がどの技巧よりもあてはまるのがこれだ。ダイアローグの流れを何度も止めて強調を連発すれば、何も強調していないのと同じになる。〝狼少年〟と同じく、ひとつの技巧を繰り返せば繰り返すほど、その効果は小さくなる。そして、いざ最大級の効果をもたらしたい局面が訪れても、それまでの繰り返しのせいで切れ味が鈍っていることに気づく。

間を空けるときには、慎重におこなうことだ。流れを断ち切らずにシーンのリズムを形作り、ブレーキをかけたときに、その瞬間がしっかり関心を引くようにするといい。休みは好き勝手にとるものではなく、計算ずくでおこなうものだ。

沈黙の例

引き締まってスピード感があり、説明が控えめなダイアローグは、読者や観客に先を知りたいと思わせる。詰めこみ気味でなかなか進まない説明過多のダイアローグは、興味を削いでしまう。書きこみすぎたダイアローグは苛立ちを誘い、読者は流し読みし、観客は聞くことをやめる。悲劇のシーンにしばしば喜劇的要素の挿入が求められるように、過剰な語りには沈黙が必要なのだろう。

どの程度が過剰なのかは、ストーリーやシーンによるので、一概には言えない。自分の好みや判断力で決まるはずだ。もっとも、ページが饒舌なシーンで埋まり気味だと思ったら、ギアを切り替えて、聞くためではなく見るために書き、言語の代わりに映像を頭に浮かべるとよい。

つぎの問題を考えてみよう――ただの一行も台詞に頼らずに、登場人物とストーリーにとっての必要をすべて満たしつつ、純粋に視覚的な表現として書くにはどうしたらいいだろうか。イメージの力に頼るには、つぎのふたつの方法がある。

第一はパラ言語だ。身ぶりや表情は、厳密に言えば言語ではない。それでも、ことばの言外の意味や秘められた感情をじゅうぶん伝えることができる。だから、「はい／いいえ」「賛成です／反対です」「あなたは正しい／まちがっている」など、ことばによって騒々しく肯定や否定の意思表示をするより、うなずき、一瞥、手のひと振りなどで話を進めるほうがよい。

これはテレビや映画に特にあてはまる。テレビや映画では、できるかぎり俳優に創造性を発揮させる余地を残しておくべきだ。カメラは実物の何倍にも顔を拡大できるので、思考や感情が目の奥や皮膚の下から、海を渡るうねりのように流れ出す。沈黙はカメラを引きつける。それを利用すべきだ。

第二は身体のアクションだ。機会があるたびにこう自問しよう——ことばに頼らず、登場人物のアクションとリアクションをおこなうには、身体的にどうふるまえばいいだろうか。想像力を発揮して、発言ではなく動作によって、ことばのイメージを描くのだ。

たとえば、このトピックにぴったりのタイトルの映画、イングマール・ベルイマン監督『沈黙』の一シーンを見てみよう。ホテルのレストランにいる女がウェイターの誘惑に身をまかせるシーンだ。さて、どう描けばいいだろうか。

ウェイターが本日のお勧め料理が載ったメニューを手渡す？　自分が好きな料理を勧める？　女の着こなしを褒める？　このホテルに宿泊しているかを尋ねる？　遠方からやってきたのか？　この街を知っているかと尋ねる？　あと一時間で仕事が終わるから街を案内したいと申し出る？　どう話す？　どう話す？

ベルイマンはつぎのようにした。ウェイターは偶然を装って女の椅子の横にナプキンを落とす。ナプキンを拾おうと、ゆっくりと身をかがめて膝を折るとき、ウェイターは女のにおいを頭から、太もも、足先まで嗅ぐ。女はそれに反応し、深く息を吸いこんで、歓喜に満ちた吐息を漏らす。つぎのカットはホテルの一室で、そこでは女とウェイターが情熱的にからみ合っている。レストランでの強烈にエロティックで、視覚的、身体的な無言の誘惑が、女が息を吸いこむときに転換点を迎える。

沈黙は究極の節約術だ。

第2部
欠陥と対処法

ダイアローグの六つのタスク

効果的なダイアローグは、六つのタスクを同時に実行する。

1　ことばによる表現のすべてに、内なるアクションがある。
2　ひとつひとつのアクション／リアクションがシーンを増強し、転換点とそれを取り巻く状況を作りあげていく。
3　台詞のなかの表現やほのめかしが明瞭化をおこなう。
4　独特のことばづかいが、それぞれの役割を特徴づけている。
5　テンポのよい展開が読者や観客を魅了し、語りの疾走感の波に乗せて、時間を忘れさせる。
6　ことばづかいがストーリー設定のうえで真実味があり、登場人物にふさわしいという印象を読者や観客に与えているため、創作世界の現実に対する信頼が保たれている。

すぐれたダイアローグはこれら六つすべてを調和させる。ではまず、ダイアローグの流れを断ち切って不調和の原因となるさまざまな欠点を見ていこう。

6　信頼性の問題

信頼性の欠如

登場人物の行動に対するわれわれの信頼の基準は、発言に対してもそのままあてはまる。テレビや映画や演劇向けに書かれたダイアローグは、俳優に信用できる演技をさせなくてはならない。小説向けに書かれたシーンは、作中の登場人物に信用できるふるまいをさせなくてはならない。そのため、登場人物がどれほど複雑で魅力ある性格の持ち主だとしても、ストーリーの構想がどれほど感情に訴え、意義深いものだとしても、その人物の内面に忠実に、また設定やジャンルにも忠実に話さなければ、読者や観客は不信をいだくだろう。納得のいかないダイアローグは、調子はずれな音がコンサートをぶち壊すよりも早く興味を失わせる。

だからと言って、空疎なまやかしのダイアローグをただ自然にすればいいというわけではない。飛行機や列車やバスのなかで同乗者たちの会話に耳をそばだててみれば、そのような噂話だらけのつまらない会話をそのまま演劇や映画や小説で使うわけにいかないことに、すぐさま気づくはずだ。

現実の雑談は、バスケットボールのドリブルのように反復をつづける。日常会話には鮮明さや響きのよさや表現力が欠けていて、何より重要なことに、意味が欠けている。たとえば、ビジネスの会議は、比喩や修辞などの最小限の表現の綾すら感じさせないまま、何時間も延々とつづくことが多い。

日常会話とダイアローグの決定的な相違は、ことばの数でも選び方でも組み合わせ方でもない。ちがうのは内容だ。ダイアローグは意味を凝縮するが、日常会話は薄める。だから、たとえ実世界にきわめて近い設定やジャンルだとしても、信頼できるダイアローグは現実を模倣しない。

それどころか、現実とまったく関係がないのに信頼できる場合もある。アリスの不思議の国のようなありえない世界に住む生き物たちは、生身の人間がけっして口にしない台詞を話すが、みずからに忠実であり、設定にも忠実だ。

日常そのままから非現実までどんな設定であれ、戦争物からミュージカルまでどんなジャンルであれ、不明瞭な一音節から抒情豊かな韻文までどんな形式であれ、ダイアローグは登場人物がおのずと語るような印象を与えなくてはならない。したがって、われわれは厳密に現実どおりかどうかではなく、作中世界での信憑性に基づいてダイアローグのよしあしを判断する。登場人物のことばの選択や語り方を忠実に現実世界に近づけすぎると、日常の無駄で凡庸な会話を引き写すことになってしまう。必要なのは、ストーリーの世界とジャンルのなかで、説得力があって自然だと感じさせることだ。

読者や観客は、どんなに現実離れした設定の話であれ、登場人物たちが舞台やページや画面のなかにいるときにも外にいるときも変わらず話していると信じたいものだ。ギレルモ・デル・トロ監督の映画『パンズ・ラビリンス』(06)のように幻想的な世界でも、ウジェーヌ・イヨネスコの戯曲『瀕死の王』のように不条理でも、T・S・エリオットの戯曲『寺院の殺人』のように詩的でも、ロバート・グレーヴスの小説『この私、クラウディウス』のように古代を題材にしていても、作中人物の会話は現実に基づく必要はないが、信頼できなくてはいけない。

とはいえ、思わぬことを唐突に言ったりすることはだれにでもある。では、ダイアローグの信頼性はどう判断すればいいのだろうか。台詞がその人らしい、時宜にかなっている、あるいは逆にどちらの点でも偽物くさいなどは、どうやって判別できるのか。

美的判断が科学として確立されることは今後もないだろう。それは本来、内省的で感性に基づくものだからだ。磨きあげた直感や、知識と経験と生来の嗜好に基づいた審美眼に頼らなくてはならない。ダイアローグのよしあしを判断するには、ことばにじっと耳を傾けて、原因と結果のあいだの調和や不調和を感じとるしかない。登場人物の発することばが動機と共鳴し、内なる願望と外へ向けての計算がうまく補完し合えば、ダイアローグは正しい音を奏でる。

自分自身の作品を判断する手立ては、自分で見つけ出すしかないが、その目標へ導く一助として、信頼性を損なう欠陥の例を紹介しよう。空疎な語り、感情過多の語り、知識過多の語り、洞察力過多の語り、動機を装った口実の五つだ。

空疎な語り

登場人物が話すとき、読者や観客はサブテクストを探りながら、台詞の背景にある動機、結果の裏づけとなる原因を見つけ出そうとする。何も見つからない場合、ダイアローグとそのシーンは嘘っぽくなる。何より陳腐なのは、ある人物が別の人物に対して、互いがすでに知っている事柄を語るという例で、これは作者が急場しのぎで明瞭化をおこなったものだ。

感情過多の語り

登場人物がひどく感情的なことばづかいをする場合も、やはり読者や観客は不思議に感じ、説明を求めてサブテクストを探る。何も見つからなければ、やけに大げさなこの人物がヒステリー気味なのか、それとも著者がわずかなものから無理に多くをひねり出そうとしているのかと考えるだろう。感情的なダイアローグは、社会的にも心理的にも、文脈に合ったものでなくてはならない。

知識過多の語り

登場人物たちが何を知っているかを知らなくてはならない。登場人物は作家の創造物であり、ストーリーの設定や役柄を綿密に調査し、人間のふるまいを幾度となく観察し、冷徹に自己を観察したすえに生み出されたものだ。だからこそ、創造した者とされた者は太い境界線で隔てられている。少なくとも、そうあるべきだ。ところが、作家がその一線を越えて、自分の知識を登場人物の意識に注ぎこむと、読者や観客はだまされたと感じる。画面や舞台にいる登場人物が、作者だけが持ちうる深さと幅広い理解をもって現在の出来事を語ったり、小説の一人称の主人公が、自分の経験では知りえない事実や持ちえない洞察力に基づいて過去の出来事を振り返ったりしたら、読者や観客はやはり作者が登場人物に耳打ちしていると感じるだろう。

洞察力過多の語り

同様に、作者が自身のことを知っている以上に、登場人物が自分のことを知っているのもまずい。登場人物が自分について、フロイトとユングとソクラテスを合わせたよりも深い洞察力を持っていると、読者や観客はその嘘っぽさに尻ごみし、作者への信頼もなくすだろう。信じがたいほど過剰な自己認識を持つ登場人物を作り出すと、作家は自分の首を絞めることになる。

この誤りはこんなふうに生じる。熱心な作家は、登場人物の生い立ちや性格を実際の作品に用いる十倍や二十倍も考えて、それをノートやファイルに綿密に書きこんで準備している。膨大な量の資料をそろえ、創意に富んだ意外な描写をおこなうことで、月並みな表現からなんとしても脱したいからだ。それが蓄積していくと、知っていることを洗いざらいぶちまけたい思いが、抗いがたい誘惑となる。知らず識らずのうちに、作家は登場人物とのあいだの一線を越えて、自身の創造物を調査結果の代弁者に仕立ててしまう。

動機を装った口実

行動を引き起こす動機として納得できるものを用意しなくてはならない。登場人物の強引な行動とその誘因のつじつまを合わせようとして、作家がよく使う手は、その人物の幼少期にさかのぼってトラウマを挿入し、動機として押しとおすことだ。数十年前から、ほぼすべての極端なふるまいについて、性的虐待のエピソードがお決まりのものとして濫用されている。この種の近道に頼る作家は、口実と動機のちがいを理解していない。

動機（飢え、睡眠、セックス、権力、庇護、愛、自己愛など）とは、人間の本質を突き動かし、行動を強いる心理的要求のことだ。〔原注1〕これらの無意識の要因はしばしば見過ごされ、解消するどころか、さらなる問題を招くことも多い。自分がなぜいまそうするのか、ほんとうの理由に向き合いたくないときに、人は口実をひねり出す。

たとえば、政治ドラマの中核となるシーンを書いているとしよう。国家の指導者が閣僚たちに対し、国を戦争へ至らせた理由を説明している。歴史を通して、人間を戦争へ走らせる動機はおもにふたつある。第一は、国外へ権力を拡大すること。敗者から奪った土地、奴隷、富が勝者の力をさらに強める。第二は、自国での権力を高めること。力の衰えを感じた支配者は、戦争を起こして市民の注意をそちらへ向け、国内での権力を握りなおそうとする（ジョージ・オーウェルは傑作『一九八四年』のなかで、両方の動機をドラマに仕立てあげた）。

このふたつの動機は戦争の現実味を際立たせるが、実際にそのとおりに考えて宣戦布告する支配者はいない。考えたとしても、断じて口にしないだろう。だからそのようなシーンを書くためには、サブテクストに動機を埋めこんで、相応に思いあがった指導者を作り出す必要がある。それからダイアローグを書き、ほかの登場人物が信じて従えるような口実を作りあげる。

これまで人々を戦争へ駆り立ててきた口実には、つぎのようなものがある――「神のために魂の救済を」(キリスト十字軍、スペイン帝国、オスマン帝国)、「文明の光で野蛮な暗黒を照らす」(大英帝国)、「運命を明示する」(アメリカ先住民の大量虐殺)、「人種の純化」(ユダヤ人大虐殺)、「資本主義の暴虐を共産主義の平等へと変革する」(ロシアおよび中国革命)。[原注2]

動機を装った口実の一例として、シェイクスピアの『リチャード三世』を検討してみよう。第一幕第一場で、背中の曲がったグロスター公リチャードが、自身の異形は不愉快なので「人に好かれることもない」、だから「悪人になって」自分と玉座のあいだに立ちはだかる者をすべて殺害しようと語る。

その直後のシーンで、リチャードはアンと出会う。アンはリチャードが暗殺したばかりの仇敵の美しい妻だ。アンはリチャードをきらい、罵倒し、悪魔呼ばわりする。しかしリチャードは、醜かろうと罪深かろうと、巧みに心理的な誘惑作戦を展開する。アンがあまりにも美しくて、激しい恋の病にかかったために、わが物にしたい一心でやむなく夫を殺害したとリチャードは訴える。それからひざまずいて、自分の死を望むならその手で殺してくれとアンに剣を差し出す。アンは拒絶するが、そのシーンの終わりには、甘言と自己憐憫がアンの心をとらえている。

この誘惑のシーンで、リチャードは人に好かれることができると証明している。では、なぜそれを否認したのだろうか。権力への欲望を覆い隠す口実が必要だからだ。

興味深く、多層的で、信頼できるダイアローグを書くためには、まず人間の行動を引き起こすふたつの原動力――動機と正当化――のちがいを研究するといい。そして、つぎに確認すべきなのは、登場人物が不可解な行動の口実を語ろう、説明しようとして、無意識の動機を覆い隠すことが発言に深みを与えているかどうかだ。

たいていの場合、嘘っぽいダイアローグは、自信や知識が過剰な作家によるものではなく、逆に臆病で教養のない作家のしるしである。不安は無知から派生した当然の副産物だ。もし自分が創造した登場人物のことを、名前ぐらいしか知らず、どのように反応するかもわからず、その声を聞くこともできずに、とまどいながら書けば、まがい物のダイアローグしかできあがらないだろう。無知の霧のなかでは、どうにもなるはずがない。

だから困難な作業に取り組まなくてはならない。あらんかぎりの知識と想像力で登場人物を取り囲むといい。その人物の特徴を周囲の人物と、そして何より大切なことだが、自分と対峙させてみよう。結局のところ、真実の試金石は自分自身だ。「自分がこの人物だったら、この状況でなんと言うだろうか」と自問すべきだ。それから、真実をしっかり聞き分けられるように耳を澄まして、信頼できる本物の答えを待とう。

メロドラマ

「メロドラマ的な」という形容詞は、やりすぎを非難するものだ。金切り声、恐ろしげな暴力描写、お涙頂戴の感傷、ポルノまがいの濡れ場などなど。一方、シェイクスピアの『オセロ』は殺意に満ちた憤怒を表現し、サム・ペキンパーの『ワイルドバンチ』(69)は暴力を映像詩へ転換し、スティーヴン・ソンドハイムの戯曲『リトル・ナイト・ミュージック』は深く悲痛な感傷を探り、大島渚の傑作『愛のコリーダ』(76)はあからさまに性行為に耽溺するが、どの作品もメロドラマではない。

オイディプスがみずからの目をえぐり出すはるか以前から、偉大な語り部たちは人間の体験の限界を探ってきた。二十一世紀になってもこの探求はつづいているが、それは芸術家たちが人間の内面の深さと幅には限界がないと感じているからだ。登場人物にどんなことをさせると思いついても、どこかでだれかが、想像の上を行く方法ですでにおこなっている。

だから、メロドラマの問題は、誇張表現ではなく動機不足に基づく。

興奮状態を鬼気迫るものにしようと、大げさなしぐさを連発したり、失敗を悲劇にできないものかと、登場人物の頬に滝のような涙を伝わせたり、その人物の日常に訪れた実際の危機をしのぐ過剰な反応をさせたりすれば、その作品はメロドラマとして片づけられる。

つまり、メロドラマ的なダイアローグはことばの選択によるものではない。人間はなんでもやりかねないし、その際になんでも言いかねない。登場人物が情熱的に語ったり、懇願したり、下品に語ったり、口汚く罵ったりするさまを想像できるなら、それに見合う動機を用意することだ。ふるまいと欲望の釣り合いがとれたら、さらに一歩踏みこんで、「この登場人物は自分の行動についてはっきり語るだろうか、控えめに語るだろうか」と自問するといい。

では、ふたつの種類の「首を刎ねよ！」のシーンを比較してみよう。たとえば「ゲーム・オブ・スローンズ」で、つぎのような筋を展開させるとする。ふたりの王が長期にわたって争い、血みどろの結末を迎える。そしてクライマックスが訪れる。勝利した王が悠々と玉座に腰かけ、その足もとに敗れた王がひざまずいて刑の申し渡しを待ち受ける。「いかがいたしましょう、陛下」と廷臣が王に尋ねる。すると王は、「この男の骨をすべて叩きつぶせ！　黒焦げになるまで皮を焼き、それを剥いで自分で食わせろ！　目玉をくり抜き、首を引っこ抜け！」と大声で宣する。

あるいは、廷臣が王の望みを尋ねると、王は自分の爪を点検しながらこうささやく。「磔刑にせよ」

「磔刑にせよ」の底にあるサブテクストは、大声の返答に劣らず、忌まわしく死を暗示するものだが、どちらの返答が人間の具える力強さを伝えているだろうか――毒々しく残酷で大げさな暴言か、あるいは単に「磔刑にせよ」と言うささやきか。

どちらも登場人物の特徴に合致すれば申し分ない返答になりうるが、それはどのような特徴だろうか。最初の返答は感情のなすがままに行動する弱い王に見合い、二番目の返答は感情をコントロールできる強い王に見合っている。メロドラマでは、動機と特徴がけっして分離しない。ある登場人物にとっては崖を越えるほどの動機でも、別の人物にとってはソファーから腰をあげる気にさえならないこともある。動機と行動のバランスは、それぞれの役柄に固有のものであり、登場人物のなかにしっかり組みこんでおかなくてはならない。

7　ことばの欠陥

クリシェ

クリシェとは、だれもが何度も観たことがあって、予想どおりに演じられ、俳優が何か言う前に観客が口ずさめるような、おなじみのシーンのことである。

抜いても抜いても生える雑草のように、クリシェは怠惰な書き手の不毛な精神にはびこる。多くの作家志望者は、書くことは簡単、あるいは簡単なはずだと思いこんでいるので、手間を省こうとしてがらくた同然の古い話を掻きまわし、百回も見聞きした退屈な表現を、千回も見聞きした退屈なシーンから抜き出す。

怠惰な書き手が独創性に欠けるのは当然だとしても、勤勉なプロの作家まで思いちがいをしてクリシェに頼るのはなぜだろうか。それなりに効き目があるからだ。いまでは手垢のついた物言いも、遠い昔にははっとするほど斬新だったのである。

映画『カサブランカ』（42）でのルノー署長のきわめつけの台詞「いつもの容疑者《ユージュアル・サスペクツ》を逮捕しろ」

は、権力の腐敗をきわめて簡潔に言いきっている。それ以来、〝いつもの容疑者〟は、クリシェを扱う数多くの辞書で〝いつものクリシェ容疑者〟の首位の座を占めてきた。［原注1］

人類の黎明期のある日、洞窟に住む語り部が登場人物の目に浮かぶ涙のことをはじめて告げたとき、火のまわりにいただれもが深い悲しみに胸を打たれた。はるか昔、王の語り部が敵軍の罠をはじめて蜘蛛の巣にたとえたとき、宮殿じゅうが恐怖で震えあがった。時とともにクリシェの刃はなまくらになるが、もともとの切れ味が鋭かったので、いまも真実のかけらを切りとる力が残っている。

試しに現代の会話でよく聞かれるクリシェをあげてみよう。たとえば、〝一〟という数ではじまるものだけでも、一か八か、一を聞いて十を知る、一石二鳥、一網打尽、一切合財、一蓮托生、一からやりなおす、一発見舞う、一路邁進する、一も二もない、一＋一はいくつだ？……などなど、いくらでもある。

なじみのあるものは安心感をもたらす。人はときどき、文化が受け継がれているしるしとして、クリシェを楽しむ。過去はまだ生きている。子供のころ大好きだったものはいまも愛おしい。だからクリシェが日常会話に蔓延する。陳腐であろうとなかろうと、すぐに意味が通じるから人はこれを使う。その結果、クリシェをたまに入れると説得力が増す。

ただし忘れてはいけない。あらゆるクリシェは、遅かれ早かれ賞味期限を過ぎて悪臭を放つようになり、しまいに世間からそっぽを向かれる。

新鮮な独自の話しことばを作りあげるには、みずからきびしい基準を課し、ありきたりのものにけっして満足してはいけない。最初に思いついたことばに決めるなど、もってのほかだ。書き留めてから、即興で演じ、あれこれ試し、少し気が変になるくらい没頭して、自分の頭で思いつくかぎりの言いまわしを吐き出す。どんなに奇抜だろうが、登場人物の頭に浮かぶ考えを言わせる。想像しうるかぎりの奔放なものと組み合うことで、自分が選んだばかげた表現のひとつが奇天烈ながら秀逸だとわかる場合もある。

その日の終わりに、いちばんよいものを選び、残りは捨てるといい。そうすれば出来の悪いものはだれにも見られない……書いたものを残しておくような愚かな真似をしないかぎりは。

特徴のないことば

特徴のない話しことばは人物の個性を消す。

刺激の欠けた日常的なことばを使うとき、書き手はよく退屈さを擁護し、真実味を出すためだと言い張る。たしかに、それもまちがいではない。周囲の会話に冷静に耳を傾けると、ことばが飛び交う洞窟で凡庸な言いまわしやクリシェが繰り返し響いているからだ。たとえば、驚いたとき、人は神に呼びかける。仰天した者が思わず口にするのが「オー・マイ・ゴッド！」だ。しかし、ダイアローグとしては、この出来合いの決まり文句を使うと、登場人物の個性を打ち出すチャンスを俳優から奪うことになる。

では、どうすればいいか。

その人物が衝撃を受けて神に呼びかけるとしたら、ほかのだれでもないその人ならどう言うだろう、と自分に問いかけるといい。アラバマ出身なら「スウィート、ブリーディング・ジーザス」だろうか。デトロイト出身なら天を仰いで「ロード・ハブ・マーシー」だろうか。ニューヨーク出身なら、神ではなく悪魔に呼びかけて「ウェル、ダム・ミー・トゥー・ヘル」と毒づくだろうか。どれを選ぶにしろ、その人物にぴったりのことば、ほかのだれの口にものぼるはずがないことばを見つけるべきだ。

人物特有のことばについては、第三部でくわしく考えよう。

仰々しいことば

ジェイムズ・ジョイスの『若い芸術家の肖像』の終盤で、主人公のスティーヴン・デダラスが友人のリンチと美学について論じ合う。スティーヴンは持論をまとめようとして、作家と作品の理想的な関係をこう述べる。「芸術家は創造神と同じように、自分の手でつくったものの内部か、背後か、彼方か、それとも上方かに姿を消して、洗練の極においては存在すら失って、およそ無関心に、爪にやすりでもかけているのだ」（大沢正佳訳、岩波文庫）

ジョイスのたとえは、登場人物と出来事がよく調和して、作家が語っているとは思わせない書き方をよしとしている。これをダイアローグにあてはめた場合、ジョイスの理想は、話し手の人柄に忠実でまったく作為が感じられない語りということになる。さらに言えば、ひとつひとつのことばがわれわれを物語のなかへますます深く引き入れ、最後までしっかりと魅了するような語りだ。

仰々しさはこの魔法をぶち壊す。仰々しい会話とは、自意識過剰な文学的表現の羅列、冗長でその人物に似合わず、ただ注目を集めようとしているだけの台詞のことだ。中でも最悪の台詞はそのシーンから飛び出して、ポンポンを振りながら作家の勝利を祝い、こう言い放つ。「ああ、わたしってなんて気の利いた台詞なの！」

自分のジョークに笑い声をあげるコメディアンや、エンドゾーンで踊る目立ちたがり屋のスポーツ選手と同じく、大仰な表現はみずからはしゃぎたがる。だが、ほんの少しでも技巧のための技巧であることが読者や観客に知られたとたん、信頼の絆が融け落ち、登場人物は地に堕ちる。

第五章で「暗黙の了解」の問題にふれたが、人は本を開くときや、観客として席に着くとき、心のギアを現実からフィクションのモードへと切り替える。ストーリーの儀式に参加するためには、想像上の人物を現実の人物のように、架空の出来事を実際に起こったことのように進んで受け入れなくてはならない。子供に返ったも同然だ。作品全体を通して信頼の絆がなくてはならないのは、読者や観客を作家と結びつける昔からの約束事である。

だから、現実に即した話であろうが空想物語であろうが、登場人物の口にすることが役柄に忠実だと読者や観客が認めるかぎり、その絆は保たれる。手管が目について会話がまがい物の響きを帯びたとたん、読者や観客が信用しなくなって絆は失われ、そのシーンは破綻する。たびたび信頼を裏切れば、読者や観客は取り決めを破って作品をごみ箱へ捨てる。

人物造形の諸要素――服装、身ぶり、年齢、性的傾向、気質、表情など――のなかで、話し方は群を抜いて不信の種になりやすい。おかしなことばづかい、奇怪な表現、そして不自然な間《ま》さえもへたな演技――見せかけの感情、浅い考え、空っぽの心――のにおいを漂わせる。だからこそ、書き手はダイアローグの一行一行で苦心して信頼の絆を保とうとする。

作家は感覚を研ぎ澄まし、表現の豊かさが露出過多へと変わる境目に気づかなくてはならない。そのためにはまず、自分の表現手段における言語の限界を見きわめるべきだ。紙の上では非常に説得力のあることばも、舞台で話すにはぎこちないかもしれない。真実味があるかないかを見分ける目安は慣習としてかなり決まっているから、手がける作品のジャンルをまず見きわめたら、その伝統を学ぶべきだ。最後は「自分がこの登場人物なら、こんなときなんと言うだろう」と自問して最良の判断をくだすといい。仰々しさを抑えるのは、生まれつき具わった感覚と鍛えられた判断力だけだ。そして自分の内なる判断力に従い、疑わしいときは控えめにしなくてはならない。

味気ないことば

仰々しさの対極にあるのは、無味乾燥で小むずかしくてまわりくどいことばをつなげた長文であり、それらを連ねた長台詞である。以下に並べるアドバイスは、味気ない発言を避け、自然で気どらず、伸び伸びと感じられる会話を作るのに役立つだろう。とはいえ、これらの注意事項は（本書のすべてにわたって言えることだが）あくまでもガイドラインであり、絶対のルールではないことを忘れずに。書き手はみな、自分の方法を見つけるしかない。

抽象的ではなく、具体的に

二十一世紀に生きる登場人物が、家のことを〝住居〟、車のことを〝車両〟と言うだろうか。言わないだろう。ただし、そんな人物もいないとはかぎらない。ある種の人物に堅苦しい役作りが必要な場合には、抽象的な語彙を使うのもいい。そうでなければ、具体的な物や行為を指すときには自然さを心がけよう。

外来語ではなく、なじみのあることばで

ふつうの登場人物は家を〝パレ〟、アパートメントを〝ピエダテール〟と言うだろうか。言わないだろう。ただし、その人物が気取り屋か、または……ほんとうにフランス人である場合は例外だ。

長いより短いことばで

「彼の虚言は現実を歪曲したものだ」などという台詞がありうるだろうか。ないだろう。「彼は事実を曲げる」、あるいは単に「彼は嘘をつく」や、ずばりと「彼は嘘つきだ」とするほうが適切だ。

そして、どんなときも、最低でもふたつの言い方がある。英語は古ドイツ語をもとにしたアングロ・サクソン語と、ラテン語をもとにした古フランス語が融合してできた言語だ。その結果、現代英語のもととなる言語の語彙数は一気に二倍になった（以下の記事参照）。英語には、すべての物事に対して少なくともふたつのことばが存在する。それどころか、百万語以上の語彙があるので、ことば選びは無限に近いと言っていい。

英語が二重言語となったいきさつ

ローマ人は紀元一世紀にイングランドを征服したあと、アングリアやザクセンのゲルマン人、スカンジナビア人の傭兵を雇って、海賊の略奪を防ぎ、土着のピクト人やケルト人の反乱を鎮圧した。四一〇年にローマ帝国がイングランドから撤退すると、さらに多くのアングロ・サクソン人がグレートブリテン島へ移住した。そして、ガリア語を話すケルト人を退けるとともに、ローマ人のラテン語を一掃し、イングランド全土にゲルマンのことばの使用を義務づけた。

しかし、まわりまわって六百年後にラテン語は再来する。九一一年、デーン人のヴァイキングがフランス北部の海岸地帯を制圧し、ヴァイキングの地という意味のノルマンディーと名づけた。デーン人はフランスの女性とつぎつぎに結婚し、百五十年後には、母親の話すことば、千年の歴史を持つフランス語、つまりラテン系の言語を話すようになった。一〇六六年、ノルマンディー公ウィリアム（征服王ウィリアム）は軍を率いて英仏海峡を渡り、イングランド王を破った。この勝利によって、フランス語がイングランドにもたらされた。

いつの時代でも、外国に侵略されれば土着の言語は消えるものだ。しかし、イングランドは例外だった。理由ははっきりしないが、アングロ・サクソン人が話すゲルマン系の言語と、デーン人が話すラテン系のフランス語が混じり合った。その結果、現代英語のもととなる言語の語彙数は二倍になった。英語には、すべての物事に対して少なくともふたつのことばが存在する。たとえば、ゲルマン語を語源とするfireやhandやtipやhamやflowに対し、フランス語から採り入れたことばはflameやpalmやpointやporkやfluidである。

英語には大量の語彙があるので、つぎの原則に従うといいだろう。多音節語、特にラテン語由来の語尾〝-ation〟〝-uality〟〝-icity〟を持つ単語を避けること。それより、パンチが効いて生き生きとした一音節か二音節の語を使うべきだ。それらの多くは、古代のアングロ・サクソン人の遺産だ。また、使うことばをゲルマン風にするかフランス風にするかについては、つぎの四項目を参考にしてもらいたい。

（1）感情的な人物には語やセンテンスを短くし、理性的な人物には長くする。

（2）積極的であけっぴろげな人物には語やセンテンスを短くし、受け身で内省型の人物には長くする。

（3）知的な人物にはセンテンスを複雑にし、そうでない人物には単純にする。

（4）博識な人物には豊富な語彙と長い語を用い、そうでない人物には語彙を減らし、短い語を用いる。

先ほどの例にもどり、「彼の虚言（fabrication）は現実（factuality）を歪曲したもの（falsification）だ」を「あの野郎、嘘つきだ（The son of a bitch lies）」と比べて考えてみよう。前者は硬質のことばを並べたラテン語調であり（英語では頭韻を踏んでいる）、王室の高等法院の堅苦しさを風刺する法廷物の喜劇で、かつらをかぶった困惑気味の弁護士に言わせるといいかもしれない。それに対して後者は歯切れがよく（英語では六つの単音節語から成る）、怒ったときにだれが言ってもおかしくない。

大きな対立や葛藤が生じて危険が迫ると、人は感情に走り、活発に動き、率直になり、短いことばを発し、沈黙する。それが頂点に達したときには、あとで悔やむような実に愚かなことを口走るものだ。どんな媒体でも、どんな形式のストーリーでも、対立や葛藤に満ちたシーンにはおもしろみがあり、いさかいが激しくなるにつれ、人物のことばづかいはいまあげた四通りの特徴を見せる傾向がある。

一方、過去形の文章でストーリーを組み立てていく場合、対立や葛藤がほとんどなく内省的に語られていくのがふつうだ。そこでもう一度念を押すが、本書の説明はあくまでも傾向を示しているにすぎない。場所や事情によっては、人の言動は脳内で定式化されてきた心理学上の原理をすべて覆すことがある。書くことについても同じだ。技法の原理原則はかならず創造的矛盾をかかえている。

たとえば、長編ドラマシリーズ「ＪＵＳＴＩＦＩＥＤ　俺の正義」で主人公の友人兼敵役であるボイド・クラウダーについて考えてみよう。制作総指揮のグレアム・ヨストは出演者全体のダイアローグを強い調子にしたが、ボイドについては、ドラマの舞台であるアパラチア地方の百年以上前へとさかのぼり、南北戦争時代の南部連合支持者のような話し方をさせることにした。これはボイドが眠りに就くシーンだ。

ボイド　何はともあれ、安息への欲求が刻々と高まるのを感じる。安らぎと保養のためのほかならぬ場所で、しばし休眠したいものだ。

何世紀もかけてラテン語由来のフランス語と古ゲルマン語が融合した結果、現代の英語となったのだが、かつてのイングランドでは、ラテン語とフランス語が優勢だった。［原注2］公人として生きる政治家や企業経営者と同じく、ボイド・クラウダーは力と名声を追い求め、それがシリーズ全体の話の軸となる。ボイドは貪欲な権力者のように、文中に硬質のことばをちりばめ、つぎに述べるアドバイスなど意に介さない。

遠まわしではなく、わかりやすい言い方で

あなたはこんなふうに書くだろうか。〝その男を殴ったとき、わたしは相手より自分のほうが断然痛いことに突然気づいた。というのも、ポケットから手を出して、親指を手のなかではなく外でなるべく強く握り、それから思いきり強く相手の顔を殴ったあと、鋭い痛みを感じて手を握っていられなかったからだ〟。それとも、〝こぶしが相手の顎にあたって砕けた。めちゃくちゃ痛い〟か。

ことばの選び方によって、一大事に臨んだ登場人物の特徴がはっきり表される。だから、もしその人物が科学者、神学者、外交官、大学教授、なんらかの信念を持つ知識人、あるいは単にもったいぶった人間で、とりあえず静かに語れるシーンなら、ひねった小むずかしい言いまわしを使ってもおかしくない。だが、ふつうは気どらずに簡潔なわかりやすいことばでシーンが進むものだ。

この原則は小説や演劇にもあてはまるが、とりわけ映画にとって重要だ。映画館の観客は真剣に耳を傾ける。小説は一読でわからなければ読み返せばいい。テレビは必要なら録画してもう一度会話を聞くことができる。ところが、映画の会話は聞くそばから消える。そして、映画の観客は耳ではなく目の神経を研ぎ澄ますものだ。映画館へ行って一度で聞きとれなかった人たちはこう尋ね合う。「ねえ、あのとき、なんて言ったの？」

だが、どんな媒体であれ、正確に理解されない話しことばはむなしい。作り手がどんなに雄弁でも、読者や観客が意味を取りそこねたらどうにもならない。だから、凝った倒置などやめて、台詞

の文は主語、動詞、目的語や補語の順に並べよう。明快がいちばんだ。

状態より動作の表現で

英語の文には、be動詞を用いて状態を表す場合と、動作動詞を用いて動的変化を表す場合がある。人が争いや葛藤に立ち向かうときは精神が活性化し、自分自身や周囲に対する見方が能動的になるので、使うことばは動作動詞が中心になる。事態が落ち着いて、人がより受動的、人生に対して内省的になると、状態を示す動詞ばかりになりやすい。またしても言うが、これはあくまで傾向であり、人間の行動における絶対の法則ではない。とはいえ、争いや葛藤のさなかで状態動詞を多用すれば、錨を引きずる船のように動きが鈍くなる。

長広舌をやめて簡潔に

尊大な人間が目立ちたがると、長い単語、長い文、長い段落、長い文章で伝えようとする。そして、質よりも量、簡潔さよりも長々しさ、わかりやすさよりもまわりくどさを選ぶ。これには期せずしてシーンを喜劇的にする効果もある。

例をあげよう。ウディ・アレンとダグラス・マクグラスが脚本を書いた映画『ブロードウェイと銃弾』（94）に登場する、大御所女優ヘレン・シンクレア（ダイアン・ウィースト）の飾り立てた台詞から三ヵ所選んでみる。

（リハーサルに遅刻して）

ヘレン　ペディキュアの美容師が発作を起こしてね。前のめりになったものだから、ネイルスティックがわたしの爪先に刺さってしまって。そんなわけで包帯を巻いていたの。

（暗い観客席を見つめながら）

ヘレン　懐かしい劇場――ここは聖堂よ――思い出がいっぱい、亡霊が満ちあふれている。アルヴィング夫人、ワーニャ伯父さん、ここにはオフィーリア、あそこにはコーディリア……そしてクリュタイムネストラ……すべての劇が生を受け、幕が閉じるたびに死を迎え……

（若い脚本家の男とセントラルパークを散歩しながら）

ヘレン　説明しようがないけれど、ただのことばよりもっと根源的な形で、あらゆることが深い意味を持っているのよ。

（男が話そうとしたとたん、彼女は手で男の口をふさぐ）

ヘレン　シーッ……シーッ……静かに……静かに……。思いを胸にいだいたまま、ただ歩きましょう……口には出さずに……そのまま……いま歌うのは小鳥たちにまかせ、わたしたちは歌わずにいましょう。

つまり、ウディ・アレンばりの風刺を効かせるつもりがないなら、できるだけ真実味のある最小限のことばで、最大限の内容を表すように励んだほうがいい。

口真似ではなく、表現力のあることばで

ダイアローグには登場人物らしさが必要だが、その中身は並よりはるかに上でなくてはならない。すぐれた作家は世間の会話に耳を傾けるが、聞いたことばをそのまま書き写すことはまずない。ドキュメンタリー作品を観て、人々が現実に口にすることばをよく聞いたり、いわゆるリアリティ番組でアマチュア俳優のアドリブに耳を傾けたりすれば、収録された日常会話がたどたどしくて素人っぽいのがすぐにわかるだろう。フィクション作品はそれよりはるかに高いレベルの話しことばを必要とする。それは無駄がなく、豊かで深みがあり、いかにもその人らしさが表れていることばであり、現実のおしゃべりとは雲泥の差がある。ミケランジェロが彫った大理石のように、ことばは書き手が鑿を振るう原石だ。写すのでなく、現実を表現しなくてはならない。

ごみを捨てる

ごみとは、たとえば「やあ、元気かい」「おかげさまで」「お子さんたちは？」「みんな元気よ」「いい天気だね」「ええ、やっとね。先週は雨ばかりだったけど」といったやりとりのことだ。何もない棚に小間物を並べるように、無能な書き手は退屈なシーンをがらくたで飾り立て、世間話でリアリズムの雰囲気を出そうとする。だが、ただ雑談をさせても登場人物には血がかよわないし、ただスウェットパンツを穿かせてもアスリートにはならない。さらに悪いことに、よけいなおしゃべりは人物とシーンをしぼませ、読者や観客に勘ちがいをさせる。

ダンスがただの動きではなく、音楽がただの音ではなく、絵画がただの模写ではないように、ダイアローグはただのおしゃべりではない。芸術作品は部分の寄せ集め以上の意味を持ち、作品のどの部分もただの部分以上の意味を持つ。

へたくそな会話は、とかく字句どおりになる。つまり、口にしたままで、それ以上の何もない。一方、すぐれたダイアローグは口にした以上の内容をにじませ、すべてのテクストの下にサブテクストがある。リアリズムの伝統に慣れた読者や観客は、あらゆる台詞には言外の意があり、そうでなければそもそも書かれなかったはずだと思っている。そのため、ごみの山に埋もれたものを探し、表面の意味しかないことばから含意を見つけようとする。見つからなければ困惑し、腹を立て、興味を失う。

もし会話の裏にこれといった考えや感情がないのなら、その箇所の内容を濃くするか、さもなければ切り捨てるべきだ。

8　中身の欠陥

含みのない書き方

含みのない書き方というのは、登場人物のすべての思考と感情をそのまま余すところなく台詞に書きこむことを言う。ありとあらゆるへたな会話のなかで、この含みのない書き方が桁ちがいに多く、その破壊効果は計り知れない。これは登場人物を薄っぺらにし、シーンをメロドラマやお涙頂戴に変えてしまう。含みのない書き方の悪影響を知るために、その欠陥を徹底的に検討しよう。

「何事も見かけどおりではない」という格言どおり、現実の世界には裏表がある。〝見かけ〟とは人生の表層――目や耳に訴えるもの、人が言ったりしたりすることの上っ面にすぎない。ほんとうの思考や感情は表層ではなく、人の言動の内側に流れている。

第三章でふれたように、人生は〝言うこと〟、〝言わないこと〟、〝言えないこと〟の三つの層に同時に対応しながら動いている。第一は、個人的であれ、社会的であれ、日々の生活を切り抜けるための表面上の言動（テクスト）。第二は、そうした言動をとりながら内心で考えたり感じたりしていること（意識したサブテクスト）。そして第三の最深部には、無意識の衝動と根源的所作という広大な領域（無意識のサブテクスト）があり、それが人の内的エネルギーのもとである。

したがって、人が自分の思考や感情の何もかもを述べたり行動に移したりすることは、ぜったいにありえない。というのも、思考や感情の大部分は、自分の気づかないところを流れているからだ。本来、そうした思考が表面に出て〝言うこと〟の領域にはいることはない。どれほど懸命に自分をさらけ出して正直になろうとしても、真実というサブテクストを行動というテクストへ注ぎこもうとしても、すべての言動には無意識がまとわりついている。現実がそうならば、物語でもそうだ。すべてのテクストはサブテクストを凝縮している。

たとえば、あなたが精神科医のカウンセリングを受け、これまで他人に対しておこなった最悪の愚行を打ち明けているとしよう。目に涙をため、あまりのつらさに寝椅子で体を折り曲げてことばを絞り出している。そのとき精神科医は何をしているだろう。メモをとっているはずだ。では、メモには何が書かれているか。あなたが言っていないことだ。言えずにいることだ。

精神科医はあなたの告白を書き留める速記者ではない。熟練の技をもって、テクストの奥にあるサブテクストを、意識にのぼらないせいで言えずにいることを見抜くのである。

含みのない書き方はサブテクストを抹殺する。それは、意識して語らずにいる思考や欲望（〝言わないこと〟）も、無意識の欲望やエネルギー（〝言えないこと〟）も消し去って、発せられたことばだけでわざとらしく露骨で薄っぺらな内容を語るからだ。言い換えれば、含みのないダイアローグはサブテクストをテクストに変えてしまうので、登場人物は自分の考えや思いをきっちり全部口にすることになり、その結果、人間が話しているようにはとうてい聞こえない。

たとえば、こんなシーンがあるとしよう。ふたりの魅力的な男女が、優雅なレストランの奥まった場所で向き合ってすわっている。照明がグラスに反射し、恋人たちの潤んだ瞳を輝かせる。美しい音楽が聞こえる。そよ風がカーテンを揺らす。ふたりはテーブル越しに手を伸ばして相手の指先にふれ、うっとりと見つめ合いながら同時にこうささやく。「愛してる、愛してる」と。まったくそのとおりだ。

こんなシーンがもし作られたとしたら、道で轢かれた犬並みの運命をたどるだろう。演技不可能のひとことに尽きる。

演技不可能というのは、つまりこうだ。俳優は口真似や物真似をする操り人形ではない。芸術家たる俳優は、まずサブテクストに隠された登場人物の真の願望を見いだすことで、役に命を与える。そして、その内なる力に火を点けて、それをもとに、いわく言いがたい複雑な層を内面から積み重ねていき、やがてそれが演技として形を結んだとき、身ぶりや表情やことばとなる。だが、前述のシーンはサブテクストが空っぽであり、したがって演技不可能である。

本も舞台も映像も、外側が不透明なわけではない。ストーリーの媒体はどれも透明に作られていて、人の心にある〝言わないこと〟、〝言えないこと〟を垣間見せてくれる。テレビのシリーズ番組や映画や演劇を観たり、小説のページをめくるとき、われわれの目は舞台や画面の俳優や、紙面のことばにとどまってはいない。テクストを通してサブテクストを読みとり、登場人物の奥深くに湧き起こるものを見つめている。上質のストーリーに出会ったとき、絶えず心や感情を読んでいるという印象を受けないだろうか。「この人がほんとうは何を考え、感じ、しようとしているのか、自分にはわかる。心のなかで何が起こっているのか、目の前の問題で手いっぱいの本人よりもよくわかる」と思うことはないだろうか。作家と俳優の創造性が結びついたとき、われわれがストーリーから得ることができるのは、人生という壁に留まる羽虫となって、表面から真実を見透かす体験である。

もしわたしが俳優で、キャンドルの光のもとでこの陳腐なシーンを演じざるをえないとしたら、まず何よりも望むのは、俳優としての評判を守ることだろう。だめな脚本家のせいでだめな俳優と見なされてはかなわない。だから、たとえストーリーと関係がなかろうが、このシーンに自分でサブテクストを織りこむ。

たとえば、こう考える。なぜこのカップルはわざわざこんなことをするのか。キャンドルの光や静かな音楽でどうしようというのか。なぜふつうのカップルのようにパスタをテレビの前へ持っていかないのか。ふたりの関係はどうなっているのか。

現実とは思えないではないか。キャンドルは人生のどんなシーンで登場するだろうか。うまくいっているとき？　ちがう。うまくいっていれば、ふつうの人のようにパスタをテレビの前へ持っていくはずだ。何か問題があるとき。そう、そういうときこそキャンドルの出番だ。

そして、以上のことを頭に入れてわたしが演じれば、観客は真実を見抜く――〝ああ、たしかに彼は愛してると言う。でもほら、彼女に振られそうで必死なのよ〟。こうしてサブテクストを感じさせる演技をすることで、ロマンスを再燃させようとする男の懸命の願いが深く表現される。あるいは、観客はこう思うかもしれない――〝ああ、たしかに彼は愛してると言う。でもほら、彼女を捨てる気よ〟。観客は含みのある演技を味わいながら、男が最後のロマンチックなディナーで女をやさしく振るのを見る。何しろ、彼は実際に退場するのだから。

まれな例外はあるが、どんなシーンであれ、こうではないかと思われることをすべて表に出してはならない。会話はサブテクストをほのめかすものであり、説明するものではない。いまのふたつの例では、隠れた動機や駆け引きは意識されるが語られない。観客や読者が水面下の無言の駆け引きを理解するとき、内面的な演技はシーンに深みを与え、観客や読者の想像をひろげていく。サブテクストがつねに存在するというのがリアリズムの原則である。

一方、非リアリズムの分野では勝手がちがう。非リアリズムのすべてのジャンルとサブジャンルで、含みのない話しことばが使われる。神話やおとぎ話、ＳＦやタイムトラベル物、アニメーション、ミュージカル、超常現象物、不条理劇、アクションや冒険物、笑劇、ホラー、寓話、マジックリアリズム、ポストモダニズム、ディーゼルパンク・レトロフューチャリズムなどなどだ。

非リアリズムでは、登場人物は紋切り型で立体感がない場合が少なくない。空想上の誇張された世界を舞台にするストーリーは、寓話のような筋をたどる。たとえば、ピクサー・アニメーション・スタジオが制作した『インサイド・ヘッド』（15）がそうだ。その結果、会話が単純で説明的でわかりやすくなるにつれ、サブテクストは退化する傾向がある。『ロード・オブ・ザ・リング』のような作品で、たとえば「危険を冒してかの地へ赴く者は、ひとりとして帰らない」という台詞に、隠された意味や別の含みはない。俳優が皮肉をこめてこれを言ったら、笑われて台なしだろう。

フィクションを書く過程のどこかで、どんな作家も厄介な疑問に突きあたる。自分はそもそもどういう種類のストーリーを書いているのか。リアリティへ向けての作家の姿勢は大きく分けてふたつある。それは模倣型と象徴型だ。

模倣型のストーリーはありのままの姿を写したり似せたりしたもので、リアリズムのさまざまなジャンルがこれだ。象徴型のストーリーは現実の姿を誇張するか抽象化したもので、非リアリズムの数多いジャンルのどれかだ。真実に対してどちらが忠実であるか、一概には言えない。すべてのストーリーは現に存在するものの隠喩であり、リアリズムと非リアリズムのどちらに寄るかは、作家が自分の世界を表現するときに、読者や観客を引きこむための方便にすぎない。

それでも、非リアリズムとリアリズムを大きく分けるもののひとつはサブテクストである。非リアリズムはそれを弱めたり消したりするが、リアリズムはそれなしではありえない。

なぜか。

非リアリズムの作品では、登場人物を象徴する性質――美徳、悪徳、愛情、貪欲、純真など――を際立たせて純度をあげるために、無意識が切り捨てられ、そのため複雑な心理が表現されない。

一方、リアリズムの大前提は、人が考えたり感じたりすることの大半は自覚されないというものだから、登場人物の思考や感情のすべてが直接そのまま表現されてはいけない。そこで、模倣型のジャンルの作品では、心理を多面的に、複雑に、皮肉を交えて描くために、無意識から浮かびあがった欲望を自覚的な意志と対立させる。

複雑な心理や社会を描写するリアリズムでは、ほぼすべての台詞でサブテクストが必要となる。非リアリズムでは、そうした細部に気を散らされないために、サブテクストを削ぎ落とす。

独白《モノローグ》についての誤解

人生におけるあらゆる重大な瞬間は、作用と反応の力学に基づいている。物理学の世界では、ニュートンの運動第三法則により、反作用は作用と同じ大きさで方向が逆だから、予測が可能だ。しかし、人間界では思いがけないことが起こる。われわれが重大な一歩を踏み出すときにはかならず周囲が反応するが、予想どおりの反応であることはまれだ。自分の内面から、あるいはまわりの人間から、思ってもみなかった反応が生まれるものだ。人生の決定的な瞬間をどれほど練習しても、いざそのときになると、考えて期待して計画したとおりにはけっしてならない。人生のドラマは永遠に即興劇だ。

だから、登場人物が壁を見つめてひとりですわっていたとしても、その思考の流れは心のなかの会話（ダイアローグ）であり、独白（モノローグ）ではない。こうした内面の動きはしばしば現代小説の題材となる。小説家は読者を登場人物の頭のなかへ連れていき、考える自己と絶え間なく反応する自己――疑い、称賛し、批判し、反論し、許し、耳を傾ける自己――とのあいだに起こる内的躍動を見せてくれる。この充実したやりとりは、語りというよりもむしろ、思考の形をとった対話である。

真の独白はなんの返答も引き出さず、働きかけも反応もない話をだれにともなく延々と吐き出して、登場人物を作家の持論の代弁者に変えてしまう。声に出そうが心のなかで語ろうが、長々と無軌道につづければ、わざとらしく活気のない退屈な語りになりかねない。

〝長々と〟とはどれくらいだろうか。発声速度の平均は、一秒あたり英単語二語か三語である。そのペースでいけば、二分のスピーチに三百語がおさまる。演劇であれ映画やテレビであれ、なんの反応もなくそれだけ話すのはずいぶん長く感じられる。小説では、三百語はまるまる一ページに相当する。一人称の思考や回想が、それを断ち切るような内的反応なしに何ページもつづけば、読者の忍耐力はきびしい試練にさらされるだろう。

一方、仮にあなたが、ふたりの人物が登場するシーンを書いていて、A（女性）がもっぱら話し、B（男性）はだまっているとしよう。こういう場合なら、長広舌は自然であり、必要でもある。しかし、書いている時点で忘れてならないのは、たとえAがBと対決する気でいて、用意しておいたことばを言いはじめても、Aの予想どおりの展開にはならないということだ。

たとえば、責めればBが弁解するとAは予測し、それに対してさらにやりこめることばを山ほど頭に蓄えておく。ところがBは反論せずに押しだまっている。その落ち着き払った態度のせいで、用意した文句が台なしだ。意外な成り行きのために、Aは急ごしらえのやりとりをせざるをえなくなる。そして、すでに指摘したとおり、人生はいつも即興、いつも作用（アクション）と反応（リアクション）で成り立っている。

だからそのページでは、Bの謎の沈黙に対して、ことば以外のAのリアクションを加えるといい。語りの合間に、彼女の表情、身ぶり、小休止、口ごもる様子などを織りこむのだ。長丁場の語りをやめ、Aの内側、そして沈黙するBとAとのあいだに起こるアクションとリアクションを記すべきだ。

もうひとつ例を考えよう。登場人物が教会の会衆に向かって、しっかり用意した説教を読みあげているとする。目で原稿を追いながらも、その説教師は人々が興味をもって聞いているかどうかをたしかめようと、ときどき様子をうかがうだろう。つまらなそうにしている者がいたら、説教師はどうするだろうか。さまざま考えが頭のなかを行き交うのではないか。声や身ぶりを意識し、ひそかに神経をすり減らしながら、深く息をして、リラックスして、微笑んで、あれこれ言い換えて、という具合に、説教のあいだじゅう自分に語りかけているはずだ。独白のように聞こえるかもしれないが、説教師の内面ではダイナミックな会話（ダイアローグ）が生まれているのである。

アクションとリアクションの原則をさらに一歩進めよう。登場人物がもともと長話の好きな人間だとする。映画『八月の家族たち』(13)のメリル・ストリープ演じるバイオレット・ウェストンを考えればいい。延々としゃべることで彼女はその場をひとり占めし、周囲にどう思われようとおかまいなしだ。ほかの登場人物をうんざりさせる厄介者かもしれないが、だからと言って観客をうんざりさせるわけにはいかない。その場合は、トレイシー・レッツの脚本にならい、実際にくどくどしゃべらせずに長広舌を振るう印象を作り出せばいい。映画をよく観ると、レッツがバイオレットにどうしゃべらせ、ただそれに耐えるしかない疲れた親族の反応を中心に、どう各シーンを組み立てているかがわかる。

一八八九年、劇作家のアウグスト・ストリンドベリが『強き者』を書いた。これはカフェを舞台にした一時間の劇で、ミセスXとその夫の愛人ミスYの対決を描いている。会話のすべてを引き受けるのはミセスXだが、上演されるときは無言のミスYが主役である。

対話劇《デュアローグ》

これまでにつまらないと思った数かぎりない映画やテレビや演劇について考えてみよう。底の浅い安っぽい演技は、たいていは俳優のせいではなく、おそらく脚本家やディレクターから強要される、演技に値しない対話劇《デュアローグ》のせいだろう。**デュアローグ**とは、わたしがよく使うことばで、ふたりの人物が当面の問題について、面と向かってはっきり感情を交えて話し合う演技のことである。デュアローグは味わいに欠けることがあるが、それはすべての台詞に含みがなく、登場人物がことばを胸にとどめないからだ。

映画『グラディエーター』（00）のシーンを例にあげよう。皇帝コモドゥスは敵対するマキシマス・デシマス・メレディウスを投獄する。その夜、コモドゥスの姉ルッシラがマキシマスの独房で待っている。

地下牢——夜

衛兵たちがマキシマスを独房へ連れていき、壁に鎖でつなぐ。衛兵が去り、ルッシラが物陰から現れる。

ルッシラ　裕福な女は大金を払えば勇敢な剣闘士と楽しいひとときを過ごせるのよ。

マキシマス　刺客が放たれるのはわかっていた。自分の腹心をよこすとはな。

ルッシラ　マキシマス……弟は知らないのよ。

マキシマス　おれの家族は生きながら焼かれ、磔にされた。

ルッシラ　何も知らなかった——

マキシマス　（大声で）——嘘をつくな。

ルッシラ　あなたの家族を思って泣いたの。

マキシマス　父を思って泣いたようにか。（ルッシラの喉をつかんで）父を思って泣いたようにか。

ルッシラ　あの日から、わたしは恐怖という牢獄に身を置いてきた。弟がこわくて、父の死を悼むこともできない。息子が帝位継承者だというせいで、毎日ずっと恐怖を感じていた。ええ、たしかに泣いた。

マキシマス　おれの息子に……罪はなかった。

ルッシラ　それは……わたしの子も同じよ。（間）息子が死ねば信用してくれる？

マキシマス　信用してもはじまらない。
ルッシラ　神々があなたを救ったのよ。わからない？　わたしはきょう、ローマ皇帝より強いひとりの奴隷をこの目で見た。
マキシマス　神々が救っただと？　おれは神々の力のなすがままに民衆を楽しませただけだ。
ルッシラ　それが力よ。民衆こそローマ。コモドゥスは民衆を操ってすべてを意のままにする。（間）聞いて。弟には敵がいて、そのほとんどが元老院の面々よ。でも、民衆が味方についているあいだはだれも抵抗しない。あなたがはじめて。
マキシマス　連中は反対するが何もしない。
ルッシラ　ローマに命を捧げる覚悟の政治家もいる。特に秀でた人がいるの。わたしが手配したら会ってくれる？
マキシマス　わかってないようだな。今夜この房で死ぬか、あす闘技場で死ぬか。おれは奴隷だ。いまさらそんなことをしてどうなる。
ルッシラ　あなたが望むものを、その人も望んでいるのよ。
マキシマス　（叫んで）なら、そいつにコモドゥスを殺してもらえ。
ルッシラ　わたしはかつてある男を知っていた。気高く信念のある男で、わたしの父を敬愛し、父もその男を信頼していた。その男はローマによく尽くした。
マキシマス　その男は死んだ。弟君はうまくやった。
ルッシラ　あなたの力になりたいのよ。
マキシマス　では頼みがある。いままでのことは忘れて、もう二度と来るな。（声を張りあげる）衛兵。ご婦人がお帰りだ。

ルッシラが涙を浮かべて立ち去る。

アリストテレスが『詩学』の第四章で説くように、観劇の何より深い喜びは、人間のうわべのふるまいから内なる真実を見抜く感覚を養うことにある。そのため、このシーンのように、ことばにならない欲求や感情を登場人物にはっきり言わせ、現実そのものでしかないことを書けば、洞察の邪魔をし、読者や観客から本来の楽しみを奪うことになる。さらに言えば、偽りの人生を描きかねない。

互いに持ちつ持たれつの人生において、われわれは厄介事の周囲をぐるぐるとまわりながら、とっさの言いわけや方便を用い、意識下にひそむ痛ましい真実を避けるものだ。ほんとうに必要なものや深くにある欲望について、相手に面と向かってあけすけに言うことはほとんどない。別の手段によってだれかから手に入れようとするのがふつうだ。

したがって、含みのない書き方を改善したければ、直接衝突しなくてもすむように第三の存在を見つけて、デュアローグからトライアローグへと変えるといい。

三人劇《トライアローグ》

トライアローグとは、わたし流に定義すれば、対立するふたりと、争いの矛先が向けられる三人目との三角関係のことである。

例を四つあげよう。

ウィリアム・ケネディの『レッグズ』は、ジャック・〝レッグス〟ダイアモンドというギャングの伝記である。第三章で、ジャックが帰宅すると、妻のアリスは夫と揉める。ジャックの手下オキシーとフォガーティーから、ジャックが愛人の名にちなんでカナリアの一羽をマリオンと呼んでいると聞いたからだ。つづくシーンでは、二羽のカナリアが第三の存在の役割を果たす。語り手はジャックの弁護士だ。

家のなかにはいりかけたとき、アリスがジャックを呼んだ。「ここに来てくださらない？」アリスは玄関ポーチにいて、オキシーとフォガーティーはまだソファーにすわっていた。わたしたちが来たのに、ふたりとも動かず、何も言わず、アリスにもジャックにもわたしにも目を向けない。どちらも道路のほうを見つめている。

アリスはカナリアのかごをあけて、ジャックに言った。「どっちをマリオンと呼んでるの？」

ジャックがすばやくフォガーティーとオキシーを見やった。

「そっちを見ないで。そのふたりが告げ口したんじゃないから」アリスが言う。「話してるのが聞こえただけよ。頭に黒い点があるほう？」

ジャックは返事をせず、じっとしている。アリスは黒い点がある小鳥を手でつかんだ。

「答えるまでもないわね――黒い点はあの女の黒髪だもの。そうよね。そうでしょ」

ジャックがだまっていると、アリスは小鳥の首をひねり、それをかごへ投げ入れた。「これくらいあなたを愛してるってことよ」そう言ってジャックの横から居間へ行こうとしたが、ジャックは妻をつかんで引きもどした。二羽目の小鳥に手を伸ばし、片手で握りつぶすと、目から血を流してまだ小刻みに震えている死体をアリスの胸の谷間へ突っこんだ。「おれも愛してるよ」

カナリアのおかげですべてが解決した。


ヴィンス・ギリガンが長編テレビドラマ・シリーズ「ブレイキング・バッド」を売りこんだときの宣伝文句は〝チップス先生が暗黒街の顔役に〟だった。主人公のウォルター・ホワイトは、何をやっても揉め事に巻きこまれ、つぎつぎと敵役に囲まれる。ドラッグ帝国を築くことがウォルターの途方もない目標だが、ギリガンはハイゼンベルグという影の役、ウォルターの分身を作って、さまざまなシーンに登場させる。早くも第一話から見られるウォルターの欲望と恐れ、つまり心中のアクションとリアクションは、ハイゼンベルグがウォルターをなんとか支配して自身の才能で究極の勝利をおさめようとする兆候にほかならない。ハイゼンベルグは「ブレイキング・バッド」における第三の存在である。

サルマン・ラシュディの『真夜中の子供たち』は、主人公のサリーム・シナイがテレパシーの能力を持つ寓話的な小説だ。しかし、作中の対立を調整する第三の存在は超常現象ではない。ラシュディはインドとヨーロッパの文化的隔たりを通して、シナイのあらゆる葛藤を描く。ふつうは背景にすぎない欲望を前面に出し、どのシーンにも東洋対西洋の色合いを持たせることで、ラシュディはこの小説に、全体を通じての第三の存在を与えている。

多くの読者や観客にとって、サミュエル・ベケットは二十世紀最高の劇作家であり、『ゴドーを待ちながら』はその代表作である。この戯曲はエストラゴンとウラディミール（どちらもホームレス）とゴドー（神《ゴッド》を意味するフランスの俗語）による堂々たる三人劇だ。題名が暗示するとおり、ふたりの男が劇のはじめから終わりまで〝けっして現れないであろう男〟を待ち、期待し、論じ、迎える準備をしている。待つのは無駄に見えるが、ふたりにとっては待つことが〝なんとかつづけていく〟理由になっている。

言い換えれば、ゴドーはベケットが描く第三の存在であり、どこか遠くで待っている超越した不思議な何かを見つければ、いつか人生は美しくて意義深いものになるという強い信念を象徴している。

9 設計上の欠陥

反復

生き生きとしたことばがページの上で生気を失ってしまう原因はなんだろうか。シーンが停滞し、台詞が平板になる原因はなんだろうか。いろいろ考えられるが、最大の原因は作家の大敵――くどい反復だ。

ダイアローグを害する反復には二種類ある。

(1) 響きが偶然重なる。 ざっと走り読みするだけでは、〝ひとりの人がヒトデをつかまえる〟という一節は気にならないかもしれない。こうしたことばの事故を避けるには、草稿を書くたびに台詞を録音して、あとで再生するといい。自分で声に出したり、人に読んでもらったのを聞けば、偶然重なった響きがはっきりし、削除や修正をすべき部分がすぐわかる。

(2) 同じ調子が連続する。 響きの重なり以上に危険なのは、感情の反復だ。つまり、意味の方向が同じものが、肯定 - 肯定 - 肯定 - 肯定 - 肯定、否定 - 否定 - 否定 - 否定 - 否定という具合につづくことだ。

　感情表現のくどい反復はさまざまな言いまわしの裏に隠れているので、うっかりすると気づかない。そうしたシーンはすらすら読めたとしても、なぜか死んでいるように感じられるものだ。

　登場人物がそのシーンの意図に即してアクションを起こすとき、かならずその場のだれかまたは何かによるリアクションがある。登場人物のふるまいによるこのアクションとリアクションの組み合わせを**ビート**という。たとえば、AがBに話を聞いてくれと言うが、Bはそれをはねつけたとする。その場合、まとめて言うと「懇願／拒絶」というひとつのビートになる（ビートの正確な定義については第十二章参照）。

　ビートは、人物の言動によるアクションとリアクションの力を使って、そのシーンを押し進める。ひとつのビートが前のビートを上まわり、転換点で対立の変調が起こる（第十三章から第十八章までのシーン分析参照）。だが、同じビートが繰り返されると、シーン全体が平板で退屈になる。言動の反復のほうが偶然の音の重なりよりはるかに頻繁で、シーンをぶち壊しにする効果が大きく、しかも発見するのが意外とむずかしい。つぎの一節を考えてみよう。

Ａ　話があるんだ。
Ｂ　だめよ、ひとりにしておいて。
Ａ　なんとか耳を貸してくれ。
Ｂ　いいから、ほっといてよ。
Ａ　聞いてもらわないわけにはいかないよ。
Ｂ　うるさい、あっちへ行って。

AはBに話を聞いてくれと三度頼み、Bはほぼ同じ意味のことばで三度拒絶する——〝話がある、耳を貸す、聞く／ひとりにして、ほっといて、あっちへ行って〟。同義語を並べて乗りきろうとする作家もいるし、アクションとリアクションを入れ替えて解決しようとする者もいるが、どちらも、もとのことばの言い換えでビートが変わると思いこんでいる。たとえば、つぎのように書き換えれば、拒絶がアクションに、懇願がリアクションになる。

B　そこに突っ立っていたら邪魔よ。
A　邪魔をしてるわけじゃない。話がしたいんだ。
B　もうじゅうぶん聞いたから。
A　ひとことも聞いてもらってないよ。
B　だって、あなたのたわごとには飽き飽きなのよ。
A　頼むよ、たわごとじゃない。真実なんだ。

こんな具合につづく。「拒絶／懇願」の組み合わせが同じなら、表現が同じだろうが異なろうが、何も変わらないし何も進まない。

現実の会話もそうだと言い張って、冗長さを肯定しようとする書き手もいる。たしかに一理ある。人は何度も同じことを言うものだ。ただ、単調さは現実どおりだが……つまらない。わたしの美意識が求めるのは生き生きとした語りだ。ストーリーとは、つまるところ隠喩であり、コピーではない。現実らしさ、いわゆる〝細部の反映〟は、信頼性を高めるための様式上の戦略であって、創造的考察の代用品ではない。

ストーリーテリングにおける究極の罪は退屈であること——つまり、収穫逓減《ていげん》の法則を無視することである。この法則では、同じ経験が反復されるほど効果が薄くなる。コーンに載ったアイスクリームは、ひとつ目はすばらしくおいしいが、ふたつ目は香りがなくなり、三つ目は胸焼けを起こす。実のところ、同じ主張が立てつづけに繰り返されると、効果を失うばかりか、やがて正反対の結果をもたらす。

反復には三つの段階がある。はじめに書き手は技巧を凝らし、狙いどおりの効果をあげる。その技巧をすぐに繰り返すと、効果は半分にも満たない。愚かにも三回目を試せば、望んだ効き目がないばかりか、逆効果の返り討ちに遭う。

たとえば、ひとつづきの三つの場面を書くとしよう。どれも観客を泣かせようとする悲しい内容だ。そうした構成はどんな効果をもたらすだろうか。第一場で観客は声をあげて泣くだろう。第二場では鼻をすするかもしれない。そして第三場では大笑いをする。第三場が悲しくないわけではなく、むしろ最も悲惨な場面かもしれない。けれども、観客は涙を出しつくし、三度目も泣かせられると思っている作り手の無神経をばかにして、悲劇を喜劇へと逆転させてしまう。収穫逓減の法則は（実生活にも芸術にも言えることだが）すべてのストーリーテリングの形式と内容に——欲求や葛藤に、雰囲気や感情に、イメージや行動に、単語や句に——あてはまる。

ビートの反復は第一稿にはざらにある。なぜだろうか。はじめの段階では、各登場人物のアクションとリアクションをひとつの受け答えでとらえる簡潔で特徴的な表現を、書き手がまだ見つけていないからだ。逆に、質より数で勝負すればいい、繰り返せば意味が強まると信じ、ほかのことばを使って同じビートを反復する。だが、その反対が正しい。反復は意味を弱める。

では、どうすべきか。

ぜったいに妥協しないことだ。よい書き手は完璧なものが見つかるまで自分の知識と想像力に磨きをかける。何度も書きなおしてひたすら改良を加え、台詞と台詞を突き合わせて想像をふくらませる。口に出して言う。そしてまた書き留める。

窓の外をながめて空想にふけっても何も生まれない。すばらしい表現は紙に書いてこそ命が宿る。どんなにありふれた台詞でも、とにかく書き留めることだ。自分の想像が及ぶすべてを書き留めるといい。才能が目覚めて贈り物を授けてくれるのを待っていてはいけない。頭から絶えず思念を引き出して、紙上の現実世界に書き出すことで、完璧な表現を作る。それが書くということだ。

しかし、いかに経験豊かな書き手でも壁に突きあたることがある。ひとつのビートとしっかり向き合っても、そのシーンでのアクションとリアクションを表す完璧な方法はないと感じるときだ。そこで書き手はすべきことをする。キーボードに頭を打ちつけるのをやめ、決断をくだすのだ。

書き手はあともどりして、すでに書きあがっている不完全な表現をすべて見直す。そして考える。「この全部の候補のなかでどれがいちばんだろう。ひとつだけを選ぶより、不完全なものを組み合わせたほうがよくなるだろうか」

最後に残るのは、理想的とは言えないまでも、最良に近い表現だ。きょうはそれで我慢し、こんど原稿を書くときにはこれよりずっとよいものを見つけようと心に誓う。いまはとにかく、反復という藪を刈りこんだことでよしとするわけだ。

不出来な台詞

理想を言えば、すべての台詞が完璧なことばで表され、そのときの登場人物にぴったりで、作者が意図したとおりにすぐさま伝わるべきだ。不出来な台詞は、そのシーンの小道に張られた仕掛け線を思わせる。それに引っかかって混乱した読者はもう一度読みなおし、観客や視聴者は巻きもどしたり、隣席の人に「あの人、何を言ったの?」と尋ねたりする。台詞がわかりづらいのは、おもに三つの理由があると考えられる。あいまいなことば、主意を伝えるタイミングのずれ、リアクションを促すことばのずれ、この三つだ。

あいまいなことば

名詞とは物の名前であり、動詞は行動の名前である。名詞と動詞の幅は広く、普遍的なものから具体的なものまで、あるいは包括的なものから限定的なものまで、さまざまだ。概して、限定的な名詞や動詞は意味をはっきりさせる傾向があるが、包括的な名詞や動詞は形容詞や副詞に修飾されて意味がぼやけやすい。

造船所のシーンを書いているとしよう。船員がヨットのマストステップの修理に苦心し、後ろから船大工が助言している。ふたつの台詞のうち、どちらの意味がすぐにわかるだろうか——「留め具を力強く活用しろ」と「釘を打て」。

もちろん二番目だ。一番目の台詞は不自然で堅苦しいだけでなく、読者や観客を惑わせる。〝留め具〟は離れたり動いたりしないよう固定する金具の総称であり、副詞の〝力強く〟はおそらく不要で、〝活用する〟はあいまいきわまりない動詞だ。そのため、一番目は二、三度読まないと理解できない。

限定的なものや行動を示す台詞は、くっきりと鮮やかなイメージを生むため、すぐに頭にはいる。だから、あいまいで謎めいた質感をめざしているのでもないかぎり、修飾語がたくさんついた名詞や動詞は避けたほうがいい。

主意を伝えるタイミングのずれ

台詞の主意がわかった瞬間、読者や観客はそれがはらむアクションを理解し、そこですぐ他方からのリアクションをうかがう。タイミングがずれた台詞は、このアクションとリアクションのリズムを崩す。興を削がれることがつづけば、読者は本をほうり出し、テレビの視聴者はチャンネルを替え、劇場の観客は幕間に帰ってしまう。だから、原稿を送り出す前に、注意深くダイアローグを読み返し、必要なら声に出して、一行一行をじっくり検討し、主意が伝わる瞬間を正確に感じとろう。

遅すぎる場合。要領を得ない話がだらだらとつづくとき、読者や観客の反応はふたつにひとつだ。我慢できず、結局大事なところを読み落としたり聞き落としたりするか、主意をずっと前に見抜き、ぎこちない台詞がつづくすえに盛りあがらない結末が訪れるのを退屈しながら待つか、そのどちらかだ。

早すぎる場合。はじめに主意が伝わったあと、まぬけなおしゃべりが延々とつづくとき、おもしろさはたちまち失せていく。読者は飛ばし読みをし、視聴者はチャンネルを替える。

それぞれの台詞の主意を的確なタイミングで伝えるには、前に述べたふたつの指針――節約と設計――を参考にするとよい。（1）最少のことばで最多のことを表す。（2）文を組み立てる上での三つの基本的な型――サスペンス型、蓄積型、均衡型――に習熟し、最も適切と思われる場所（最初、途中、末尾）に主意を表すキーワードを入れる。

リアクションを促すことばのずれ

やりとりをするなかで、そのシーンはアクションとリアクションの自然なリズムに行き着く。いま言われたこと、いま起こったことを理解するまで、登場人物は宙ぶらりんの状態で待つ。そして、AがBの言動を理解した（もしくは理解したと思った）瞬間、Aはリアクションを起こす。ほとんどのリアクションは衝動的、自発的、瞬間的なものに見えるが、実際は相手の言動の主意をとらえたことで引き起こされる。Aはそれを完全に読みちがえて、リアクションが過大だったり、過小だったり、あるいは突拍子もない行動に出たりするかもしれない。それでもそのリアクションは、いや、すべてのリアクションは、それを促すアクションを必要としている。

だから、理想的なのは、それぞれの台詞の最後の部分に主意を表すキーワードがあり、それがきっかけとなって相手のリアクションを引き出すことだ。小説では、キーワードが現れるタイミングがずれてもあまり問題がないが、演劇や映画やテレビではそのシーンのリズムを壊し、演技を台なしにしてしまう。

タイミングのずれが生じるのは、Aがキーワードを口にしてBのリアクションを促すのが早すぎるときだ。その場合、Aにはまだ言うべきことばが残っているため、Bは反応したいのをこらえて、Aがすっかり言い終えるまで待たなくてはならない。

リアクションを促す技巧を明らかにするために、ジョン・ピエルメアーの戯曲『アグネス・オブ・ゴッド』（未訳）の第一幕第五場からつぎの一節を見てみよう。

女子修道院で若い修道女アグネスが出産した。血に染まった本人のベッドのそばで、嬰児の死体が屑かごから見つかった。アグネスは自分が処女だと言い張る。出産の数週間前、アグネスの手のひらに穴があいた。修道院長はこれらの出来事を神の御業だと信じたい。

警察がアグネスに嬰児殺しの嫌疑をかけ、裁判所はアグネスの精神鑑定を精神科医のマーサ・リヴィングストンに依頼する。診察のあと、ふたりの女性——修道院長とリヴィングストン医師——が話し合う。

つぎのくだりを読めば、キーワードが台詞の末尾またはその近くに置かれているのがわかるだろう。こうした技法がすみやかなリアクションを引き出し、アクションとリアクションの軽快なリズムを生んでいく。

修道院長　もちろん、あなたのお考えはわかります。アグネスはヒステリーを起こしやすく、純粋で**素朴**です。

リヴィングストン医師　素朴ではありません。**ちがいます**。

修道院長　わたくしはあの穴を見たのですよ。手のひらにくっきりとあいているのを。あなたのお考えでは**ヒステリー**だと?

医師　そういうものは何世紀も前からありました。彼女は特別ではありません。またひとり現れただけです、**生け贄**が。

修道院長　ええ。神への捧げ物です。彼女は純潔を捧げていますわ、**神**に。

医師　わたしは彼女を神から引き離すつもりです。それでしょう、あなたが**恐れていらっしゃる**のは。

修道院長 たしかに**恐れています**。

医師 そう、わたしはそれによって彼女の心が開かれたらいいと思っています。それが第一歩ですから。**治る**ためのね。

修道院長 しかし、それはあなたのお仕事ではないでしょう？ あなたの役目は鑑定であって、**治すことではありません**。

医師 わたしの役目は適切と思うあらゆる手立てで彼女を助けることです。それがつとめですから。**医師**として。

修道院長 でも、そのお立場は裁判所からの依頼とは関係ありません。あなたのお仕事はアグネスが正気かどうかを決めることですよ。**なるべく早く**。

医師 ただ早ければいいわけじゃありません。**適切と判断するかぎり**です。

修道院長 あなたがアグネスにしていただけるいちばんの親切は、鑑定をして**何もしない**ことです。

医師 そのあとはどうなりますか。正気でないと言えば、彼女は精神科の施設行きです。正気だと言えば、**監獄行き**です。

では、この台詞を書き換えて、キーワードをそれぞれの台詞の中ほどに置いてみよう。大きな流れは変わらないが、きっかけが出るタイミングがずれて、アクションとリアクションのリズムが乱れ、全体にぎくしゃくするのがわかるだろう。

修道院長 もちろん、アグネスはヒステリーを起こしやすく、純粋で**素朴**です。あなたの

医師　お考えはわかります。

修道院長　**ちがいます**。素朴ではありません。手のひらにくっきりとあいていました。あなたの考えでは**ヒステリー**だと？　わたくしはあの穴を見たのですよ。

医師　そういうものは何世紀も前からありました。またひとり**生け贄**が現れただけです。彼女は特別ではありません。

修道院長　ええ、彼女は**神**のものです。神への捧げ物です。純潔を捧げているのです。

医師　あなたが**恐れていらっしゃる**のはそれですか？　わたしが彼女を神から引き離そうとしていると。

修道院長　**恐れています**。たしかに。

医師　そう、彼女の心を開けば**治り**はじめる。わたしはそう考えたいですね。

修道院長　あなたの役目は鑑定であって、**治すことではありません**。それはあなたのお仕事ではないでしょう。

医師　わたしの**医師**としてのつとめは、適切と思うあらゆる手立てで彼女を助けることです。

修道院長　あなたのお仕事はアグネスが正気かどうかを**なるべく早く**決めることですよ。裁判所の依頼を受けた者として。

医師　**適切だと思うかぎり**早くです。なるべく、ではなく。

修道院長　鑑定をしたら**何もなさらないで**ください。それがあなたがアグネスにしていただけるいちばんの親切です。

医師　そのあとはどうなりますか。正気だと言えば彼女は**監獄行き**です。正気でないと言えば精神科の施設行きです。

俳優がこんなシーンを演じることになったら、対策はつぎの三つしかない。互いに台詞を切りつめる。互いの台詞にかぶせて言う。相手の台詞が終わるまで礼儀正しくぎこちなく待って、ねじ曲がった演技をする。どれであれ、ずれたタイミングの解決にはならない。

概して、蓄積型の文で終わる場合が、ずれを引き起こす。書いたシーンが演じられる前に声に出して録音し、キーワードに耳を傾けるといい。それからもう一度、こんどは蛍光ペンを持って台詞を読み返し、キーワードに印をつけて、それぞれの最後の文に特に注意を向けてみよう。いくつかの修飾語や付随した情報が台詞の最後にぶらさがりがちなのに気づくだろう。その場合は切り捨てるか書き換えるかして、それぞれの台詞の最後にキーワードが来るようにすべきだ。

不出来なシーン

誤った設計もまた、シーンに影響を与えかねない。キーワードの置きどころをまちがえた不出来な台詞と同じで、不出来なシーンは転換点の配置を誤り、早すぎたり遅すぎたり、ときには転換そのものをなくしたりする。よくできたシーンは、適切なときに適切な方法で転換点を軸に進んでいくものだ。どんなストーリーでも、転換点を置くべき〝正しい〟瞬間は予測不能であり、作品によってもちがう。それでも、タイミングをまちがえれば読者にも観客にもわかる。

早すぎる場合。

最初のビートで転換点が訪れ、シーンを力強く揺さぶる。だが、その瞬間から登場人物が露骨に明瞭化をおこない、盛りあがりに欠ける展開となる。

例——恋人たちが仲たがいするシーン。

バージョン1　のっけから一方が別れようと切り出す。もう一方がわかったと言う。こんなふうにいきなり転換するときのアクションとリアクションは、愛情の流れをプラスからマイナスへと変える。つづいて、解決に向けたやりとりが必要になるが、そのシーンが進んで恋人たちが過去を振り返り、よい日々を懐かしんだりつらい日々を嘆いたりしても、読者や観客はそっぽを向いてこう思うだけだ。「きみたちは終わった。あきらめろ」

遅すぎる場合。

くどくてつまらない会話が延々とつづき、観客が興味を失ってから、やっと転換点に達する。

バージョン2　関係が冷えた恋人たちがよい日々を懐かしんだりつらい日々を嘆いたりするが、観客は転換点がとっくに訪れているのに気づく。ふたりがついに別離を決めたとき、観客は驚きもせずにこう思う。「こうなるのは十分前からわかってたよ」

何もない場合。

バージョン3　マンネリの関係に陥っているカップルがよい日々を懐かしみ、つらい日々を嘆く。別れる気も一から出直す気もない。はじめからずっと生ぬるい関係がつづき、そのシーンのどこも転換点にならない。葛藤をかかえたまま、ふたりのやりとりはジグザグに進むが、全体として体をなさず、何も生まれない。というのも、本質的なあり方がシーンの最初も最後もまったく同じだからだ。何も変わらなければ何も起こらない。そのシーンではいつまで経っても出来事らしいことがなく、観客はこんな疑問をいだく。「要するに何が言いたいんだ」

ダイアローグの各ビートを組み立てるときは、シーン全体の形を考えなくてはならない。少しずつ積みあげて、徐々に転換点をとらえ、最高の瞬間に核となるビートを入れるべきだ。その際、進行の緩急も決めなくてはならない。判断を誤ると、早すぎたり遅すぎたりといった結果を招く。すべてのシーンにはそれぞれの生命があり、その理想形をつかむまで手探りで進むしかない。

分裂したシーン

シーンが生き生きと流れるのは、読者や観客が登場人物の内なる動機と実際の行動に一貫性を感じるときだ。どれだけ細かい技巧を用いて目立たなくしても、登場人物の言動は潜在的な欲求とつながっている。逆の場合、そのシーンは分裂して生彩を欠く。そこでは、サブテクストにある動機づけとテクストに表れた言動が切り離され、内面の意思と外面のふるまいが乖離して感じられる。結果として、まがい物に見えるというわけだ。

よいシーンになるはずなのにまとまりがなかったり、会話が嘘くさく腑抜けに感じられたりするのには、四つの理由が考えられる。（1）内なる欲求はふんだんにあるが、会話が味気ないので平板になる。（2）内なる欲求は弱いのにやたらと凝った会話なので、大げさに感じられる。（3）内なる意思と実際の言動が互いに無関係に見えるので、シーン全体が意味をなさず、会話がでたらめな方向へ向かう。（4）登場人物たちの欲求が平行線をたどり、交わって葛藤することがない。葛藤がなければ転換点はなく、変化が生まれないし、変化がなければ説明だらけの会話がつづき、そのシーンはしぼんでいく。読者や観客はせいぜい退屈するか、ひどい場合にはわけがわからなくなる。

見かけ倒しの書き手は、過剰なことばで技量のなさを隠そうとすることが多い。悪態はよく使われる手だ。生ぬるい会話にきついことばを差しはさめば作中の温度があがると思っているのだろう。それはまちがいだ。

「となりのサインフェルド」を思い起こせばわかるとおり、悪態そのものが悪いわけではない。設定によっては憎まれ口も必要だ。「デッドウッド」「ザ・ワイヤー」「ザ・ソプラノズ　哀愁のマフィア」といった長編の犯罪ドラマシリーズでは、汚いことばがシルクのスーツのように登場人物になじんでいる。それどころか、犯罪者が毒づくのをやめるのは本気のときだ。悪党が静かなときは死人が出る。

不出来なシーンを作りなおすときは、テクストとサブテクスト、どちらからはじめてもいい。作品の外側から取りかかって台詞を書きなおし、そこからたどっていって適切な内的行動を作る手もあるし、内側からはじめてその人物の精神生活を探り、深い心理と欲求を少しずつ積み重ねて、そのシーンのアクションとリアクション、ことばやふるまいに反映させる手もあるだろう。後者は苦労が多くて時間もかかるが、内から外への方法のほうがむずかしいぶん、成功したときにはより力強い作品になる。

言い換えの罠

未熟な書き手は、作品がだめなのはことば自体に問題があるせいだと信じたがるもので、書きなおそうとするときは、だめな会話を何度も別のことばに置き換える作業からはじめる。言い換えをすればするほど、ことばの含みが失われてサブテクストが消え、そのシーンは救いがたいほど退屈でぎこちないものとなる。

シーンが破綻するとき、ことばの選び方が原因であることはまれであり、解決するには出来事や人物設計の奥底を探ったほうがいい。ダイアローグの問題はストーリーの問題だ。

第一部と第二部ではダイアローグの複雑さを概観した。第三部ではダイアローグを想像して洗練し、登場人物やストーリーに役立てることを課題とする。

第3部
ダイアローグを作る

10　登場人物特有のダイアローグ

ふたつの才能

創作にはふたつの創造力が求められる。ストーリーをつむぐ力と、ことばの表現力だ。日々の生活を、意義深く心を打つ出来事や登場人物へと作り換え、作品の骨子を——だれに何が起こるのかを——設計して人生の隠喩に仕上げるのが、ストーリーをつむぐ力である。一方、ことばの表現力は、日々の会話を彩り豊かなダイアローグへと作り換え、台詞などの表現を——だれに何を言うのかを——設計して会話の隠喩に仕上げる。このふたつの力が合わさって、それぞれのシーンが形作られる。

すぐれた作家はこのふたつを駆使し、氷山理論〔表面の二割によって、隠れている八割も表現するという、ヘミングウェイによる文学理論〕を用いて作品を生み出す。そういう作家は、ストーリーを動かしていくために、無言の思考、感情、欲望、見えないアクションを各シーンのサブテクストに溶けこませる。そしてストーリーを語るために、登場人物のふるまいに合わせた台詞を作り出す。ここで、台詞というものがはじめて声をあげた時代にさかのぼってみよう。

最古のストーリーテラーとしてわれわれが名を知るホメロスは、二十五万語以上の叙述と台詞で『イリアス』『オデュッセイア』を語りあげた。紀元前八〇〇年ごろにアルファベットが発明されると、ホメロスの叙事詩は文字で記録され、最古のダイアローグが書き留められた。作中の登場人物たちは論じ合い、互いを非難し合い、過去を振り返って未来を予言する。だが、この盲目の詩人による詩句はたしかにイメージ豊かなものではあるものの、登場人物の語ることばは会話より演説に近い。そのため、それぞれの個性にふさわしい選択や行動をしても、その口から出る台詞はほとんど同じに聞こえる。

同じころ、最初に舞台でおこなわれたのは聖なる儀式であり、人々は合唱し、踊り、神々や英雄の物語を詠唱した。やがて、中心的な役割を担う歌い手が前へ進み出て、個々の役柄を具えた俳優となり、宗教上の儀式は徐々に演劇へと変化していった。劇作家アイスキュロスは第二の俳優を登場させ、すばやく交互に対話する形式を採り入れた。これは隔行対話（stichomythia）と呼ばれ、〝stikho〟は「行」を、〝muthos〟は「会話」を意味している。登場人物が一行または一句の台詞をリズムよく交わしていくこの形式は、ことばの短さや辛辣さとも相まって、演劇に絶大な効果をもたらした。たとえば、アイスキュロス作『アガメムノン』にそれを見ることができる。

だが登場人物に深みを与えたのは、『オイディプス王』『アンティゴネ』『エレクトラ』などの劇作で第三の俳優を登場させたソポクレスだ。ソポクレスは国王、王妃、王女、戦士、使者といった古くからある典型的な役柄に、人格と奥行きと個々の声を与えた。これら古代の劇作家が感じとり、今日に至るまですべての書き手が心得ているのは、登場人物の心理が複雑であればあるほど、ダイアローグは独特でなくてはならないということだ。言い換えれば、登場人物の個性は最終的にそれそれの台詞に表れる。

一例として、テレビドラマ・シリーズ「二人の刑事　TRUE　DETECTIVE」で、マシュー・マコノヒー演じるラスティン・スペンサー・〝ラスト〟・コール刑事と、ウディ・ハレルソン演じるマーティン・エリック・〝マーティ〟・ハート刑事が交わす会話を採りあげよう。ふたりはルイジアナ州の田舎で古めかしい伝道集会をながめている。ラストがマーティに向かって言う。

ラスト　あいつらの平均IQはどれくらいだろうな。

マーティ　ずいぶんえらそうじゃないか。あの人たちの何を知ってる。

ラスト　ただの観察と推論だよ。総じて太っていて貧しくて、おとぎ話を求めている。順にまわってくる小さなバスケットに、なけなしの金を入れている。あの様子なら、原子を分裂させるようなやつはいそうもない。

マーティ　わからないのか、その胸くそ悪い態度が。世の中、ひとりで空っぽの部屋に閉じこもって、殺人マニュアルを前にマスをかきたいやつばかりじゃないんだ。コミュニティを大切にして、公益を重んじる人間だっている。

ラスト　公益がおとぎ話をでっちあげるなら、結局だれの利益にもならないさ。

このシーンは三人劇を通してラストとマーティの対立を描いたものだ。ここでは、信仰復活論者の集会が第三の存在の役割を果たし、それぞれのことばの選び方によって、ラストとマーティのちがいをふたつの点で際立たせている。第一に、集会に対するふたりの見方は正反対だ。ラストは軽蔑を、マーティは同情を見せている。ラストは復活論者らに批判的で、マーティは許容している。

第二に、ラストは合理的な分析をし、マーティは感情的に人々のひとりひとりを重んじている。ラストは冷静さを保ち、マーティは失っている。その結果、ラストの台詞はマーティよりもかなりゆっくりで長いものになっている。

ふたりの台詞を比較しよう。

ラスト　ただの観察と推論だよ。総じて太っていて貧しくて、おとぎ話を求めている。
マーティ　世の中、ひとりで空っぽの部屋に閉じこもって、殺人マニュアルを前にマスをかきたいやつばかりじゃないんだ。

ラストが「観察（observation）」や「総じて（propensity）」など、ラテン語由来の接尾辞〝-ion〟〝-ity〟のついた抽象的な多音節の単語を用いているのに対して、マーティは「ひとり（alone）」「空っぽ（empty）」「殺人（murder）」といった具体的なイメージを想起させる単語を使っている。ニック・ピゾラットによる脚本の的確なことばの選択により、正義を求める一匹狼のラストと、情を重んじる社交的なマーティの対比が浮き彫りになった。

だが登場人物特有の台詞を作り出すということは、奇抜なことばづかいをさせるのとはちがう。自意識過剰の気どった台詞は陳腐な演技と似て、大げさで悪目立ちする。飾り立てた台詞は印象的かもしれないが、人の心を動かすのは真の声だ。そういう台詞は人の注意を引くだけだが、真の声は人生について考えさせる。

最近の創作講座では、ことばの独特の存在感、すなわち〝声〟に重きを置く傾向がある。わたしに言わせれば、それは的はずれだ。作家のスタイル、いわゆる〝声〟は意識的に見つけたり作ったりできるものではない。〝声〟は選びうる道ではなく、結果として生まれるものだ。

独特の創作スタイルが実を結ぶのは、作家が人間のありようについて、幅広く深い知識を持っているときだ。才能ある作家が作品の内容としっかり向き合うと、それにともなう激しい作用で、独自の表現が生まれる。〝声〟は、天才が全身全霊を傾けたすえにおのずと生じる結果だ。

つまり、登場人物の役柄、意図、感情、行動について掘りさげ、それぞれに命を吹きこもうと奮闘するとき、そこにほかのものがはいる余地はない。よかれあしかれ、好むと好まざるとにかかわらず、それがその作家の〝声〟だ。画家が理想を求めてひたすら何十年もキャンバスに向かいつづけるように、作家が真の声を自分のものにするには相応の時間がかかる。

ダイアローグを書くのも同じだ。登場人物が自分の内面を表現するとき、固有の人柄、経験、知識、言いまわし、口調がその声を作り出す。理想的なのは、すべてのシーンのすべての台詞が、その登場人物にふさわしい自然で独特なものであることだ。つまり、そのシーンでその台詞を口にするのはその人物しかありえない、と思わせられたらすばらしい。

ただし、ちがいのためのちがいであっては意味がない。奇抜さは個性ではなく、そのちがいを見きわめる目が重要だ。本物のことばと小ざかしいだけのことばを見分ける力は、簡単に身につくものではない。生まれつきその才能に恵まれているなら別だが、一流の小説を繰り返し読み、すぐれたテレビ番組や映画や演劇を繰り返し観て、長い年月をかけて学ぶしかない。ストーリーと登場人物を見る目が研ぎ澄まされるにつれ、ひとつのことがはっきりわかるだろう。台詞で最も大切なのは語彙だということが。

劇的なストーリーで重要なのは、ことばそのものではなく、懸命に生きている登場人物だ。文法、語法、語りの速さなど、ことばにかかわる要素のうち、どれかひとつが欠けても台詞は成り立たない。だが、登場人物のことばの使い方、すなわち、内面を伝えるときのことばの選び方ほど、個性が表れるものはない。

語彙と性格描写

前章までで述べてきたとおり、名詞は対象を、動詞は行動を示す。登場人物の語彙は、本人が知っていること、見ていること、感じていることを表す。ことばの選択がきわめて重要なのは、台詞の印象はその人物の内面へ通じる入口だからだ。生気がなくあいまいで凡庸な台詞は、登場人物を薄っぺらにし、観客を退屈させる。一方、生気があって具体的で感覚的な台詞は、ひらめきを呼び起こし、登場人物に奥行きと複雑さを与える。

観客を登場人物の内面へと導くすばらしい台詞を生み出すには、逆向きのアプローチが肝要だ。登場人物の内面からはじめ、そこから内容、形式、効果へと進んでいく。

まず、感覚と視覚の力を用いて内容（登場人物が心の奥で考えていること、感じていること、〝言わないこと〟、〝言えないこと〟）を決めてから、つぎにその人物のことばが読者や観客へ効果的に届くダイアローグ（〝言うこと〟）を作りあげてみよう。要するに、登場人物の心象風景をはっきりと台詞へ変換するというわけだ。

創作上の制約の原則

技術が高度であるほど、目覚ましい成果が生まれる。

抑制や規律や制約は、すぐれたものを生み出す原動力になる。なんの制約もなく、思いつくままに自由に書いても、散漫な作品になるのが落ちだ。創作の才能をほとんど必要としない安易で無節操な手法で仕上げた作品は、出来合いの絵画キットで描いたお粗末な絵と変わらない。だが、熟練を要する高度な手法を用いて執筆にあたるなら、才能にさらに磨きがかかり、想像力が爆発して力強く実を結ぶだろう。

創作上の制約が課す困難があるからこそ、ベートーベンの交響曲は口笛よりも人の心を打つ。「ホイッスラーの母の肖像」が落書きにまさるのも、高校の卒業ダンスパーティーがボリショイ・バレエにかなわないのも、理由は同じだ。

みずからに制約を課してすぐれた創造性をもたらすには、まずことばをイメージと戦わせなくてはならない。ことばは意識的思考の媒体であり、イメージは無意識の思考の媒体である。ふと思いついた陳腐なことばを書き連ねるのは、想像力を深く掘り起こして、明快で立体的な人物像を描くよりずっと簡単だ。頭に浮かんだことをそのまま書けば、登場人物はみな似かよったものになり、その口から出る声は黒板を爪でこする音のように聞く者を苛立たせる。不快な声でそれらしく人生を語り、嘘を並べ立てる救いがたい台詞は、個性に合わず、シーンにそぐわず、感情を欠き、重みがない。

ダイアローグを書くには手間が要る。だれかをことばだけで――〝いとこのジュディ〟などと

──想起するのではなく、まず本人の鮮やかなイメージ──微笑むと東洋人のように細くなる薄青い目──を思い描こう。そしてその生き生きとしたイメージをいだきつつ、ジュディの姿を読者にしっかり伝えうることばを自分の語彙のなかから探すわけだ。観客の目と耳、読者の内なる目と耳に届く鮮明な描写をするには、高い集中力が求められる。

言語に偏った技巧は、ことばを判読する脳の領域に訴えかける。純粋なイメージで書かれた物語は、心理言語的なものの対極にある。だから、小説や演劇や映画のすぐれた作り手は、イメージを伝えることにまさしく命を懸けている。それは不可能に近いほどの高度な技術だ。才能を最大限に駆使して、洞察に満ちた独自の物語を生み出すため、献身的な作家はみずからを鎖につなぐようにして創作に打ちこみ、無意識の大地をひたすら掘り返して、力強く深いイメージを表現できることばを探している。

感覚的なダイアローグは話者の内面と共鳴する。具体的で躍動感に富み、豊かなイメージをともなうことばは、登場人物の内面に隠れた無意識の思考や感情を読者や観客に伝える。そのため、登場人物がなんらかの欲求をこめた台詞を口にしたとき、その意図があらわになって、読者や観客は深いところまで読みとることができる。一方、営業報告のようなことば──退屈で味気なく、たいがいラテン語由来で多音節のことば──は、登場人物の言動を薄っぺらにし、そのシーンの含みを掻き消してしまう。登場人物が生気を失うほど、読者や観客の興味は削がれていく。たとえ現実におもしろみのない人物を描くときであっても、台詞はその退屈さを生き生きと表現するものでなくてはならない。

言いまわしと性格描写

登場人物特有の言いまわしは、文を構成するふたつの面、主語と述語の両方によって決まる。主語（その文の話題である人または物）と述語（主語についての説明）が組み合わさってひとつの台詞が作られ、その人物を表現するふたつの主要素が形作られる——知識と個性だ。台詞の半面は知識を伝え、残りの半面は個性を伝える。

人物の性格は台詞を通じてさまざまに描写できるが、知識のほうは使われている名詞や動詞、個性のほうはその名詞や動詞についた修飾語句によって表されることが多い。

知識。たとえば、登場人物が「大きな釘」という漠然とした言い方をする場合、大工仕事に関する知識はあまりないと推測できる。大ざっぱなことばは知識の浅さを示している。だが、もしその登場人物が「ボルト軸」「鋲釘」「スパイク」「コーカー」「シンカー」という呼称を使うなら、はるかに深い知識が感じられる。

同じことが動詞についても言える。動詞は、幅広い意味を持つものから限定的な意味を持つものまでさまざまだ。登場人物がだれかのことを「部屋のなかをゆっくり動いていた」と描写したら、読者や観客の記憶にあまり残らない。ありふれた動詞は知識の浅さも示唆している。一方、「そぞろ歩く」「ワルツの足どり」「足を踏み鳴らす」「前かがみ」「闊歩する」「足を引きずる」などの表現を使うと、人物をよく観察していると感じられ、鮮明に記憶に残る。対象や動作を具体的に言い表すことは、高い知性を示す。

個性。登場人物が人生経験のなかで得た独特の副産物——信念や精神的傾向や個性——は、おもに修飾語句によって表される。

第一は形容詞的表現である。ふたりの人物が花火大会を見物しているとしよう。ひとりが花火を「大きい」、もうひとりが「驚くべき規模」と表現する。ふたりの個性のちがいは明らかだ。

第二は副詞的表現である。ふたりの登場人物が走り過ぎるオートバイを見ている。一方が「恐ろしいスピードで」走り去ったと言い、もう一方が「速く」通り過ぎたと言う。ここでもふたりはまったく異なる個性を示している。

第三は態である。動詞の形として、能動態と受動態があり、このふたつでは物の見方が大きく変わる。能動態では動作をおこなうものが主語で、その動作を受けるものが目的語だ。受動態の場合、それが逆転し、目的語だったものが主語になる。「家族が結婚式を計画した」（能動態）と言う人物と、「結婚式が家族によって計画された」（受動態）と言う人物では、物事のとらえ方がまったくちがい、気質も大きく異なっている。

第四は叙法だ。本動詞と組み合わせて使われる助動詞（英語でcould, can, may, might, must, ought, shall, should, will, wouldなど）は、能力、可能性、義務、許可などの意味を付加するものだ。助動詞をともなう台詞は、登場人物に関して、つぎのことを伝える。

1　自分自身とそれを取り巻く世界に対する意識
2　自分の社会的立場や人間関係に対する意識
3　過去、現在、未来に対する考え
4　何が可能で、何が許され、何が必要かについての意識

「家族で結婚式を計画できる」と言う人物と「結婚式は家族が計画すべきだ」と言う人物とでは、

性格がまったく異なると見ていいだろう。

登場人物固有のダイアローグの原則

名詞と動詞は登場人物の知的側面や知識の幅を示す。修飾表現（形容詞、副詞、態、叙法）はその感情的側面や人柄を表す。

人柄をどう表現するか決めるときには、こう自分に問うといい。「この人物は人生をどのように見ているだろうか。受動的なのか、能動的なのか。主語や述語をどう修飾するだろうか」と。パソコンのキーを打つ前に、つねに問いつづけよう。「どんな単語、句、イメージが、この人物のダイアローグを際立たせるだろうか。どのような心理、人生経験、教育が、この人物の知識（用いる名詞や動詞）や唯一無二の個性（修飾語句や叙法）にふさわしいだろうか」と。

文化と性格描写

これらを考えるとき、念頭に置くべきことがある。登場人物は一日を通じて、起きているときも寝ているときも、自覚の有無にかかわらず、言語、家族、社会、芸術、スポーツ、宗教など、自分を取り囲む文化から計り知れない影響を受けているということだ。

その人物は何年にもわたって、人生で起こるさまざまな出来事に傷つき、喜び、左右されている。

数えきれないほどの習慣や出会いと、魅力的な容姿か否か、健康か病弱か、積極的か消極的か、知能指数が高いか低いかなど、生まれ持った気質や身体的要因とが相まって、個性が形成される。遺伝子と人生経験がひとつに混じり合った結果、ほかのだれでもない、その人物だけの声が生まれるのだ。

次章であげる四つのケーススタディを見れば、登場人物の性格に大衆文化が色濃く反映されているのがわかるだろう。シェイクスピアは『ジュリアス・シーザー』のなかで、ロードス島の巨像に言及している。これは古代の銅像としては最も名高く最も大きなもので、各地を旅してまわったキャシアスとブルータスも、船旅の途中で畏怖の念をもってながめていたにちがいない。また、エルモア・レナードは『アウト・オブ・サイト』に、ウォーターゲート事件が起こったころのヒット映画『コンドル』(75)のイメージを織りこんでいる。登場人物たちはおそらく多感な十代のころにこの映画を観たのだろう。テレビドラマ・シリーズ「30 ROCK/サーティー・ロック」では、富裕層が夢中になるヨットや事業の吸収合併などの話がよく出てくる。一方、高級ワインはもはや富裕層だけが楽しむものではなくなった。学校の教師もソムリエ並みにワインの知識を持つようになり、映画『サイドウェイ』(04)ではそのことが重要な役割を果たしている。

ひとつひとつのシーンを書くにあたって、作家は登場人物の心にはいりこんでいる。そして、シーンを豊かにするために適切な文化的シンボルを設定し、その人物がいまの暮らしと芸術や凝った料理を重ね合わせるようにする。ここでもやはり、第三の存在を用いて三人劇に仕立てているわけだ。

実のところ、人はどのようにことばで自己表現をしているのか。思っていること、感じていることをどのように説明し、言うべきことをどのように口にするのか。そして何より、すべきことをどのようにおこなっているのか。みな、自分の知識を総動員している、というのが答えだ。では、そもそもその知識とはなんだろうか。つまるところ、文化である。広く普及したものであれ、一部のものであれ、正規の教育で習ったものであれ、街角で小耳にはさんだものであれ、文化はわれわれの知識の最大の源だ。作家はそこに、登場人物が自然や都市風景や職場の光景や宗教儀式などにふれて醸成したイメージのすべてを加える。さらには、夢や将来の展望、昼夜問わず頭に浮かぶ思念などをそこに編みこんでいく。こうした登場人物の経験がまるごとイメージの宝箱を形作り、その人物ならではのダイアローグを作り出すヒントとなるわけだ。

次章で四つのケーススタディをおこない、これらの原則について説明する。

11　四つのケーススタディ

『ジュリアス・シーザー』

つぎのような設定を考えよう――A議員は権力があり、人気も高い。嫉妬深いB議員は、評価の高いC議員と組んでいっしょにAに対抗したいと考える。そこでBはCを呼び出して、説得を試みる。

B議員　A議員は実力も人気もある。やつと比べたら、われわれなど、とるに足りない存在だ。

B議員はわかりきったことを、控えめにあいまいなことばで述べている。この台詞はまったく説得力がなく、想像を掻き立てず、興味をそそらない。A議員と比較されたことにC議員が苛立つことはあっても、Bのことばには生き生きとした力がない。ことばに深みを持たせるサブテクストがないからだ。Bの不満は迫力に欠けるため、Cはたやすく拒むことができるだろう。

歴史上最も偉大なダイアローグの作り手は、『ジュリアス・シーザー』第一幕第二場で、同じ状況をこのように表現している。

キャシアス　（ブルータスに）　いいか、あの男はまるでロードス島の巨像のごとく、せまい世界をまたいで立っている。われわれのような小物は、あの男の巨大な脚のあいだを歩きまわってあたりをのぞき見しても、せいぜい自分の粗末な墓を見つけるくらいだ。

シェイクスピアの描くキャシアスはずいぶん大げさな言い方をしているが、もちろん、それは他人にうまく取り入ろうとするときの世の常だ。人はことばで飾り立てて事実を歪曲し、誇張し、改竄する。

ロードス島の巨像は古代の七不思議のひとつだ。太陽神ヘリオスをかたどったこの銅像は三十メートル以上の高さがあり、ロードス島の港をまたいで建てられて、脚の下を船がいくつも行き来していた。キャシアスはシーザーをこの恐ろしい巨像にたとえ、スペインとシリアに片足ずつ置いて立っているかのように言い表した。

ここでシェイクスピアがキャシアスに「せまい世界」と言わせていることに注目しよう。直感的にすぐ思いつくのは「広い世界」だ。それなのに、なぜ「せまい」としたのだろうか。

それは（わたしが思うに）シェイクスピアは登場人物になりきって戯曲を書いていたからだ。自分の想像力をキャシアスの脳内に滑りこませたからこそ、キャシアス本人の視点から台詞を書けたのだろう。だからキャシアスと同じように世界を見て、キャシアスの目に映ったものをそのままダイアローグにした。「せまい世界」としたのはそういうわけだ。

古代ローマの元老院議員だったキャシアスとブルータスは、机に帝国の地図をひろげていたかもしれない。帝国の隅々から戦況報告を毎週受けていたので、世界の広さ、ローマ帝国全体の広さを正確に知っていた。未知の者にとって世界は広く見えるかもしれないが、彼らのような世慣れた政治家にとっては、世界はせまい。それどころか、あまりにもせまく、たったひとりの男が——野心に燃えるシーザーが——独占支配しかねないと思っていた。

シェイクスピアは登場人物にはいりこみながら、その人物の子供時代を想像し、さらには調査までしていたにちがいない。というのも、その人物が受けたであろう教育を手がかりにして、独創的なダイアローグを作りあげているからだ。

古代ローマでは、貴族階級の子弟は、雄弁家として、演説や説得や話術に秀でた将来の政治家として、きびしい訓練を受けていた。そして、公の場で話す際の心得は「賢人として考え、凡人として語れ」というものだった。言い換えれば、わかりやすく簡潔なことばで、だれにでも伝わるように話せということだ。

経験豊かな演説家は、短いことばをつなぎ合わせて、気どらず素朴で誠実だという印象を与え、それでいてすぐれた言語能力を見せつけることをシェイクスピアは理解していた。自然な心地よいリズムで短いことばを重ねるには、高い技術が必要とされるからだ。そしてキャシアスは実に頭がいい。それどころか、劇中の人物はみな平易なことばを巧みに使う。『ジュリアス・シーザー』全編を通して、ダイアローグはほとんどすべてが短いことば（英語では一音節の単語）で書かれている。シェイクスピアの書く台詞は、一音節の単語が三十語以上つづくこともある。［原注1］

また、元老院議員であるキャシアスとブルータスは、自分たちが貴族階級の人間であることに計り知れないほどのプライドを持っている。「粗末な」墓を探して「のぞき見」するような「小物」であるという説明は、気高いブルータスをきわめて不快にさせる。キャシアスはこのような強烈なイメージを利用して、ブルータスにシーザー暗殺をそそのかす。

ことばの観点から見ると、キャシアスは大胆で任務を熟考する人物だということもあり、「またぐ」「歩く」「のぞく」のように行動を直接示す動詞を使う。述語をあれこれ修飾することもない。もし修飾語句を加えたら、つぎのようになるだろう。

キャシアス　わたしには、偉大なるシーザーはロードス島の巨像か何かのごとく、せまい世界をまたいでしまうように思える。だから、惨めなわれわれはあの巨大な男の脚のあいだを用心して歩き、のぞき見をしなくてはいけない。仮にとても運がよくても、いつか自分のうんざりするほど粗末な墓を見つける程度だろう。

このように書きなおすと、キャシアスは弱々しく自信のない人物になる。できるのかできないのか、許されるのか許されないのか、たしかなのか不たしかなのかに気をとられて、「しまう」「なくてはいけない」「仮に」ということばや、注意深い補足表現をちりばめている。

最後に、とても重要なことだが、キャシアスに付きまとう潜在的欲求と、その言動を形作る紳士的な慎み深さに注目しよう。キャシアスは、ブルータスが孤独を好み、寡黙ながら洞察力の鋭い男であることを知っている。ふたりとも、教養のある者が自分の心を相手にさらけ出したりしないエリート社会で育った。そのような登場人物になりきって書くために、シェイクスピアはその人物が言いそうもないことをあえて考え、感じとろうとしたちがいない。たとえば、気高いキャシアスはこんなふうに考えをそのまま口にはしまい。

キャシアス　わたしは権力を握っているシーザーが憎い。きみもあいつをきらってるのはわかってる。あの暴君の前にひざまずいてご機嫌とりをする羽目になる前に、くそ野郎を殺そう。

ヒップホップ音楽の歌詞を除いて、二十一世紀には詩的表現があまり見られない気がする。シェイクスピアの弱強五歩格はとうてい真似できないと感じられるかもしれない。それでもわれわれは、登場人物の感情生活に見合ったシーンを作り、それで読者や観客の心を動かしたいと思っている。そのためには、シェイクスピアから発想を得て、イメージの豊かな良質のダイアローグを作ることだ。まず登場人物の視点でシーンを思い描き、つづいてその人物の性格や経験からことばを見つけ出して、本人ならではのダイアローグを生み出そう。

『アウト・オブ・サイト』

設定はつぎのとおりである。刑務所から脱走中の囚人が女の連邦執行官から車を奪い、彼女をトランクのなかに押しこめて自分もいっしょにはいる。脱獄囚の仲間が車を発進させる。真っ暗なトランクに隙間なく押しこまれているうちに、脱獄囚と執行官は否応なしに相手に惹かれていく。逃げきったあとも、ふたりは互いのことを思わずにいられない。やがて執行官は脱獄囚の居場所を突き止め、あるホテルにたどり着く。ふたりの立場は相容れないにもかかわらず、互いを愛するがゆえに一時休戦することを決め、甘い一夜をともにする。

屋内・高級ホテルの部屋――夜

整った顔の脱獄囚と美しい執行官の潤んだ目にキャンドルの光が輝き、ふたりは恋い焦がれるようなまなざしで見つめ合う。

連邦執行官　どうしたらいいか、わからない。それに、こわい。
脱獄囚　おれだってそうだ。だけど、冷静でいようとしてる。
連邦執行官　わたしもよ。でも、あなたに襲われるかもしれない。
脱獄囚　そんなことはしない。すてきな一夜をきみと過ごせたらと思ってるだけだ。
連邦執行官　よかった。見た目はこわそうだけど、ほんとうはすごくやさしい人じゃないかと思ってたの。でもやっぱり、完全には信用できない。わたしを誘惑して、うまく警察の手を逃れようとしてるだけかもしれないし。
脱獄囚　いいや、いまこの瞬間もきみは連邦執行官だし、おれは銀行強盗犯だ。それはわかってる。きみにはきみの仕事があることもね。でもきみがすごく美しいから、はじめて会ったときのことを考えてしまうんだよ。

ふたりはため息をつき、悲しげにシャンパンを口にする。

わたしはこのシーンを書くにあたって、ふたりの思考や感情をまるごと正確に、起伏のないことばで表現した。結果はどうだろうか。どんな名優でも救えないほどの圧倒的駄文である。人物の内面を何もかも言語化したダイアローグは、俳優を灰優に変えてしまう。

わたしが書いたこのシーンとはまったくちがって、現代文学において特に卓越したダイアローグを書く作家エルモア・レナードは、連邦執行官と脱獄囚の密会をつぎのように描写した。『アウト・オブ・サイト』の第二十章で、脱獄した銀行強盗犯ジャック・フォーリーは、連邦執行官であるキャレン・シスコと、デトロイトのウォーターフロントを見渡せるホテルで再会する。ふたりは酒を飲みながら、脱獄のこと、そして危険ながら官能的だった車のトランクでの出会いを回想する。

彼女は言った。「あのときのあなた、とても饒舌だったの、覚えてる?」

「かなり神経質になっていたんだよ」最初に彼女のタバコに、ついで自分のタバコにフォーリーは火をつけた。

「かもしれないけど、態度には出ていなかったわよ。憎らしいくらいに冷静だった。でも、車のトランクに入ってきたときには……あたしの服をむしりとるんじゃないかと思った」

「そんな考えはチラとも浮かばなかったね。ただ、それから……二人でフェイ・ダナウェイのことを話したの、覚えてるかい?……俺はあの映画、『コンドル』が好きだった、って言ったんだよな。そしたら、きみもそうだ、と言った。セリフがとても良かった、って。たとえば、二人が寝た翌日、きみに助けてほしい、と彼が言う。すると女が……」

「〝あたし、ゆうべだって、いやだって言った？〟って言うのよね」

「あのときのきみの口調を聞いて、ほんの数秒間だけど、おれにモーションをかけてるのかと思ったよ」

「そうね、無意識のうちにそうしてたのかもしれない……。二人がまだ関係を持ってないとき、彼女は相手の振舞いが乱暴だったたって、責めるのよね。そうすると、彼が言うの。〝なんだって？　ぼくはきみをレイプなんかしてないだろう？〟そうすると、彼女が言う、〝夜は長いわ〟。それを聞いたとき、しっかりしてよ、と思ったわ——彼女、どういうつもりなんだろう、自分から誘っているんだろうか、って……あのときあなた、ずっとあたしのことを触ってたのよ、あたしの太ももを」

「ああ、でも、変な触り方じゃなかっただろう」

「あたしのことを、〝おれのズー・ズー〟って呼んだわ」

「ズー・ズーってのは、キャンディのことなんだよ。中身が甘いものをそう呼ぶんだけどね」

（高見浩訳、角川文庫、一部省略および改変）


単純そうに見えて実は複雑なこの場面では、秘められた二層のイメージの上にダイアローグが何層ものイメージを重ねている。第一層と第二層は、これより前のページですでに築かれている。

第一層　シーン設定　長いあいだ夢にまで描いたキャレンとの密会の場所としてフォーリーが選んだのは、高級ホテルの一室だ。静かに降る雪と、その下にひろがる街の夜景を見渡すことができる。ほのかな明かりと、落ち着いた音楽。ふたりはクラウン・ローヤル・ウイスキーの広告に描かれた魅力的なカップルのような姿勢をとる。レナードがこういう派手なクリシェを楽しんで使うのは、何度も皮肉を飛ばして蹴落とすためだ。

第二層　よくある状況　ふたりの恋は「許されざる」ものだ。フォーリーは逃亡中の重罪犯で、キャレンは法の番人である。とはいえ、これに似た状況は幾度となく描かれてきた。『華麗なる賭け』（68）のスティーブ・マックイーンとフェイ・ダナウェイ、『潜行者』（47）のハンフリー・ボガートとローレン・バコール、『シャレード』（63）のケーリー・グラントとオードリー・ヘプバーンなどだ。これはただのクリシェではなく、映画のクリシェである。

そして、ダイアローグがそこに加わって、さらに多くの層が重なる。

第三層　「現実」からの逃避　作中では、フォーリーとキャレンがまったく別の映画『コンドル』と自分たちを重ね合わせる。ふたりは仮想世界に生きていると自覚していて、『コンドル』のいちばん好きなシーンについて話す。その結果、読者は有名人であるロバート・レッドフォードとフェイ・ダナウェイの顔をフィクションの世界にいるフォーリーとキャレンの顔に重ね、物語全体をハリウッドの輝かしい光で上塗りする。

第四層　記憶　車のトランクで親密になったときのことを、ふたりは思い返す。このおかげで、読者は冒頭の脱獄シーンを読んだときに脳裏に流れた映像を呼びもどせる。

こうして四つのイメージが読者の頭に刻みこまれる。ホテルの一室という設定、執行官と脱獄囚という関係、ハリウッド映画との類似、懐かしく彩られた出会いの記憶。だが、これらは表層にすぎない。

水面下で、レナードはふたりの内面に秘められた欲求と夢を創作している。

レナードは第三の存在としてふたつのものを使っている。映画『コンドル』と、ふたりが出会ったときの記憶だ。そして、これらの相乗効果によって、複雑にからみ合った三人劇が生まれる。第二部でも述べたとおり、第三の存在を介したシーンを作ることで、含みのあるダイアローグを書くことができる。

第五層　サブテクスト　ふたりの台詞からは、執行官と脱獄囚という役割を脇に置き、日々の暮らしから逃れてつかの間の愛に溺れたいという欲求を読みとることができる。甘い空想と、親密になってはいけないという自覚とがせめぎ合うこともたやすく想像できる。ふたりの性的欲求があまりにも危険で、命とりにもなりかねないことが、作品をいっそう官能的にしている。どちらであれ、感情を口に出すことができるだろうか。いや、無理だ。できないものの、心は変わらない。気持ちを伝えれば、それを殺すことにもなる。

ふたりの置かれた立場は剃刀のように鋭利できびしく、レナードは出会いの思い出に浸らせてそこから逃避させる。そういうなかで、過去について語ることばのあれこれが、いまの心境のサブテクストをあらわにする。

ふたりは互いの鼓動が聞こえるほどだった逃走劇について冗談を言い、いかに落ち着いてやりとげたかを話すが、キャレンは口のうまい重罪犯とソファーで並んでいると自覚しているし、フォーリーはドアの外に破城槌を手にしたＳＷＡＴ隊員がいることを知っている。ふたりはトランクのなかで感じた性的緊張について軽口を叩くが、その瞬間の情熱はホテルの部屋を焼きつくすほどだ。そして、とても重要なことだが、ふたりは『コンドル』の機知に富んだ台詞の陰にこれらすべてを隠している。

この暗黙の第五層で、レナードはキャレンとジャックをしっかり結びつけている。法をはさんで正反対の立場にいても、実は古い映画に惹かれた夢想家である似合いのふたりだと読者は知る。

第六層　夢　このサブテクストに導かれて、われわれはフォーリーとキャレンの切ない空想を頭に描く。フォリーはキャレンにフェイ・ダナウェイの役を演じてほしいと願い、自分はロバート・レッドフォードを演じて、どうにか救われたいと夢想するが、けっして実現しないのはわかっている。キャレンは脚本に沿って役を演じるダナウェイと自分を重ね合わせ、みずからそれを望んでもいるが、フォリーと同じく、かなわぬ夢だと自覚している。

レナードはダイアローグが大好きだったにちがいない。そうでなければ、これほどうまく書けないはずだ。また、登場人物もこのダイアローグを気に入っていたことを忘れてはいけない。ふたりが『コンドル』を思い出すときには、俳優の表情やしぐさは呼び起こさず、台詞だけを一言一句たがわず正確に引用する。おそらく、レナードが映画を観たとき耳に残った台詞なのだろう。

このシーンは、読者の心を深く揺り動かしたすえに、何をもたらしているだろうか。

それは、答えを知りたくてたまらない疑問の数々だ。ふたりは肉体関係を持つのだろうか。キャレンは捜査関係者という立場を忘れてフォリーを逃がすのだろうか。それとも逮捕するのか。撃つことになるのか。逆に、フォリーのほうがキャレンを殺さざるをえなくなるのか。一見すると、禁じられた恋に落ちた男女が交わす軽い会話にすぎないが、そこにはいまあげた以上に多くの疑問がこめられている。

「30 ROCK／サーティー・ロック」

第五シーズン第一話「ファビアン戦略」

一話三十分のこのシリーズ・コメディの舞台はニューヨークのロックフェラー・センターにあるNBC放送のスタジオとその事務所である。ジョン・フランシス・〝ジャック〟・ドナギー（アレック・ボールドウィン）は、ゼネラル・エレクトリック社からやってきた部門責任者で、ECテレビと電子レンジ事業の責任者だ。リズ・レモン（ティナ・フェイ）は、夜のバラエティ番組のプロデューサー兼ヘッドライターとして、ジャックのもとで働いている。エイヴリー（エリザベス・バンクス）はジャックの婚約者だ。

つぎの一節はジャックの話し方の例である。太字になっている箇所にはジャックらしさが表れていて、性格が垣間見える。

夏の休暇からもどった日の朝、ジャックはリズに電話をかける。

ジャック　やあ、レモン。**エイヴリー**といっしょにさっき帰ってきた。**ポール・アレンの豪華なヨット**で最高の休暇を満喫したよ。**至福のとき**だったな。エイヴリーは

この世のだれにも負けない完璧な女性だ。**見た目は若き日のボー・デレク、中身はバリー・ゴールドウォーター**。(間)だが、現実に帰ったわけだ。**英国仕込みの執事たち**をビーチに並ばせて、**ふたりだけの巣**で愛を育んだものだが、そんな暮らしも**おしまいだ**。(原注　ポール・アレンはマイクロソフト社の共同創立者)

その日の午後、リズと番組プロデューサーたちが参加する会議で、ジャックは、局の業績がよくないせいで、きわめて重要な合併の話が反故になる恐れがあると言う。

ジャック　ケイブルタウンにいるわれらが友に合併が魅力的なものだと思わせつづけるには、**セクシーで利益を出しつづける会社**でなくてはいけない。そしてわれわれは**まずまずうまくやっている。ハリー・ポッターのテーマパークは、イギリスおたくだの、美少年おたくだのに大受けだ。映画部門はジェームズ・キャメロンの作品をかかえていて、好みだろうとそうでなかろうと、世界じゅうのだれもが観にくる**。NBCだけが、ユニヴァーサル・メディアの**完全無欠**の顔にできた**吹き出物**なんだよ。

会議が終わったあと、リズは人間関係で悩んでいることを打ち明け、ジャックがアドバイスをする。

ジャック　**いつも休暇というわけにはいかないんだよ**。どこかの時点で、毎日同じ家に帰って、洗濯物を出し、**だれかといっしょに人生を歩む。そうしなきゃいけない**。そしてどちらかが「部屋を模様替えしましょう」と言う。すると、もうひとりはこう答える。「待ってくれ、エイヴリー。まだおれはその**簡易トイレ**を使ってるんだ」

リズ　あら、エイヴリーは模様替えするつもりなんですか？　引っ越してきたばかりなのに。

ジャック　エイヴリーはいつでも自分の**意見**を持ってる。**そういうところに惚れたんだ**。ところが、彼女は二階の廊下を〝**ハスク**〟とかいう色でストライプ模様に**擬似塗装**したいらしい。わたしはもとの色のほうが**好み**なんだよ。赤みがかった茶色で〝**エルク・タン**〟とかいう色だ。

リズ　だったら、やめてって言えばいいのに。自分の家なんだし。

ジャック　わたしに言わせれば、きみがいつまでも大人の人間関係を築けない理由はそこにある。**仮にノー**と言ったら、別の機会にこんどは**イエスと言わざるをえないんだよ**。そのとき買わされるのはもっと値の張るものかもしれないだろ。

リズ　じゃあ、いいよって言うんですね。

ジャック　**仮に**屈したら、**わが家での主導権**を失う。知らないうちに**ジーンズを穿かされ、小説を読む**という羽目になる。

リズ　でも、イエスかノーか、ふたつしかありませんけど。

ジャック　**ああ、たいていの男ならそうだ**。しかし第三の道もある――**ファビアン戦略**だよ。**古代ローマの将軍クィントゥス・ファビウス・マクシムス**が名前の**由来**だ。

その将軍は逃げたんだ、レモン。戦闘に深入りせず、**何度も退却を繰り返し、やがて敵のほうが疲れてミスを犯すに至った。**軍事戦略としては**屑だと思う**が、**これは人間関係全般に対するわたしの基本姿勢だ。**

ジャックの端整な顔立ち、オーダーメイドのスーツ、百五十ドルはかかる髪型は、人物像を物語っているが、目に見える特徴以上に作り手が重んじているのは、「至福のとき」「完全無欠」「ボー・デレク」「セクシーで利益を出しつづける会社」「ふたりだけの巣」「簡易トイレ」「ハスク」「エルク・タン」「好み」「屑だと思う」といったことばによる人物造形だ。また、「おしまいだ」「好みだろうとそうでなかろうと」「というわけにはいかないんだよ」「そうしなきゃいけない」「仮に」といった言いまわしは、ジャックが他者を支配しようとしていることを暗示している。会話のなかで選ぶことばや言いまわしは、ジャックが大衆文化をよく知り、高い教育を受け、上流階級にいるという自己認識を持ち、資本主義に与し、管理職として高圧的に指揮をとり、そして何より、強引で自己中心的な紳士気どりの人物であることを伝えている。これらの特徴をすべて合わせると、ジャックが世間に対して見せている姿が浮き彫りにされる――まさしく性格描写である。

しかし、語彙や構文は、登場人物の性格の矛盾をも明らかにする。

人物の性格を支える矛盾は、つぎのふたつから成り立っている。（1）真の性格とはちがう性格描写をもたらす矛盾。つまり、人に見せる特徴と心中にある真実との葛藤であり、目に見えるふるまいからわかる性格と仮面の裏に隠れた人間性との葛藤である。（2）自分のなかにある矛盾。この矛盾は、隠れた真の性格のなかに混在する相反する力――たいがいは、意識的な自分が感じる欲求と、無意識の自分がいだく正反対の衝動――を並べるものだ。［原注2］

ジャックの話し方は七つの矛盾を示している。(1) 社会的に洗練されているが(ポール・アレンの豪華なヨット/英国仕込みの執事たち)、内心の考え方は古い(わが家での主導権/吹き出物)。(2) 節操がないが(映画部門はジェームズ・キャメロンの作品をかかえていて、好みだろうとそうでなかろうと、世界じゅうのだれもが観にくる)、罪悪感も持っている(イエスと言わざるをえないんだよ)。(3) 金銭については保守的だが(バリー・ゴールドウォーター)、リスクを冒すこともある(ハリー・ポッターのテーマパークは、イギリスおたくだの、美少年おたくだのに大受けだ)。(4) 高い教育を受けているが(古代ローマの将軍クィントゥス・ファビウス・マクシムス)、詭弁を弄する(これは人間関係全般に対するわたしの基本姿勢だ)。(5) 知識をひけらかすが(擬似塗装)、実際に知識はある(擬似塗装)。(6) 日々の暮らしをうまく切り抜けるためにまわりくどい方法をとるが(敵が疲労によりミスをするまで何度も退却した)、女性との関係を極端に理想化する(この世のだれにも負けない完璧な女性だ)。(7) 現実を見ているが(いつも休暇というわけにはいかないんだよ)、夢を見る一面もある(だれかといっしょに人生を歩む)。この作品では、空《くう》を見つめながら理想の未来を思い描くジャックのクローズアップ・ショットがたびたびはさまれる。

ジャック・ドナギーは多くの側面を持つが、芝居がかった人物ではない。強迫観念に突き動かされる滑稽な人物というのが実像だ。

芝居がかった人物でも滑稽な人物でも、欲望の対象を求めるのはまったく同じだ。しかし認識という点で大きく異なる。芝居がかった人物は、目標を追い求めていても身を引くだけの分別があり、悪戦苦闘が自分を殺してしまうであろうことに気づいている。だが、滑稽な人物はそうではなく、強烈な欲求で何も見えなくなる。過ちを認めない性格のせいで欲望に執着し、まわりが見えないまま、むやみに追い求める。長年にわたる執着は、その人のすべての選択を支配まではしないにせよ、影響を及ぼしている。〔原注3〕

ジャック・ドナギーは、現代よりも一九二〇年代の貴族の生活習慣に心を奪われている。「英国仕込みの執事たちをビーチに並ばせて、ふたりだけの巣で愛を育んだ」という台詞は、ウィンザー公爵夫人になる前のウォリス・シンプソンの日記に出てきそうなことばだ。また、豪華なヨットで休暇を過ごすということばは、F・スコット・フィッツジェラルドの小説の場面を思い起こさせる。ジャックの寵愛するエイヴリーという名の同胞貴族は、チョート・ローズマリー・ホール高校とイェール大学を卒業している。ジャックは、プリンストン大学の卒業生にはありがちだが、ジーンズを軽蔑し、ノンフィクションしか読まない。

ジャックの構文的にバランスのとれた文章は、洗練された語りとなっている。それがわかるのは、「ケイブルタウンにいるわれらが友に合併が魅力的なものだと思わせつづけるには、セクシーで利益を出しつづける会社でなくてはいけない。そしてわれわれはまずまずうまくやっている」や「仮にノーと言ったら、別の機会にこんどはイエスと言わざるをえないんだよ。そのとき買わされるのはもっと値の張るものかもしれないだろ」という台詞だ。高級マンションのカクテルパーティーで、タキシード姿の事業家がビジネスの話をしているかのようだ。実のところ、ジャックは夜会服にタキシードを選ぶ。第一シーズンで、リズになぜ職場でタキシードを着ているのかと訊かれたとき、ジャックはこう説明した。「六時過ぎだからだ。田舎者じゃないんだぞ」

身につける服に劣らず、語彙と構文は登場人物を内からも外からも飾り立てる。

『サイドウェイ』

原作者のレックス・ピケットは小説家であり、脚本家でもある。小説家として第一作『サイドウェイ』、次作『バーティカル』（未訳）を発表したほか、二〇〇〇年にアカデミー短編映画賞を受賞した『母はニューヨークでサタンの弟子の夢を見る』（98、未公開）の脚本を手がけている。

ジム・テイラーとアレクサンダー・ペインは、ジュラシック・パーク・シリーズで最も出来のよい『ジュラシック・パークⅢ』（01）の脚本を手がけている。さらに、『シティズン・ルース』（96、未公開）、『アバウト・シュミット』（02）、『サイドウェイ』でも共同脚本を担当して、大きな成功をおさめた。近年では、ペインが『ファミリー・ツリー』（11）の脚本監督、『ネブラスカ　ふたつの心をつなぐ旅』（13）の監督をつとめている。

ペインがピケットの小説を脚色・監督した映画『サイドウェイ』は、アカデミー最優秀脚色賞をはじめ、数々の国際的な賞にノミネートされた。主題の選択からわかるとおり、これらの作家たちは、人生の敗者たちと、そのむなしくも滑稽な奮闘に惹かれているようだ。

『サイドウェイ』のジャンルは〝啓発プロット〟である。このむずかしいジャンルを定義するのは四つの単純な原則だ。

1　主人公が人生を否定的に受け止めているところからストーリーがはじまる。まわりの環境にも、自分自身にも、なんの価値も見いだせずにいる。

2　ストーリーは弧を描くように、主人公の悲観的な態度から前向きで人生を肯定する姿勢へと移り変わっていく。

3 「教師」役の登場人物が主人公の態度の変化にひと役買っている。
4 最大の葛藤は主人公の信念、感情、習慣、態度に起因する。つまり、本人の破滅的性格とどう折り合いをつけるかが核となる。

啓発プロットは長編小説によくあるジャンルだが、それは小説なら登場人物の心の奥にある考えや感情に作者が深く忍び入ることができるからだ。たとえば、ピケットの一人称小説では、主人公が心に秘めた恐れや疑いを直接読者の耳にささやきかける。けれども、映像作品でこの形式を表現するのはきわめてむずかしい。小説でははっきり書けることを登場人物の内面から暗示するような、すぐれた台詞が必要となる。

この脚本の主人公マイルスは、小太りで離婚歴がある小説家崩れの男で、中学校で英語を教えている。映画のなかではだれからも非難されないが、明らかにアルコール依存症で、（原作のマイルスのことばを借りると）ワイン通という仮面によってそれを隠している。『サイドウェイ』というタイトルの由来が映画で解説されることはないものの、原作では、サイドウェイは酔っ払いを表す俗語とされている。go sideways は、泥酔するという意味だ。

「教師」の役をつとめるのは、知的で美しい女性マヤだ。やはり離婚歴があり、ワインを愛している。映画の中盤にマイルスとマヤは、マイルスの友人ジャック、マヤの友人ステファニーと四人で夜を過ごし、その後、ステファニーの家へ移動する。ジャックとステファニーが寝室へ引きあげると、マイルスとマヤは居間でワインを飲む。ステファニーの最高級ワインだ。最初はふたりの出会い（マイルスはマヤがウェイトレスとして働く店の客だった）について話していたが、やがて話題はまずマイルスの小説へ、つぎにマヤが農業を専攻していたことへと移っていく。そして最後に、ふたりが愛するワインの話になる。

マヤ　どうしてピノにこだわるの？　注文するのはいつもピノよね。

そう訊かれたマイルスはさびしげな笑顔を見せる。自分のグラスに答えを探し、ゆっくりと語りはじめる。

マイルス　なぜだろう。ピノは育てるのがとてもむずかしいブドウだ。知ってると思うけど、皮が薄くて敏感なんだ。カベルネのような、どんな環境でも育つ強さはない……ほうっておいてもね。ピノを栽培できるのは世界でもかぎられた場所だけで、それもしっかり手をかけてやる必要がある。忍耐強く、誠実に、ていねいに世話をする人だけが育てることができる。そういう人だけが、ピノのもろくて、痛々しいほど美しい特性を知ることができるんだ。ピノのほうから歩み寄ってくることはない。自分から近づいていかなきゃいけない。わかるよね？　完璧な環境の土壌と日光……それに、表情をたっぷり引き出してやる愛情が必要なんだ。それがあってやっと、ピノの香りはこの世でいちばん魅惑的で、華やかで、ぜったいに忘れられないものになる。

マヤはこの答えのなかに告白めいたものを感じ、心を動かされる。

マイルス　（つづけて）なんて言うか、カベルネだって強さがあって華やかだけど、どこかつまらないように思えるんだ。ピノと比べるとね。きみはどう？　なぜワインを好きになったの？

マヤ　本格的にワインにのめりこむようになったきっかけは、前の夫かしら。これ見よがしな大きいワインセラーを持ってたから。あのとき自分の味覚がすごく鋭いことに気づいたの。ワインを飲めば飲むほどいろんなことを考えるようになって、それが好きだったのよ。

マイルス　いろんなことって？　たとえば？

マヤ　ワインの一生を意識するようになった。ワインは生き物で、人生を深めてくれるものなんだってね。そのブドウが育った年にどんなことがあったかを考えるのが好きなの。夏はどのくらい日差しを浴びたんだろうとか、どのくらい雨が降ったんだろうとか。それに、ブドウを育てて収穫した人たちのこともよ。古いワインなら、何人かはもう亡くなってるかもしれない。ワインが成長していく様子が大好きで、ボトルをあけるたびに思うの。もし別の日、別の時間にあけてたら、味はちがったはずだってね。ワインは人生そのものよ。生まれ育って、成長して、円熟味を増していく。そして最高のときを迎えるの。あなたの六一年物のワインみたいに。それからは生き物の常で、静かに下降していく。そんなときにも、ゾクゾクするほどすてきな味わいがあるのよ。

こんどはマイルスが心を動かされる。マヤの顔つきから、いまこそそのときだと伝わるが、マイルスは固まったまま動かない。もうひと押しが必要だ。マヤは大胆に誘う。手を伸ばし、マイルスの手に重ねる。

マイルス　ピノ以外にも、好きなワインはたくさんあるけどね。最近はリースリングにも夢中なんだ。リースリングは好き？

マヤはモナ・リザの微笑を浮かべ、うなずく。

マイルス　（指差して）トイレは奥だっけ？

マヤ　そうよ。

マイルスは立ちあがり、歩いていく。マヤはため息をつき、バッグから煙草を取り出す。

レナードの『アウト・オブ・サイト』の場合と同じように、これは誘惑のシーンだが、会話を交わすのはきわめて繊細なふたり――思慮深く母性を持ったマヤと、多感で気が弱いマイルスだ。第十八章で紹介する『ロスト・イン・トランスレーション』のシーンと同じく、互いに自分をさらけ出している。だが個人的な失敗を告白しているのではなく、むしろ、どちらからも誇りと希望が感じられる。マイルスとマヤは互いにほんとうの自分を知ってもらおうと懸命だ。

マイルスの長台詞にあるサブテクストはマヤへの誘いであり、マヤの返事には誘いを受けるというサブテクストが巧みに秘められている。マヤは彼を求めていることを明確にするために、マイルスの手にふれてモナ・リザの微笑を浮かべさえしている。ところがマイルスは度胸がなくてトイレへ逃げ、マヤを失望させる。

もう一度、このシーンが三人劇としてどのように設計されているかを考えよう。ワインが第三の存在となり、その下でサブテクストが脈打っている。

では、ふたりの会話をなんの含みもない形に書き換えてみよう。サブテクストに秘められた誇りと希望を引き出し、第三の存在を使わず直接台詞に組みこむと、つぎのようになる。

マイルス　ぼくのことを知ろうと思っても簡単にはいかない。感じやすくて繊細な男だからね。ぼくは強くないし、鋼の心をもって生き抜くことなんかできない。ぼくには快適で安全な小さな世界と、溺愛してくれる女性が必要なんだ。だけどもしきみが忍耐強く、誠実で、気がきく人だったら、ぼくのいいところを引き出してくれるはずだ。ぼくからきみを誘うことはできない。きみのほうから来てくれなきゃ。わかるね？　深い愛情でぼくを導いてくれれば、きみがいままでに出会っただれよりも魅力的ですばらしい男になるさ。

マヤ　わたしは人生に情熱を持ってるのよ。どの瞬間にも、どの日にも、どの季節にも、黄金の光に包まれて、それぞれのひとときを堪能するの。いまのわたしは最高よ。過去の失敗からたくさん学んだし、これからもどんどん成長できるし、日々円熟味を増して、魅力的な存在になれる。そう、いまこの瞬間、あなたといると絶頂までのぼれる気がするの。わたしを味わったら、とっても、とってもいい気持ちになれるはず。ねえ、わたしとセックスして。

こういう気持ちになることや、なんとなくこのように考えることがあったとしても、これほど痛々しいことばを口に出して言う人間はいないだろう。信念や希望について居間で語らうとき、こんなむき出しのことばをそのまま使ったら、ありえないほど陳腐になる。まともな俳優なら、ことばを詰まらせるだろう。

だがテイラーとペインは、まさにこのとおりの行動を登場人物にとらせたいと考えた。つまり、自分を最大限によく見せることであり、自己宣伝や大言で気を惹いて相手の愛情を勝ちとろうとすることである。さて、こういった言動のビートをうまくダイアローグに組みこむにはどうしたらよいのか。答えは、意見を交換させることだ。

人はどのように意見を交換するのだろうか。互いがくわしく知っている物事を第三の存在として使うはずだ。では、登場人物は何にくわしいのか。マイルスとマヤが熟知していることはふたつ、ワインと自分自身だ。ワインについては幅広く実用的な知識を、自分自身については美化と理想化が加わった知識を持っている。そこで、ワインの性質やワイン作りの過程を自分自身の性格や歴史になぞらえ、相手の心をとらえるために一席ぶつわけだ。

少し前に述べたとおり、鍵となるのは語彙だ。その人物にふさわしい台詞は、本人の暗黙の欲求と、その欲求を満たすための活力から生まれる。そして、その活力が声となり、内面の思考や感情を口頭の表現へと――その人物だけが、その瞬間、その行動をとるときに使いそうなことばへと――転化していく。

ピケットの小説を土台にして、ペインとテイラーは自分たちの知識や識見をマイルスとマヤに授け、ふたりならではの声と語彙を与えている。マイルスとマヤは相手を魅惑するために、自分たちをワインの言語によって表現する。たとえば、マイルスの繊細なことばとマヤの大胆なことばを比較してみよう。

マイルス――「皮が薄くて」「敏感」「しっかり手をかけてやる」「誠実に」「もろくて」「痛々しいほど美しい」「近づいていかなきゃいけない」「魅惑的」「華やか」「ぜったいに忘れられない」「夢中」。

マヤ――「一生」「生き物」「人生を深めて」「夏」「日差しを浴び」「人生そのもの」「成長して」「円熟味を増していく」「最高のとき」「ゾクゾクするほどすてきな味わい」。

作者は登場人物の声にしっかり耳を傾けている。

第4部
ダイアローグの設計

12 ストーリー／シーン／ダイアローグ

ときどき、出来の悪いストーリーなのに、驚くほどすばらしいダイアローグが随所に見られる例に出くわすことがある。ひどいストーリーに粗末なダイアローグが満たされているのを苦労して読み進めた経験はだれにでもあるだろうが、すぐれたストーリーがまずいダイアローグのせいで台なしになった作品にはめったに遭遇しない。理由は簡単だ。質の高いストーリーテリングは質の高いダイアローグを生むものだからだ。

発熱と同じで、粗末なダイアローグはストーリーの奥深くに悪いものが巣くっている徴候だ。けれども、苦悩する書き手は往々にしてその徴候を病気自体と取りちがえ、ダイアローグをしきりに書きなおすことでシーンの手当てをしようとする。会話さえまともになれば、話全体が治癒すると考えているわけだ。しかし、つぎからつぎへと言い換えてダイアローグを引っ掻きまわしても、登場人物や出来事に発症した病は治らない。

もっとわかりやすく言えばこうなる。自分が何を語っているのかを理解しないかぎり、登場人物がどのように会話を進めるのかを知ることはできない。ストーリーの構成要素をどんな順序で配してどう組み合わせるかは、作り手によって大きく異なる。だが、どれほど雑な手順を用いたとしても、作家は最終的には形式（出来事や人物像の設計）と内容（文化的なもの、歴史的なもの、心理的なもの）について超人的なまでの情報を集め、語りを根底から練りあげてダイアローグを内側から築いていく。ダイアローグ作りは最後の段階で、何層にも重なったサブテクストの上にあるテクストへの仕上げ作業である。

そこで、ダイアローグの設計を考える前に、ストーリーの設計の基本的な構成要素を見てみよう。

契機事件

ストーリーの冒頭では、主人公の人生はかなりバランスがとれている。だれもがそうであるように、調子のよいときもあれば悪いときもあるが、それでも主人公は自分の生活を大きく乱すことはない。ところが、その均衡をひどく揺るがすことが起こる。このような出来事を契機事件（インサイティング・インシデント）と呼ぶ。

この最初の大きな出来事が主人公の人生を平穏から引きずり出し、ストーリーがはじまる。これは決断（仕事を辞めて事業を興すと決める）によることもあれば、偶然（自分の店に雷が落ちて仕事を失う）によることもある。これによって主人公の人生が大きくプラス（すばらしい新商品を開発する）へ動くこともあれば、マイナス（ライバル会社に発明を盗まれる）へ動くこともある。また、大規模な社会的事件（会社が破産する）の場合もあれば、内なる静かな出来事（心の底では自分の仕事がきらいだと気づく）の場合もある。［原注1］

ストーリーを動かす価値要素

契機事件は、登場人物の人生で問題となる要素（価値要素）のあり方を大きく変える。**ストーリーを動かす価値要素**はプラスとマイナスの両面から成る。たとえば、「生／死」「勇敢／臆病」「真実／嘘」「有意義／無意味」「成熟／未熟」「希望／失望」「正当／不当」などだ。ひとつのストーリーには、種類のちがういくつもの価値要素がさまざまな組み合わせで使われているが、展開していくうえで土台となる、中核の価値要素とも呼ぶべき絶対的なものが存在する。

中核の価値要素が絶対的であるのは、ストーリーの根本的な性質を決めるものだからだ。それを変えれば、ストーリーのジャンルも変わる。たとえば、作り手が登場人物の人生から「愛／憎しみ」を引き出そうとしていたのを、「道徳／不道徳」に切り替えたとする。中核の価値要素をこのように変更すると、ジャンルは恋愛物から贖罪の話へ変わる。

シーンを支配する価値要素は非常に複雑になりうるが、各シーンに少なくともひとつは、登場人物の人生で問題となる価値要素が描かれている。それはストーリーの中核となる価値要素に関連するか、もしくは一致する。それぞれのシーンで描かれるのはこの価値要素の変化であり、ひとつのシーンのはじまりは、完全なプラス、完全なマイナス、両者の混合のどれであってもおかしくない。対立または発覚、もしくはその両方によって、冒頭にある価値要素のあり方は変化する。逆転すること（プラスからマイナスへ、マイナスからプラスへ）も、増大すること（プラスから二倍のプラスへ、マイナスから二倍のマイナスへ）も、衰退すること（プラスから弱いプラスへ、マイナスから弱いマイナスへ）も、すべて考えられる。ひとつ以上の価値要素が変わるまさにその瞬間が、シーンの転換点である。だから、そのシーンで重大な価値要素の変化が起こると、ストーリーを左

右する出来事が起こる。［原注2］

欲求を形作るもの

だれもが自分の生活を適度にコントロールしたいと考える。契機事件は人生を不安定な状態にすることで、バランスを保ちたいという人間の本質的欲求を呼び起こす。だから、基本的にどんなストーリーも、秩序のない人生に秩序を取りもどすため、不均衡な人生に均衡を取りもどすための苦悩を描いている。

登場人物が行動を起こすのは必要ゆえのことだが、人生の複雑さは欲求という迷宮のなかで渦を巻いている。つまるところ、ストーリーテリングの技術は、いくつもの欲求の筋を出来事の流れに統合して整えることだ。作り手は自分が表現したい欲求だけを選び、冒頭から終盤へとストーリーを押し進める特定のシーンで使っていく。その過程を理解するためには、欲求を構成するいくつかの要素と、それらがどのようにストーリーテリングを促すのかを検証する必要がある。

欲求を形作るのはつぎの五つの要素だ。

1　欲求の対象
2　究極課題
3　動機
4　シーンの課題

5　潜在的欲求

1　欲求の対象

契機事件が起こると、主人公は欲求の対象を思い描く。それは自分の人生に均衡を取りもどすために必要と感じるものだ。対象になるのは、秘蔵の金などの物体、不正をただすなどの状況、生きるよりどころなどの観念のどれでもよい。たとえば、主人公は仕事で恥をかいたこと（契機事件）によって評判を落とし、人生の均衡を大きく崩すが、そこで、均衡を取りもどすために職場での勝利（欲求の対象）を求める。

2　究極課題

究極課題とは、登場人物に欲求の対象を追いかけさせるものだ。これは、主人公の自覚する欲求を心の内奥から表現したことばである。たとえば、先に述べた欲求の対象（職場での勝利）を究極課題として言い換えると、「公の場で勝利することで心の平安を得る」となる。

つまり、欲求の対象が客観的であるのに対し、究極課題は主観的だ。それぞれを、主人公が欲するものと、主人公を突き動かす感情の原動力と言い換えてもいい。前者によって作り手は、ストーリーの最後に待ち受けるシーン、すなわち、主人公が目標を達成できるか否かというシーンを明確に思い描ける。後者によって作り手は、主人公の内なる感情や、語りを進める内的必然性を組み立てていける。

どんなストーリーにおいても、主人公の究極課題は珍しいものではない（復讐によって正義を勝ちとる、深い愛のなかに幸せを見つける、意義ある人生を送るなど）が、欲求の対象そのもの（悪役の死、理想のパートナー、自殺をしない理由など）がストーリーに個性を与える。欲求の対象が何であれ、主人公がそれを欲するのは、究極課題、つまり人生に均衡を取りもどそうとする強い願望を満たす必要があるからだ。

3　動機

欲求の対象や究極課題を動機と混同してはいけない。最初のふたつは、〝何（ｗｈａｔ）〟を用いた質問――登場人物が何がほしいと自覚しているのか、無意識のうちに何を求めているのか――への答えである。それに対し、動機は〝なぜ（ｗｈｙ）〟を用いた質問――登場人物はなぜそれを必要だと感じたのか、なぜその欲求の対象を求めているのか、そして、望むものを手に入れたら主人公の願望はほんとうに満たされたと言えるのか――への答えである。

動機の根源は幼少期の奥深くにあり、そのせいで理不尽なことも多い。登場人物の必要や欲求の「なぜ」をどれだけ理解しているかは作り手しだいである。テネシー・ウィリアムズのように動機に執着する作家もいれば、シェイクスピアのように動機を顧みない作家もいる。いずれにしろ、シーンやダイアローグを書くのに不可欠なのは、登場人物の意識的、無意識的な欲求を理解することである。［原注3］

4　シーンの課題

シーンが表現するのは、登場人物が人生の究極の目標に向かってそれぞれの瞬間に見せる姿だ。**シーンの課題**は、究極課題をもって長期の努力をつづける一段階として、登場人物が当面求めているものを示す。その結果、各シーンで起こすアクションとそのリアクションによって、欲求の対象に近づくこともあれば、遠ざかることもある。

作り手が登場人物にシーンの課題を解決させれば、そのシーンは終了する。たとえば、警察官が取り調べをするシーンを考えよう。人物Aが人物Bに尋問をやめてもらいたいと願っている。Aにとって、シーンの課題は尋問をやめさせることだ。もしBがあきらめて部屋を出れば、そのシーンは終わる。一方、BはAに秘密を白状させたい。Bの視点から見ると、シーンの課題は秘密を暴くことだ。もしAが白状すれば、同様にそのシーンは終わりとなる。シーンの課題は、登場人物の差し迫った自覚的欲求――たったいま何を求めているかを表している。[原注4]

5　潜在的欲求

登場人物が持つ**潜在的欲求**は言動の選択をせばめる。人はだれでも、人生で出会うすべての人や物事と自分との関係がどんな状態であるかをつねに意識している。人前での例を三つあげるなら、車の流れのなかで自分は安全かどうか、レストランの給仕長はどのテーブルへ案内してくれるか、同僚たちのなかで自分はどのあたりに位置づけされているのか、といったことだ。友人、家族、恋人など、近しい人との関係にも敏感で、自分自身の心のあり方や、身体、精神、感情、倫理の各面の状態にも調子を合わせている。さらに、自分が時間の流れのどこに位置するのかや、過去の経験、現在の切実な状態、未来への希望といったことも意識している。そのような関係が複雑にからみ合って、潜在的欲求を作りあげる。

他者や物事との関係は、つぎのようにして欲求へと形を変えていく。何かの関係が築かれると、それが人生の基盤となり、自信と安心感が生まれる。幸福感もそういった関係に基づいたものだ。人はマイナスの関係を捨て去ろうとし、同時に、プラスの関係を向上させないにせよ、少なくとも維持しようとする。どんな関係であれ、せめて自分で適度に調整したいと思っているわけだ。だから潜在的欲求は、人生の現状を確固たるものにするだけでなく、行為を制限するものでもある。潜在的欲求によって、抑制の力が蜘蛛の巣のように登場人物にからみつき、それぞれのシーンへと導いていく。安定をめざす不動の欲求が人物の行動を制限し、欲するものを得るために何を言うか、何を言わないかを決めるのだ。

原則として、登場人物が人生で築くプラスの関係が増えれば、それに応じて制限も多くなり、〝文明人〟らしくふるまうようになる。その逆も成り立ち、失うものが何もなければ……どんなことにでも手を出せる。

社会通念ゆえに自分の考えを堂々と表明してよい文化圏もあれば、やはり社会通念ゆえに、暗黙の約束に従って考えを口に出すのを控える文化圏もある。人類の生み出したさまざまな文化にはきわめて大きな幅があり、サブテクストばかりでテクストがほとんどない文化と、テクストばかりでサブテクストがほとんどない文化と、両極端にまでひろがっている。社会科学の分野では、このような両極端のうち、前者を高文脈文化、後者を低文脈文化と呼ぶ。[原注5] フィクションの世界では、どちらの文化を描くかによってテクストとサブテクストの比率が決まる。

高文脈文化は伝統や歴史を重んじる。時間をかけて非常にゆっくりと変化する文化なので、人々は何世代にもわたって共通の経験や信条をいくつも持っている。高文脈文化は血縁や連帯を重んじ、直感や黙想に頼ることが多い。そして、結束の強い集団での相互関係に高い価値を置く（アメリカ先住民族など）。

そのため、このような集団では、多くの物事がことばにされないままになっている。そこに属する人なら、共有する文化や経験からたやすく推測できるからだ。イタリアのマフィアもそのような集団であり、『ゴッドファーザー』(72)では、マイケル・コルレオーネが「父は相手がことわれない交渉をした」と言うと、それだけで脅迫のエピソードの全貌が痛々しいほど明らかになる。マイケルはケイ・アダムスに対してその出来事をくわしく説明しつづけるが、それはケイが集団の一員ではないからだ。

中東やアジアで見られる高文脈文化では、民族的、社会的な多様性が高くない。人々は個人より共同体を大切にし、何かの状況を説明するときには、ことばよりも共通の背景に頼る。このような文化では、ごく短い微妙な言いまわしが複雑なメッセージをはらむこともあるので、ダイアローグにはきわめて効率がよく正確なことばを選ぶことが要求される。

一方、北アメリカのような低文脈文化の登場人物は、物事を長々と説明する傾向にある。というのも、周囲にいる人々がさまざまな民族、宗教、階級、国籍を持つからだ。同じ教養を具えた人たちのあいだでもそうした差異が見られる。一例として、典型的なアメリカ人ふたりを比較してみよう。ひとりはルイジアナ州(高文脈文化)の出身で、もうひとりはニューヨーク州(低文脈文化)の出身だ。前者は含みのあることばを少しだけ話してあとはほとんど無言なのに対し、後者は長々とあけすけに話しつづける。

さらには、低文脈文化では共通の経験がしばしば大きく変わるため、世代間のコミュニケーションの食いちがいが生まれやすい。アメリカのような移民社会では、親と子のあいだに厄介なコミュニケーションの問題があることがよく知られ、親子が長くて激しい言い争いをする。サブテクストが少ないと、登場人物は饒舌ではっきりとした物言いをするようになる。

敵対する力

登場人物が欲求の対象を求めるときには、意図的にせよ本能的にせよ、いくつかのアクションを起こし、それによって周囲から有効なリアクション――自分を均衡のある人生に近づけてくれそうなリアクション――が返ってくることを期待する。ところが、そのアクションで協力を得るどころか、目標達成を妨げるような「敵対する力」が生まれることがある。そのとき周囲の世界は、予想とは異なったり正反対だったりのリアクションを示す。そうやって唐突に期待を裏切られることで、登場人物は欲求の対象から遠ざかることも近づくこともありうるが、プラスに働くにしてもマイナスに働くにしても、その変化は予想どおりのものではない。

敵対する力は、敵や悪党を指すとはかぎらない。悪党はある種のジャンルでよく登場し、適切な場所に置かれれば、ターミネーターのような大悪党も魅力的な敵役になる。だが、ここでの「敵対する力」とは、つぎの四つの葛藤のどれか、またはすべてから生じる障害のことだ。

1 物理的葛藤。時間、空間、人間の造った世界、ありのままの宇宙などによる、あまりにも大きな力。成しとげるには時間が足りない、遠すぎて手にはいらない、竜巻やウイルスといった自然界の脅威に屈する、など。ファンタジーのジャンルなら、これらの現実的な力だけでなく、驚くほど多種多様で際限なく想像をひろげた超自然や魔法の力も含まれる。

2 社会的葛藤。組織やそれを管理する人々の強大な力。各種の政府と、それらが施行する法制度。あらゆる宗教、軍隊、会社、学校、病院、さらには慈善団体。どんな組織も権力のピラミッドとして図式化できる。人は権力をどのように得て、どのように失うのか。どのように権力のピラミッドをのぼり、どのように落ちていくのか。

3　個人的葛藤。友人、家族、恋人など、近しい人との厄介な関係の数々。信仰の問題から離婚や些細な金銭トラブルまで、多岐にわたる。

4　内的葛藤。ひとりの人物の思考、身体、感情にまつわる苦悩や矛盾。もし記憶力が衰えたら、体が故障したら、感情が良識を打ち負かしたら、どう対応すればいいのか。

ストーリーの牽引力に加えて、このようなさまざまなレベルの障害が力や密度を増すことで、そのストーリーはより深く幅のあるものとなる。こうした困難な状況が生まれると、主人公は意志の力を最大限に用いて思考、感情、肉体を駆使し、人生の均衡を取りもどすために不断の努力をするものだ。[原注6]

言動の中核

ストーリーにおける**言動の中核**は、欲求の対象へ向けた主人公の絶え間ない追求のもとになるものだ。究極課題に導かれて、敵対する力と戦いつつ、根気強く追い求めていくことで、契機事件からストーリーが展開し、危機における主人公の最終的な決断、クライマックスでの行動、解決の瞬間へと突き進んでいく。

主人公（またはほかの登場人物）がそれぞれシーンで何をするか、それぞれの台詞で何を言うかは、あくまで計算に基づく行動だ。表面で何が起ころうと、目や耳に伝わるふるまいがどんなものだろうと、すべてのシーンの下には主人公の力強く揺るぎない言動の中核がある。

人生を複雑にする最も一般的な要因は他者なので、言動の中核に基づいていちばんよくとられる行動は発話である。そして、ストーリーを動かす重要な要素が五つある（契機事件、段階的な混乱、重大局面、クライマックス、解決）のと似て、発話行為にも五つの段階がある。欲求、敵対する力の察知、言動の選択、アクション／リアクション、表現だ。

それらのひとつ、表現というのは、登場人物の言動をその世界に持ちこむことだ。発言であることが多いが、こぶしを握る、キスをする、部屋の奥へ皿を投げる、狡猾に微笑むなど、ダイアローグに付随する、もしくはダイアローグの代わりとなる、ことばを使わない種々のふるまいで示されることもある。

つぎのストーリーを想像しよう。あなたは駆け出しの作家で、いつか本物のプロになりたいと思っている。世間から隠れたひそやかな場所で細々と暮らしているので、物足りなさを覚える日々だ。あなたは充実と均衡を与えてくれそうな創造的勝利を夢見ている。求めているのは、出来のよい小説、戯曲、脚本（欲求の対象）だ。芸術的な成功をつかみたい（究極課題）ので、執筆の日々（言動の中核）を過ごしている。

椅子にすわり（シーン）、欲求を追いかけるために、何かダイアローグを書こうと試みる（言動の選択）。そうすることで思考が刺激され、登場人物や出来事が頭に浮かぶ（シーンの課題）と期待しているからだ。ところが、はじめもしないうちに、邪魔者の大群が押し寄せて仕事をさせない。母親から電話がかかる、赤ん坊が目を覚ます、失敗への恐怖で胃が痛くなる、やめてしまえという誘惑の声が耳でささやく（敵対する力）。こういった障害に直面しても、机の前から離れずに作業をつづけることを選ぶ（言動の選択）。そして同じ一節を幾度となく書きなおす（アクション）。だが書きなおすたびにダイアローグは乱れ、もつれ、どんどん出来が悪くなる（敵対する力）。やがて、下品なことばを途切れ途切れに口にする。「くそ……ったれ……ちくしょ……」（表現）。突然、どこからともなく、新機軸のアイディアが脳裏に浮かぶ（リアクション）。驚くべき力でダイアローグを書きあげ、そのシーンを作りなおす（アクション）。それから背もたれによりかかって、つぶやく。「ああ、これって、どこから湧いてきたんだろうな」（表現）

そこで見られる欲求と言動は、どんなに些細に思えても、たとえば考え事をしつつコーヒーをひと口飲むようなことだとしても、未来の夢や文学での成功の追求に多少とも結びついている。そこでの人生は言動の中核に基づいて、欲求、敵対する力の察知、言動の選択、アクション／リアクション、表現の順で少しずつ移り変わっていく。

あなた自身がそうなら、登場人物もそうだ。人生と同じことがストーリーにもあてはまる。［原注7］

ストーリーの進展

言動の中核に基づいたシーンは、プラス／マイナスというストーリーの価値要素を大きく変えるだけでなく、対立や葛藤の変化に合わせて弧のように変わっていく。登場人物が欲求の対象を求めて奮闘しているところに、敵対する力が現れて、本人のなかから大いなる能力をつぎつぎと呼び起こす。人生は大きな危険につぎつぎと襲われ、リスクの高い決断をつぎつぎとくだすために、ますます強靭な意志が必要とされる。

ついに主人公は考えうるかぎりの手を尽くし、残るはひとつだけという瞬間が訪れる。人生で最も大きくて厄介な対立や葛藤と向き合い、主人公は人生の均衡を取りもどすために最後の手段に訴えなくてはならない。重大な決断をし、究極の行動を選んで、それを実行する。クライマックスで、主人公は求めていたものを手に入れるか、もしくは手に入れそこなう。ストーリーはここまでだ。最後の解決のシーンでは、伏線を回収し、読者や観客に考えを整理させて気持ちを落ち着かせる必要があるかもしれない。〔原注8〕

転換点

すべてのシーンに転換点が含まれているのが理想だ。転換点が現れるのは、あるシーンで重大とされる価値要素がプラスからマイナスへ、またはマイナスからプラスへと劇的に転じる瞬間だ。この変化によって、登場人物は前のシーンの転換点に比べて欲求の対象から遠ざかったり（マイナス）、近づいたり（プラス）する。転換点は言動の中核とともにストーリーを動かし、主人公の欲求が満たされるか満たされないかがついに決まるクライマックスへ向かっていく。

転換点は、行動または発覚のどちらかによってのみ生じる。出来事が大きく動くのは、すばやい直接的な行動が起こされるときか、秘密や知られざる事実が発覚するときだ。ダイアローグは行為（「さあ、行くぞ」）と情報（「金が目当てで結婚したんだ」）の両方を表現することができるので、行動か発覚、もしくはその両方でシーンの価値要素を反転させることができる。転換点がなく、価値要素がまったく変化しなければ、そのシーンは明瞭化だけのための空疎なものだ。中身のないシーンがあまりに多くつづくと、ストーリーは退屈なものになる。〔原注9〕

シーンの進展

「進展」とは、それより前の行動や出来事をしのぐ状態がつづくことを意味する。あるシーンの転換点は、前のシーンの転換点を上まわることによって、ストーリーを前進させる。ひとつひとつの出来事がゆるやかな変化を引き起こし、よかれあしかれ、登場人物の人生に影響を及ぼして前のシーンにまさるというわけだ。大きなクライマックスでは衝撃も大きい。

だが、あるシーンがストーリーのなかで起こす変化が小さかろうと、中ぐらいだろうと、大きかろうと、シーンの進展が行動のビートの積み重ねによることに変わりはない。転換点を経て、どのアクション／リアクションも前のビートを上まわっている。［原注10］

ビート

ニュートンの運動第三法則に支配される物体と同じで、すべての発話は反応を生む。**ビート**とはシーンを設計する際の単位であり、設定のどこかに、だれかまたは何かによるアクションとリアクションが組みこまれている。ふつう、反応はほかの登場人物から返ってくるものだが、行動を起こした本人の内的反応である場合もある。

登場人物Aが登場人物Bを侮辱するシーンを考えよう。Bがとりうる反応は無数にある。自分自身を侮辱するかもしれないし、相手のAを笑うかもしれない。Aは自分の言動に対する反応として、謝罪するかもしれない。Aは自分の発言を後悔して自責の念に駆られるが、それでも何も言わないかもしれない。Bは A の話す英語が理解できなくて、侮辱のことばに笑顔で応えるかもしれない。このようなアクション／リアクションの応酬がシーンを作る。すべてのビートが直前のビートよりすぐれ、つぎのビートへつながっていくというのが理想だ。このようにシーンのなかでつねに直前のビートを上まわることでダイアローグが進み、転換点やその前後でいくつかのビートが形作られている。［原注11］

ビートを定義するには行為を表す名詞を使うとよい。例にあげた四つのビートは、侮辱／嘲笑、侮辱／謝罪、侮辱／後悔、侮辱／挨拶と分類できるだろう。やりとりの裏にあるアクションとリアクションを記すことが、含みのないダイアローグを書かないための最良の技巧だとわたしは思う。

行為の五つの段階

登場人物がほしいものを得るために発話という手段に訴えるとき、会話というとりとめのないアクティビティがダイアローグという明確なアクションに変わる。発話だけでなくすべての行為は、欲求、敵対する力の察知、言動の選択、アクション／リアクション、表現の五つの段階でなされる。アクションとリアクションは一瞬でおこなわれることが多く、最初の段階から最後の段階までの境目があいまいなため、五つの段階は溶け合っているかのように見える。しかし実生活ではそうであっても、脚本は別だ。どんなにすばやく反射的に物事が起こっても、かならず五つの段階が存在している。登場人物の行為の流れをできるだけ明確にするため、五つの段階の詳細をていねいに検証しよう。

1　欲求。 登場人物が人生の均衡を崩すと（契機事件）、それに対する反応として、人生の均衡（欲求の対象）を取りもどすために何をしなくてはいけないかを考えつく（少なくとも想像する）。欲求の対象を手に入れたい（究極課題）という絶対の目標は、それを積極的に追い求める（言動の中核）きっかけとなる。登場人物はストーリーの中核に合わせて行動するので、それぞれの瞬間に（シーン）必要なことに取り組み（シーンの課題）、欲求の対象に向かって前進する。シーンの課題である直近の欲求と、究極課題として根底にある願望は、登場人物が選んでおこなうすべてのアクションに影響を及ぼす。一方、潜在的欲求は、登場人物ができないことやしないことに影響を及ぼすので、逆に選択の幅をせばめる。

2　敵対する力の察知。 だが登場人物は行動する前に、敵対する力がすぐ先で行く手を阻むことを感じたり自覚したりする。その理解が意識的なのか無意識的なのか、正しいのか誤解なのかは、その人物の心理、置かれる状況の性質、そして作者が語るストーリーしだいで決まる。

3　言動の選択。 それから登場人物はある言動を選択し、シーンの課題に近づけるような反応を周囲から引き起こそうとする。ここでも、その選択がどれほど計画的なのか、あるいは気まぐれなのかは、その人物と状況の性質に左右される。

4　アクション。 登場人物が選ぶのは、行動か発言、もしくはその両方ということもありうる。欲求はアクションの源であり、アクションはダイアローグの源である。

5　表現。 登場人物が起こすアクションにことばが必要であれば、作者はダイアローグを創作する。

シーンを作るために、作者はこの一連の流れを切り分け、それぞれについて考慮しなくてはならない（考慮が意識的か無意識的かは作者によって異なる。オスカー・ワイルドには、午前中をすべて費やしてコンマをひとつ入れ、午後いっぱいかけてそれを取り去ったという逸話がある。ただし、それはワイルドの話だ。コンマは邪魔なものでしかないと考える作家もいる）。完璧な台詞をひとつ書くのにどれだけ時間がかかったとしても、最終的に作者は切り分けた流れをもとにもどし、俳優や読者が一気に演じたり読んだりできるようにする。

五つ目の段階で登場人物が何を言うのかを正確に知るには、つぎの問いに答える必要がある。その人物が欲しているものは何か。手に入れる妨げになっているものは何か。手に入れるために何をするだろうか。

シーンが成り立っているのは、会話というアクティビティによってではなく、その会話で人物が起こしているアクションによってである。だから、ダイアローグを書く前に、欲求、敵対する力の察知、言動の選択、アクション／リアクション、表現の一連の流れへと導いてくれるような自問自答をまず繰り返し、シーンを形作って転換させるダイアローグを組み立てなくてはならない。

七つのケーススタディへの導入

登場人物の行為に見られる五つの段階では、すべてが調和して徐々にサブテクストを作り出し、最終的にはダイアローグの形で身を結ぶ。この仕組みを具体的に説明するために、五つのドラマ型のシーン（テレビドラマからふたつ、劇、小説、映画からひとつずつ）と、散文の形のダイアローグふたつを検証しよう。それぞれの作品で用いられる対立や葛藤のバランス、型、強さには、明らかにちがいがある。対立や葛藤の性質は行動の性質を決め、行動の性質は語りの性質を決める。だから、登場人物の言動、ビートの強度、そして何より、各シーンのダイアローグのトーンが、まったく異なった七つの形で提示される。第十三章から第十八章でくわしく見ていこう。

均衡のとれた対立。「ザ・ソプラノズ　哀愁のマフィア」の「紛糾」というエピソードで、制作総指揮のデヴィッド・チェイスと共同脚本のテレンス・ウィンターは、対等な立場の登場人物ふたりに激しい言い争いをさせる。

喜劇的な対立。「そりゃないぜ!?　フレイジャー」の「フレイジャー、執筆する」（ドン・サイグルとジェリー・パーツィジアンの共同脚本）というエピソードでは、均衡のとれた対立をばかばかしいほど大げさに表現している。

不均衡な対立。劇作家ロレイン・ハンズベリーは戯曲『ア・レーズン・イン・ザ・サン』で、ひとりの登場人物の攻撃的なアクションに対し、もうひとりが静かに耐えるという設定を用いている。

間接的な対立。F・スコット・フィッツジェラルド作『グレート・ギャツビー』の登場人物は、ひそかな敵意をこめたことばを互いにぶつけ合う。

内省的な葛藤。第十七章では、ふたつの小説で見られるダイアローグの使い方を比較する。アルトゥール・シュニッツラー作「フロイライン・エルゼ」では、主人公の心の葛藤、自分自身との対立が描かれる。一方、オルハン・パムク作『無垢の博物館』の主人公は、心のなかの戦いを読者に直接告白する。

暗黙の葛藤。『ロスト・イン・トランスレーション』の脚本・監督を担当したソフィア・コッポラは、登場人物に強い不安を感じさせつづけて、自分と自分を闘わせ、過去に起因する暗い葛藤のなかで描いている。

次章以降では、効果的な手法を用いてシーン分析をおこなう。ひとつのシーンを分解して、サブテクストとなるアクションを引き出し、それぞれを簡潔にまとめて示すことで、それらのアクションがダイアローグのなかでどう表現されているのかを明らかにする。この手法はまず、ひとつのシーンをいくつかのビートに分解することからはじまる。

この何十年ものあいだ、作家たちは「ビート」ということばを三つの意味で使ってきた。映画の作り手のなかには、脚本の初期の設計の段階で、ストーリーの鍵となる転換点を表すことばとして「ビート」と呼ぶ人がいる。「ストーリーの最初のビートでふたりが出会い、二番目のビートで恋に落ちる」といった使い方だ。また、劇作家や脚本家はよく（ビート）と括弧でくくって、ダイアローグに挿入するが、これは「短い間《ま》」という意味である。しかし、シーン内においてどんな過程でダイアローグが形作られるかを探るために、わたしはビートという語を、「ひとまとまりのアクション／リアクション」という本来の意味で用いる。ひとつのアクションでビートがはじまり、それに対するリアクションでそのビートが終わる。

シーンに生気がなかったり嘘っぽく感じられたりするとき、その原因がダイアローグのことば選びにあることはほとんどなく、サブテクストに欠陥がある場合が多い。そこで、シーンをビートに分解して、失敗の原因であるサブテクストのアクションとリアクションのゆがみを見つけようというわけだ。精度の高い分析をすれば、ビートの設計をしなおし、それに基づいてダイアローグを再構成することができる。

アクションとリアクションが何度繰り返されたとしても、それが作りあげるビートはただひとつだ。シーンはビートが変わらないかぎり前に進まず、ビートは登場人物が手立てを変えないかぎり変わらない。実のところ、だめなシーンの前兆として最もよくあるのはビートの繰り返しだ。登場人物は同じ手立てを用いてほぼ同じアクションを何度も繰り返すが、発言のたびに別のことばを使う。このような繰り返しはシーンの冗長さの陰に隠れており、各ビートを深く分析しないと、なかなかその欠陥を明らかにできない。

ただし、つぎに進む前にひとつ釘を刺しておこう。どうやって書くかを教えることは、だれにもできない。わたしにできるのは、各シーンの形や機能を定義し、それぞれの構成要素を示して、それらがどう働くかを明らかにすることだけだ。シーンを設計する際の原則が創造力の正体を解明することがあったとしても、それらは創造力そのものではない。つぎの六章では完成された作品の論理的な事後分析をおこなうが、この分析は作者の創作過程を知ったり、実際の作業を追体験したりするものではない。

だが、ひとつはっきり言えるが、執筆作業がまっすぐな道をたどることはほとんどない。創造性は曲がりくねった道を好む。試行錯誤、高揚と失望、あの手この手、推敲、推敲、推敲、推敲。ストーリーやシーンの設計の知識は作品を強化し、アイディアを呼び起こし、書きなおしの道標となるが、書き手はみずからの創作過程を通して、自分の才能や知識をどのように使えばひらめきを最終的な原稿に昇華させうるのかを、正確に知っていなくてはならない。

13　均衡のとれた対立

「ザ・ソプラノズ　哀愁のマフィア」

「ザ・ソプラノズ　哀愁のマフィア」は、一九九九年一月から二〇〇七年六月まで、ケーブルテレビ局のＨＢＯで放映された。全八十六話の主人公はニュージャージー州のマフィアのボス、トニー・ソプラノであり、ジェームズ・ガンドルフィーニが演じている。デヴィッド・チェイスの制作総指揮のもとに生み出されたこの主人公は、いくつもの顔を持つ複雑な性格を具え、その根本に大きな矛盾をかかえている。トニーは凶暴で血も涙もなく、殺人もいとわない男だが、一方では、悪夢に悩まされ、突然発症する原因不明のパニック障害に苦しむ患者でもある。

パニック障害が命とりになりかねないと悟ったトニーは、精神科医ジェニファー・メルフィ（ロレイン・ブラッコ）に助けを求める。ふたりのセラピーは苦闘の連続で、道徳的ジレンマとセックスへの過剰な意識、そしてトニーの突発的な激しい怒りに揺さぶられながら第四シーズンまでつづくものの、ついにトニーはセラピーをやめる決心をする。

第五シーズン第一話で、トニーは本気でメルフィに恋をしていると自覚し、彼女を口説き落とそうと行動に出る。それまで何度かほのめかしたことはあったが、今回は真剣な態度で夕食に二度誘う。二度ともことわられたが、それでもあきらめきれず、トニーはついにメルフィのオフィスを訪れる。

ここからは、ふたりのやりとりを、基本となる四つの指標に基づいて分析しよう。四つの指標とは、（1）行為の五つの段階（欲求、敵対する力の察知、言動の選択、アクション、リアクション、表現）がシーンの課題や登場人物のとる手立てにどう反映されているか、（2）アクション／リアクションが各ビートでどう展開していくか、（3）問題となる価値要素がどう変化していくか、（4）これらの基本要素から、そのシーンに登場する人物にふさわしいダイアローグがどのように生まれるのか、である。

くわしい分析をはじめる前に、ここでもう一度念押ししたいのは、登場人物の台詞はそこまでのすべてを反映して最後に決まるものであり、ことばの奥に人生のさまざまな断片が積み重ねられているということだ。土台が堅固であるほど、ダイアローグは力強くなる。

さて、まずトニーに質問をぶつけてみよう。どうしたいのか（欲求）、それを阻むものは何か（敵対する力の察知）、と尋ねる。トニーは、ジェニファー・メルフィを自分の女にしたいが、メルフィは自分のやさしい一面を知らないから拒んでいる、と答えるだろう。トニーにとってのこのあとのシーンの課題は、メルフィを振り向かせることであり、そのための手立て（アクション）は、やさしい男だとわからせることだ。

ドクター・メルフィに同じ質問をしたらどうだろう。たぶん彼女は、トニーの情緒不安定を治したい（欲求）、しかしトニーは医師と患者の関係から個人的な仲へ変わろうと望んでいるので、それもむずかしい（敵対する力の察知）、と答えるだろう。メルフィにとってのシーンの課題はトニーの症状を改善することで、手立て（アクション）は真実を突きつけてやることだ。

もっとも、トニーの純愛めいたふるまいの奥には、人生で決め手となる価値が支配力であることが感じられる。ロミオのような仮面の下には、セックスではなく、支配への強い潜在的欲望が隠れている。医師の権威をもって唯一自分を締めつけようとするドクター・メルフィをなんとしても服従させたいのだ。

ところが、メルフィは真実とモラルの二発のこぶしを打ちこむ。トニーが実は未熟で反社会的な性格なのを見抜いていたわけだ。メルフィの高いモラルと大胆さを目のあたりにして（敵対する力の察知）、トニーはたじろぎ、ことばを失う。しかし、トニーのなかの邪悪な部分が、どうにかして優位に立とうと画策し、心のなかでけしかける。メルフィをベッドに連れこんで、生涯忘れられないほどのオーガズムを感じさせればいい。そうすれば、きっとモラルの殻にも亀裂がはいり、すっかり夢中でこっちの腕のなかにおさまって、おとなしく従うにちがいない、と。つまるところ、トニーの潜在的欲求（究極課題）はメルフィを服従させることだ。

ドクター・メルフィは、セラピーをつづけることで力になりたいとトニーに伝え、もちろん意識のレベルでは本気でそう思っている。だが、慎重で確固たる職業意識を持つメルフィの性格の奥に、思慮分別や客観性とは正反対のものが感じられる。大きなリスクをものともせずに進む人間だということだ。

この点について考えてみよう。大学時代にキャリアを決めるとき、多くの道を選べたにもかかわらず、メルフィは精神科のクリニックでの診療を選んだ。では、精神科医の日常とはどんなものだろうか。

心を病んだ人々の計り知れない闇に深く分け入るには、とてつもない忍耐強さとしたたかさが求められる。セラピストがこうむるダメージがどんなものかを考えてみよう。毎日毎日、何時間にもわたって、神経症や精神疾患をわずらう人たちからのつらく重苦しい告白に耳を傾け、感情移入しながら受け止めるわけだ。セラピストという仕事に全力で打ちこめる人は、めったにいないのではないだろうか。他人の心の奥に踏みこんで、そこにある危険だらけのジャングルを探検するのが好きで、それを心底楽しめる人でなければ無理だろう。

ドクター・メルフィには性格の振れ幅があり、リスクをきらいながらも、実はリスクに惹かれてもいる人間として描かれる。メルフィのこの矛盾する本質を見せるために、作者たちはシリーズ全体を通して、メルフィをトニー・ソプラノに近づけたり遠ざけたりし、それを激しく繰り返していく。

トニー・ソプラノを患者として引き受けてすぐに、ドクター・メルフィは彼が殺人もいとわないマフィアのボスであることを知る。はじめは辞退するしかないと思ったが、しばらくすると嫌悪感も薄らぎ、診察をつづけていく。両親についての質問を重ねると、トニーはしばしばいきり立ち、セラピーが中断される。だが、しばらくしてその怒りがおさまると、メルフィはいつか暴力の矛先が自分に向くかもしれないと覚悟しつつ、また患者としてトニーを迎え入れる。

第一シーズンの終盤近くで、ライバルのマフィアがメルフィの暗殺を企んでいると知ったトニーは、それを本人に告げる。敵はセラピー中にトニーが内部情報をメルフィに漏らしたのではないかと疑っているからだ。メルフィは身を隠し、そのあいだにトニーは暗殺者を見つけ出して殺害する。危険が去ると、メルフィはトニーの診察を再開する。

中断と再開を繰り返しながら診察をつづけるドクター・メルフィの姿勢は、疑問を呼び起こす。

なぜ精神科医がみずからの命を危険にさらしてまで、どう見ても激しやすい反社会的犯罪者を治療するのか。考えられる答えはこうだ。

意識のレベルでは医師と患者の健全な関係を望みながらも、隠された真の欲求があり、意識下では、健全とは大きく矛盾するもの、つまり危険、それも生死にかかわるほどのものを強く求めている。メルフィの究極課題は、危機一髪のときにしか感じられない胸の高鳴りを経験することだ。

このシーンでは三つの価値要素が変化していく。中断／再開を繰り返す医師と患者の関係、トニーの心のなかの自己欺瞞／自己認識、そして中核の価値要素である、ドクター・メルフィの命の危険／安全だ。これらの要素については、ふたりが良好な関係にあるところ（プラス）からシーンがはじまるが、トニーは自分の倫理観の問題に気づいておらず（マイナス）、さらに重要なことに、危険な患者と向き合うドクター・メルフィが命を脅かされかねなくなる（マイナス）。

このシーンでは、ふたつの強い個性を均衡のとれた対立のなかで向き合わせ、その様子を十三のビートで描いている。はじめの十二ビートはトニーのアクションに対してメルフィのリアクションという形で進むが、最後のビートではそれが逆転し、トニーがドアから出ていくことになる。

ここから先に、このシーンの脚本の抜粋を太字で示した。まず、わたしの分析の部分を飛ばして、太字の部分だけをひととおり読んでもらいたい。読みながら、心のなかでダイアローグに耳を傾けるか、さらにいいのは声に出して演じてみることだ。そうすることで、対立のなかにある感情の動きを、はじめはトニーの立場で、つぎにメルフィの立場で感じとってもらいたい。

このシーンがどのように動いていくかをつかんだら、それぞれのビートとサブテクスト、そしてアクションの形成についてのわたしの分析とともに、もう一度読んでみるとよい。

ドクター・メルフィのオフィス――夕方

グループセッションが終わり、患者たちが出ていくところに、トニーが迷子のようにはいってくる。

ビート1

ドクター・メルフィが目をあげる。トニーを見て驚く。

メルフィ　アンソニー。

トニーは目を伏せ、きまり悪そうにする。ドクター・メルフィはトニーへ向かって歩いていく。

メルフィ　ああ、どうも。

トニー　（はにかみ笑いで）やあ、先生。

アクション：トニーは感じよくふるまい、相手に取り入ろうとする。

リアクション：メルフィは面倒なことになる予感がして、身構える。

サブテクスト：その日、トニーはドクター・メルフィを夕食に二度誘ったが、二度ともことわられた。見込みが薄いのはわかっているので、オフィスへはいっていくときに、気弱で内気なふうを装い、同情を買おうとする。メルフィは笑顔で迎えたものの、なぜまたトニーが会いにきたのかと当惑しつつ、三度目の攻防に備える。

ビート2

トニー　（メルフィに封筒を渡しながら）旅行に行けなくなったダチにもらった。それで、まあ、いっしょに行こうぜ。（説明する）チケット……バミューダ……（ダンスのステップを軽く踏みながら）……泊まるのは、エルボー・ビーチ・ホテル。

メルフィ　（驚いて）豪華な夕食をことわったのに、旅行に行くと思う？

アクション：トニーはメルフィを誘う。
リアクション：メルフィはトニーにあきれる。
サブテクスト：トニーは自分でチケットを購入した。嘘をついただけでなく、さらにまずいのは、こうした誘いこそが、メルフィを娼婦扱いしていることだ。ふたりぶんの夕食は二百ドル、五つ星のエルボー・ビーチ・ホテルで過ごす週末は数千ドル。夕食に誘ってもことわられたのは安すぎたからだ、ではもっと金をつぎこもう、という発想だ。

相手を無視した勝手な思いこみに、メルフィは嫌気がさすが、簡単に暴力を振るう相手なので、直接の対立を避け、侮辱に対してことば巧みに質問で応じる。これは昔から議論で使われる戦術で、質問の形をとっているが、答えを求めるのではなく、自分の答えを遠まわしに伝える。つまり、メルフィの台詞を含みのない書き方にすると、こうなる。「バミューダに連れていけば、あなたと寝ると思うなんて、いったいどういう人？　ばかね」

ビート3

トニー　あいつが行けなくなって、それで、せっかくもらったってのに、どうするんだ、捨てるのか。

ドクター・メルフィはだまったまま立っている。

アクション：トニーは下心がないことを主張する。
リアクション：メルフィは衝突を避ける。
サブテクスト：トニーは批判をかわそうとし、この誘いに他意はなく、ただ無駄にしたくないと思っただけ、つまり、友達の好意を受け入れて誤解された被害者のようにふるまう。ドクター・メルフィは、トニーがセックスに持ちこむための餌として自分でチケットを買ったことを承知しているが、作り話だと言い立てるのではなく、沈黙を武器として使う。まさにこの状況では、ことばを発しないことが、どんなことばよりも効果を発揮する。

ビート4

（つづき）
トニー　わかってくれよ、先生。まじめに話してるんだ。これじゃ、まるでストーカーだな。
メルフィ　言っとくけど、アンソニー、あなたと付き合う気はないの。あなたは魅力的だし、楽しい人だけど、お付き合いは無理。お願い。わかって。こうするのが最善の方法なのよ。そうでしょ。

長い間。

アクション：トニーは同情を買おうとする。
リアクション：メルフィはトニーを責める。
サブテクスト：侮辱されたトニーはメルフィを責めることで、また被害者を演じ、さらに罪悪感をいだかせる作戦に出て、どうにか同情を得ようとする。
それに対し、メルフィは「問題はあなたじゃなく、わたしなの」という戦術をとり、自分を責めているかのように見せる。しかし、「こうするのが最善の方法」ということばに、トニーの警戒心は高まる。メルフィの戦術がどうあれ、その台詞からは、あなたは自分に合わない、どこかおかしいし、心の何かが壊れている、という真意がうかがえる。
トニーはメルフィと寝たいと思って会いにきたが、自分の欠点をほのめかされると、シリーズ開始以来ずっと潜在意識にかかえている欲求を抑えきれなくなる。自分の人生の一大事にかかわる質問、担当の精神科医だけが知っているその質問の答えを聞きたい。いったい自分のどこが悪いというのか。

ビート5

トニー　精神科医のモラルとか、そういう理由じゃないよな？

メルフィ　セラピー再開の選択肢は残しておきたいの。あなたがもどりたいとき、いつでも再開できるように。

アクション：トニーはこの場をどうやって切り抜けるかを考える。
リアクション：メルフィはトニーのためにそのきっかけを作る。
サブテクスト：トニーは、自分の真の姿を直視したくない、と意識のレベルでは思っているので、メルフィがもし「そうね、医師としてのモラルの問題なの」と答えれば、トニーは解放され、このシーンも終わっただろう。ところが、メルフィはそうは言わず、きびしく苦しい、自己認識のためのセラピーを提案する。

ビート6

トニー　そうじゃない。あんたがほしいんだ。
メルフィ　その気持ちはうれしいけど。
トニー　別に喜んでもらいたいわけじゃねえ。
メルフィ　わかってる。

アクション：トニーははっきりと気持ちを伝える。
リアクション：メルフィは時間を稼ごうとする。
サブテクスト：トニーは堅苦しい質問をやめ、強引なアプローチに出る。セックスのためのセックスの誘いで、メルフィの心を掻き乱し、迷わせるのが狙いだ。もちろん、思ったとおりにはならない。メルフィは答えになっていない答えを返して時間を稼ぎ、そのあいだに、真実をどこまで告げるべきか、考えをまとめようとする。

ビート7

トニー　じゃあ、なんなんだ、いったい。なんだっていうんだ。（間、抑えた声で）ちゃんと……わかるように言ってくれ。頼むよ。

メルフィ　つまり、アンソニー、わたしはこれまでセラピーのあいだ、あなたのこと、あなたのやっていることを一度も非難しなかった。そういう仕事だからよ。

トニー　ああ、わかってる。それで？

メルフィ　でも、付き合うとなると、だまっていられない。

アクション：トニーは状況を悪化させる。

リアクション：メルフィは一線を越える。

サブテクスト：トニーは真実を知りたがるが、ほんとうのことを知ったら怒りだすのは明らかなので、ドクター・メルフィは迷う。だが、トニーはあきらめないため、ビート6までは回避しようとしてきたものの、メルフィはとうとう一線を越え、医師ではなく、個人として対応する。それで自分自身を危険な立場へ追いやることになる。

ビート8

トニー　何を？

メルフィ　価値観が……ちがいすぎるの。

アクション：トニーはメルフィを追いつめる。
リアクション：メルフィはトニーを蔑む。
サブテクスト：トニーが威圧して答えを迫ると、メルフィはトニーを見くだして、彼の隠れた弱さを知っていることをふたたびほのめかす。

メルフィのことばのサブテクストを、トニーは自力で察知する。ふたりの価値観が「ちがいすぎる」というメルフィのことばは、ただの婉曲表現で、つまりは「わたしの価値観は、まちがいなくあなたのよりも格上だけど、それについてはふれないでおきましょう」という意味だ。「価値観」ということばで不意を突かれ、遠まわしな言い方に怒りを覚えるが、トニーはなんとかこらえる。

ビート9

トニー　おれの価値観が気に入らないわけか。
メルフィ　正直に言っていい？
トニー　ああ。

張りつめた間。

メルフィ　そうよ。

アクション：トニーは、あえてメルフィが自分に逆らうように仕向ける。
リアクション：メルフィはトニーの価値を否定する。
サブテクスト：人間の価値は、その人が持つ価値観の質と、その価値観に基づく行動によって決まる。トニーの価値観を否定することで、メルフィはトニーの人間としての価値を否定する。トニーが問いつめても、ドクター・メルフィはたじろがない。むしろ、彼を軽蔑していることを隠しもせず、しかもそれがなんの前ぶれもなく、意外なほど強烈な言い方だったので、トニーはこれまでのなじるような口調を改める。

ビート10

トニー　そうか。（間）たとえば？
メルフィ　（時計に目をやり）もう遅いし。

アクション：トニーは穏やかに尋ねる。
リアクション：メルフィはこの場を出ていく最後のきっかけをトニーに与える。
サブテクスト：傷ついたトニーは最悪の事態を恐れ、態度を軟化させる。ドクター・メルフィは、自分の考えを伝えたら、トニーが傷ついて怒りだすかもしれないと考え、説明しなくてすむ口実を用意する。

ビート11

トニー　おい、おい、そりゃないだろ。はっきり言えよ。平気だ。だいじょうぶだ。

メルフィ　じゃあ、言うけど……あなたは誠実じゃない。女性を見くだしてる。まわりのだれも大切にしない人よ。

アクション：トニーは最悪の事態を招く。

リアクション：メルフィは手加減する。

サブテクスト：ある時点でトニーは気づく。「おれのどこが悪いんだ?」に対する答えがわかったら、体が焼けるような思いをするだろう。だが、どんなにつらくても突き止めよう、と決心する。

ドクター・メルフィがトニーにきびしい現実を突きつけたとき、そのことばづかいでショックが和らいだことに注目したい。トニーに向かって、嘘つき、虐待者、あるいはもっとひどい呼び方を使うこともできたが、メルフィは冷静さを保ち、「誠実じゃない」「まわりのだれも大切にしない人」ということばを選んだ。

ビート12

トニー　おれが人を大切にしないって?

メルフィ　大切にしてるかもしれない、わからないけど。でも、ほしいものは奪おうとする。力ずくでも、脅してでも。

アクション：トニーは自分を疑いはじめる。
リアクション：メルフィは最初の一撃を繰り出す。
サブテクスト：トニーはこれまで一瞬たりとも家族や友人や恋人への愛情を疑ったことはなかった。けれども、ドクター・メルフィに自分のなかの暴君の資質を指摘されると、何も言い返せない。否定しようとしても、問いかけにしかならず、それも、メルフィだけでなく自分自身に尋ねているようだ。
ひとつひとつ、事実に事実を積み重ね、メルフィはトニーの自尊心を打ち砕く。面目をつぶされ、男としてのプライドを傷つけられたトニーが暴力に走ることはじゅうぶんありうる。決定的な事実を隠さず告げて、暴力を受けるか、それとも何も言わずに安全を確保するか、メルフィはジレンマに陥る。どうするかを決め、覚悟して最後のビートに臨む。

ビート13

（つづき）
メルフィ　そんなの耐えられない。暴力だって見たくない――
トニー　――うるせえ……
トニー、走って出口に向かう。乱暴にドアを閉め、ロビーから怒鳴る。
トニー　……くそ女め。

アクション：メルフィは二発目を打ちこむ。
リアクション：トニーは罵倒のことばでメルフィにとどめを刺す。
サブテクスト：ビート12で、メルフィはトニーのモラルを非難するが、ビート13では、マフィアとしての生き方すべてを批判するだけでなく、まわりの人間まで中傷する。
こんな侮辱を受け、トニーはメルフィを殺すこともできる。同じ理由で、これまでも何人も殺してきた。だが、このときはあえてその場を立ち去る。理由は作者が設定した最初のシーンにある。トニーがドクター・メルフィのオフィスに来たとき、ちょうどグループセッションが終わったばかりで、何人もの患者がトニーとすれちがった。患者たちのあいだに立っているトニーに気づいたメルフィは、声をかけた。つまり、おおぜいの目撃者がいる。もしここでメルフィが襲われたら、そこにいたのはトニーだとその患者たちが証言するだろう。百戦錬磨のトニーがそんなまちがいを犯すはずもなく、代わりに最も醜悪なことばを投げつける。
　この最後のビートには、鋭い皮肉がこめられている。メルフィはトニーに、暴力を見るのは耐えられないと言うが、実は、暴力を肌に感じてアドレナリンが体中を駆けめぐるのをひそかに望んでいるのではないだろうか。
　ビート13以外のすべてがトニーではじまっているが、このシーンをクライマックスへと運ぶのはドクター・メルフィの受け身の攻撃しか考えられない。まずメルフィは、セックス目的の誘いをかわし、ビート4では理由を知りたがるトニーをじらし、最後にはトニーが恐れる自己発見へと導く。結局のところ、メルフィの性格はトニー以上に強く、それが最初から最後まで、この対立の場を支配している。

サブテクストの進展

アクションの説明だけをまとめたので、見てもらいたい。アクションによってどのようにシーンが展開していくか、注意して追ってみよう。対立ははじめの四つのビートで深まり、ビート5で一時的に小休止、それからビート13のクライマックスへと進んでいく。つぎに、このような展開によって、問題となっている三つの価値要素がシーン内でどのように変化するかに注目する。（1）医師と患者の関係から生まれた友情／嫌悪がプラスからマイナスへ変わる。（2）トニーにとって心地よかった自己欺瞞（プラスの皮肉）が痛みをともなう自己認識（マイナスの皮肉）へ変わる。（3）ドクター・メルフィの差し迫った危険／安全がマイナスからプラスへ変わる。

ビート1：感じよくふるまい、相手に取り入ろうとする／面倒なことになる予感がして、身構える
ビート2：メルフィを誘う／トニーにあきれる
ビート3：下心がないことを主張する／衝突を避ける
ビート4：同情を買おうとする／トニーを責める
ビート5：この場をどうやって切り抜けるか考える／トニーのためにきっかけを作る
ビート6：はっきりと気持ちを伝える／時間を稼ぐ
ビート7：状況を悪化させる／一線を越える
ビート8：メルフィを追いつめる／トニーを蔑む
ビート9：あえてメルフィが自分に逆らうように仕向ける／トニーの価値を否定する

ビート10：穏やかに尋ねる／この場を出ていく最後のきっかけを与える
ビート11：最悪の事態を招く／手加減する
ビート12：自分を疑いはじめる／最初の一撃を繰り出す
ビート13：二発目を打ちこむ／罵倒のことばでメルフィにとどめを刺す

内面のアクションがどのように最終的なことばになるのか、ふたりのダイアローグを検討しよう。

内容、長さ、ペースという三点で比較する。

内容：このシーンに登場するとき、トニーはだれからも愛されず、むなしさに襲われ、みずからの存在に意義を見いだせずにいる。これまで命を危険にさらして築いてきた人生が、もはや意味をなさない。こうした状態で、人は当然ながら大きな疑問にぶつかる。最も本質的な疑問――「自分はだれなのか」と「なんの意味があるのか」だ。

トニーの台詞の半分が疑問文だったことに注目したい。残りはすべて嘘か懇願で、それをぶつけるのはドクター・メルフィに自分の問題を解決してもらいたいからだ。答えをせがみつづけるなかで、唯一異なるのは最後の台詞だが、これは弱りきったトニーが助けを求めた悲痛な叫びなのかもしれない。

メルフィのシーンは仕事のただなかではじまり、自信に満ち足りている。セラピストとしての技能のおかげで、自分の望むもの、つまり患者の心の闇を照らす力が掌中にある。そのため、メルフィの台詞は意見の表明であり、トニーからの質問に対する答えを、メルフィは時間をかけて、ときどきはぐらかしつつ、小出しにしていく。

長さ：第七章で書いたように、感情を抑えられなくなった人の口から出る語句や文は短くなる傾向がある。反対に、感情のコントロールができている場合は、総じて長いものだ。

トニーが使うことばは、英語では短い音節のものが多いのに対し、メルフィは長めの単語をよく使い、文も長い場合が多い。トニーのほうは、「チケット」「バミューダ」など、一語ですべてを言い表そうとすることもある。

ペース：スポーツの大会では、試合のペースを支配する選手がたいがい勝利を手にするものだ。実生活もそれに似ている。まず見てもらいたいのは、スタッカートの効いたトニーの話し方と、けだるいテンポのメルフィの語りが、対照的なふたりの心の状態を映していることだ。つぎに、かっとなってトニーが言う「じゃあ、なんなんだ、いったい。なんだっていうんだ」と、メルフィがゆっくりと口にする長い文を比べてみよう。トニーは力ずくで冒頭のビートを突き進もうとするが、結局のところ、このシーンのペースを決めるのはメルフィのモラルの力だ。メルフィはたっぷり時間をかけるのに対し、トニーはしばしばことばに詰まり、打ち負かされて出ていく。

まだこのドラマを見ていなければ、ネットでこのシーンを見てみるといい。ダイアローグの内容、長さ、ペースを巧みに対比させたことで、俳優の演技がしっかりと方向づけされているのがわかるだろう。

実生活では、感情は腹の底から湧きあがり、体全体へひろがっていくと言われる。そのため、演技指導者は生徒に、頭で考えるな、腹で考えろと教える。未熟な俳優は頭で考え、操り人形のように糸を使って自分の手足を動かそうとする。すぐれた俳優は対立や葛藤を腹で受け止め、あとは自身を役柄に委ねる。

直感で演じるためには、俳優がことばの意味を腹で感じられるテクストとサブテクストが必要であり、それがあってはじめて概念と感情が結びつき、生き生きと臨場感のある自然なダイアローグが生まれる。「ザ・ソプラノズ　哀愁のマフィア」の脚本は近年では最もすぐれたものであり、だからこそジェームズ・ガンドルフィーニは、腹の底からの好演技で、エミー賞や全米映画俳優組合賞やゴールデン・グローブ賞を獲得できたのである。

14 喜劇的な対立

すべての登場人物は、ストーリー全体を貫く第一の目的（究極課題）を追い求める過程で、シーンごとの二次的な目的を追求する（シーンの課題）。けれども、過去に語られたすべてのストーリーを悲劇から道化芝居へと至る流れに沿って並べれば、悲劇の登場人物と喜劇の登場人物が、まったく異なるスタイルのダイアローグの形式を用いてこうした追求をおこなっていることが、明らかになるだろう。

理由は単純だ。この二種類の人物像は、根本的にまったく異なる精神構造を具えている。考え方がちがえば、話し方もちがう。そのため、それぞれについてのダイアローグを書くには、明確に異なる技法が必要だ。

悲劇（シリアスドラマ）の登場人物は、人生で必要なものをいくらかの自覚をもって追い求める。性格的にも柔軟性があるので、緊迫したシーンでは一歩引いて「うわっ、これじゃ殺されてしまう」と考える。それでも追求をやめるとはかぎらないが、その理不尽さと危険は自覚している。たとえば、トニー・ソプラノは、怒りのさなかにあっても、公衆の面前で殺人を犯さないだけの分別は持ち合わせている。

喜劇（コメディ）の登場人物を特徴づけているのは、融通がきかない性格だ。ほかの選択など目にはいらないかのように、貪欲に目標へ向かっていく。たとえば、この章でのちに分析するシーンでは、ふたりの精神科医（すなわち、分別があるはずの職業人）が、兄弟間のライバル意識にとらわれるあまり、幼児退行を起こす。

何世紀も前には、喜劇の登場人物の執着心は「気質」として知られていた。一六一二年に劇作家のベン・ジョンソンが、自作の喜劇『気質を捨てて』に書いた序幕のことばは、中世医学の理論をもとにしているが、その主張によると、人間の体は四種類の体液――血液、粘液、黄胆汁、黒胆汁――が人それぞれの比率で配合されていて、それによって各人各様の気質が決まるとされている（先人たちがなぜ性的な要素を液体として構成分子に加えなかったのかは不明だが、わたしには大いに影響があると思えてならない）。

ジョンソンは、この理論を喜劇の登場人物の比喩としてとらえ、気質とは以下のように生まれると定義している。

あるひとつの独特の性癖が
人間を支配して、引き出す
その者のすべての感情、魂、力を
それらは合流し、ひとつの流れとなる

わたしのコメディの講座では、ジョンソンの言う「あるひとつの独特の性癖」を病的な執着心と呼んでいる。第十一章で述べたとおり、コメディの登場人物のなかでは、欲求が執着心と呼べるまでに高まる。登場人物はこれに強く縛られて、脱することができない。自己のあらゆる要素ががんじがらめになり、それゆえにおかしみが生じる。しかも、この執着心はその人物の目をくらませる。妄執に駆り立てられているのに、自分では気づかないのだ。だれの目から見ても常軌を逸しているが、本人にとって、その執着心は正常なものでしかない。

たとえば、十一作に及ぶピンク・パンサー・シリーズの主役、ジャック・クルーゾー警部（ピーター・セラーズほか）を見てみよう。クルーゾーは自分の無能さにまったく気づかずに、完璧であることに執着し、世界一の捜査官になるという妄想にただただ取りつかれている。

ウディ・アレン演じる『アニー・ホール』のアルビー・シンガーや、「ラリーのミッドライフ★クライシス」でラリー・デヴィッド自身が演じる主人公など、コメディの主人公のなかには、みずからの執着心を絶えず細かく分析し、神経症の徴候を探すのに余念がない者もいる。だが、自己分析にふけること自体が病的な執着だということを、彼らは理解していない。真剣に自身の精神分析をおこなえばおこなうほど、おかしく――ふたつの意味で――なっていく。

コメディの主人公の場合、病的な執着心はごくふつうの性格に巣くっているものであり、当人は信用が厚く多くの側面を持つ個性的な人物であることが多い。一方、コメディの手法では、多様性が制限される。というのも、ジョークには客観性が必要だからだ。笑いは、ふたつの異質の概念が心のなかで唐突にぶつかり合った瞬間に起こる。その非論理性が一瞬で認知されなければ、ギャグはあいまいに空まわりするだけだ。そのため、読者や観客の心をしっかりと集中させ、同情のはいりこむ余地がないようにしなくてはならない。

第十一章の「30 ROCK／サーティー・ロック」のケーススタディでは、登場人物のなかに一貫して存在する矛盾について考えた。それは、外見上の特徴と内面の真の人格との矛盾（たとえば、『アウト・オブ・サイト』のジャック・フォーリーの、ロマンチックな外見と銀行強盗ならではの哲学）の場合もあれば、自我の奥深くにある矛盾（たとえば、王座に就くためのマクベスの血塗られた野望と、王になるために犯した行為への罪悪感）の場合もある。

深い自己矛盾（たとえば、前章で見たドクター・メルフィとトニー・ソプラノの内面）は、読者や観客のなかに同じ人間としての共感を湧きあがらせ、その人物の幸福を願う思いやりの気持ちを生む。シリアスドラマでは感情移入は喜ばしいことだが、コメディでは、共感と思いやりは笑いを台なしにしてしまう。

この理由から、コメディの主役がかかえている内的矛盾は、ほとんど例外なく、シリアスドラマの主役よりも少なく、葛藤する自我の潜在意識のレベルではまったく存在しないと言ってよい。コメディで見られる矛盾は、見かけと現実との齟齬である。つまり、登場人物が考える自分自身の姿と、実際にわれわれの目に映る愚かな姿との差異だ。

コメディの端役――おたく、わがまま女、マッチョ、お気楽娘、気どり屋、自慢屋、説教好き、奇人変人など――は、自分が執着するものをあからさまに追い求める。妄想こそが唯一の特徴だからだ。想像がつくだろうが、こうした一面的な役柄のために新鮮で画期的なダイアローグを書くのはなかなかむずかしい。実のところ、多くのコメディがこの点で失敗している。脇役が話すシーンで、その執着心が邪魔になって、凡庸な台詞と平板なリアクションしか生まれないことがあまりにも多い。

「そりゃないぜ!?　フレイジャー」

ピーター・ケイシー、デヴィッド・リー、デヴィッド・エンジェルの脚本によって、ホームコメディ「チアーズ」のスピンオフ作品として制作された「そりゃないぜ!?　フレイジャー」には、独特の執着心にとらわれた人物が登場する。このドラマはNBCで一九九三年から二〇〇四年にかけて放映され、エミー賞史上最多（当時）となる通算三十七部門で受賞を果たしている。ドラマは、ラジオ人生相談のパーソナリティである精神科医フレイジャー・クレイン（ケルシー・グラマー）と弟のナイルズ（デヴィッド・ハイド・ピアース）、そしてこのふたりを取り巻く人々の日常を描く。

フレイジャーとナイルズは、ともにさまざまな執着心を持っている。これが究極課題となってストーリーに織りこまれ、十一シーズンにわたる二百六十四話を通して見え隠れしながら、シリーズ全体に統一感を与えている。フレイジャーもナイルズも、恥をかくことをひどく恐れ、社会的地位や知識人・文化人としての名声を強く望んでいる。これらがすべて、ふたりの度を超えた、ときに俗物根性丸出しの尊大な態度に結びつく。さらに、強烈な自尊心を持つ喜劇的人物の例に漏れず、このふたりも性的妄想に取りつかれている。

第一シーズンの「フレイジャー、執筆する」というエピソードで、フレイジャーとナイルズは、兄弟間のライバル意識についての本を書く契約を出版社と結ぶ。ともに精神科医で、実の兄弟でもあるふたりには、たやすいことのはずだった。しかし困ったことに、ふたりは締め切りの前日まで手をつけることなく過ごしてしまう。

切羽詰まったふたりは、ホテルの部屋に缶詰めになり、苦心惨憺して出だしを書こうとする。だがそこで、面目を失うことを恐れて何もできなくなる――「この本が失敗したら、世間からどう思われるだろう?」と。すっかり行きづまったふたりは、何も書けずに一昼夜にわたってミニバーで飲み食いにふける。

最初の四つのビートは、屈辱/プライドの価値要素に基づくが、懸念はすぐに、シリーズを貫くもうひとつの壮大なる執着心へと移っていく。それは互いへの妬みと絶え間ない競争意識だ。言い換えれば、兄弟間のライバル意識であり、まさにふたりが苦労して執筆しようとしている本のテーマそのものである。放映されたシーンでは、ともにいびつな性格を持つフレイジャーとナイルズの直接の対決が三分四十秒にわたってつづく。

前章と同様に、ふたつの角度からシーンを見ていこう。外から内へ目を向け、シーンを構成するアクション/リアクションのビートを順に見ながら、シーン内の重大な価値要素がどう変わっていくかを分析する。つぎに、こんどは内から外へと、見る角度を逆にして、欲求、敵対する力の察知、言動の選択、アクション/リアクションの各段階に注意し、フレイジャーとナイルズの意図や駆け引きがコメディのダイアローグとして表現されるのを追っていく。

ここでも、シーン全体が太字で書いてある。まずはその部分を通して読み、つぎにわたしのコメントに照らして再読してもらいたい。

ホテルの部屋・中――早朝

ナイルズがコンピューターのキーボードの前でうとうとしている。
フレイジャーがカーテンをあける。

ビート1

（窓から外を見るフレイジャー）

フレイジャー　ああ神様！　もう朝だ！　金曜だ！　（弟を振り返って）ナイルズ、もう認めようぜ。いっしょに仕事をするなんて無理だ。本なんか書けやしないよ。

ナイルズ　そりゃあ、そんな態度だから無理なんだろ。

アクション：フレイジャーはナイルズに失敗を認めるよう促す。

リアクション：ナイルズは失敗をフレイジャーのせいにする。

サブテクスト：最初、ナイルズとフレイジャーのシーンの課題は同じで、つまり相手に責任を押しつけることだ。フレイジャーは殊勝にも、責任の一端を負おうとしているが、ナイルズは自分のプライドを守るため、失敗をすべて兄のせいにする。ふたりは即座に互いの敵となり、つづく四つのビートでは基本的に罵り合いを戦術としている。悪態は激しさを増し、最初のうちこそ告発の体をなしているが、ビート6までにすっかり化けの皮が剥がれる。

テクニック：コメディを書くには、技巧に富んだ誇張が必要である。大げさな歪曲表現でも笑いを引き起こすことができるが、おもな効果は、登場人物と読者や観客とのあいだにじゅうぶんな距離をとって、社会が正常と見なすものとその人物の行動との差異を際立たせ、途方もなく道をはずしているのを示すことだ。

フレイジャーの最初の台詞に注目してもらいたい。単に「もう朝だ」と言ってもよいところで、神の名を呼んでいる。コメディのダイアローグは誇張によって成り立つ（控えめすぎる表現もまた一種の誇張だが）。

ビート2

フレイジャー　もうやめないか？　なあ。フィナーレってことだよ。幕はおりたんだ。もう帰ろう。

ナイルズ　そりゃ、兄さんは簡単に投げ出せるだろうよ。本を書くなんて、夢でも何でもないもんな。おえらいラジオ人生相談の先生さまよ。

アクション：フレイジャーはナイルズを愚か者呼ばわりする。

リアクション：ナイルズはフレイジャーを俗物呼ばわりする。

サブテクスト：フレイジャーは、ナイルズがわかりきった事実に気づいていないと非難する。これこそ愚か者ということだ。一方、ナイルズは、フレイジャーが鼻持ちならないほど傲慢で、弱いものを見くだしていると非難する。これこそ俗物ということだ。ふたりの非難合戦は文学的な色合いを帯びていく。

ナイルズとフレイジャーはともに文化人を気どっている。本を書くのはもう無理だというとき、フレイジャーがオペラや舞台の用語を持ち出しているのに注意してもらいたい。

ビート3

フレイジャー　癇癪を起こしている理由はそれか。おれが有名だからひがんでるってわけだ。

ナイルズ　癇癪なんか起こしてないし、ひがんでもいない。ただもう、うんざりなんだよ！　なんでもかんでも二番目っていうのにうんざりだ。ママみたいな精神科医になりたいって言ったのはぼくのほうが先だったよな。でも兄さんのほうが年上だから、先になれた。結婚したのも兄さんが先。父さんが待ち望んでいた孫の顔を見せたのも兄さんが先。ぼくが何かやろうとすると、おいしいところは全部、チューチュー吸いつくされちゃってるんだ。

アクション：フレイジャーはナイルズを駄々っ子呼ばわりする。
リアクション：ナイルズはフレイジャーを高慢ちき呼ばわりする。
サブテクスト：フレイジャーの非難は的を射ている。ナイルズの苛立ちは子供じみており、フレイジャーが故意に人生のスポットライトをひとり占めして、弟の夢を壊していると非難する。自分の誇りを守るために、ナイルズは偶然と悪意をないまぜにして語っている――ずいぶんな誇張だ。
テクニック：「チューチュー吸いつくされ」という表現に注目しよう。場ちがいな響きが軽妙な笑いを呼ぶが、その言外の意味は、つづくシーンと密接に関係している。母親は自分の乳房を思いきり吸わせて子供を育てていく。このシーン全体が、ベンジャミン・バトンの物語のような趣向を凝らした比喩になっていて、ふたりの兄弟を赤ん坊のころへと退行させていくため、クライマックスでフレイジャーは、かつて失敗に終わったナイルズへの幼い殺意をよみがえらせることになる。

ビート4

フレイジャー　変えられないことをつべこべ言うな。
ナイルズ　変えられたとしても、やらないだろ。気に入っているじゃないか。

アクション：フレイジャーはナイルズをマゾヒスト呼ばわりする。

リアクション：ナイルズはフレイジャーをサディスト呼ばわりする。

サブテクスト：フレイジャーはナイルズが理由もなく泣き言を言っていると非難する。必要もなく苦難にふける人間こそ、まさしくマゾヒストと呼ばれる。お返しにナイルズは、自分の苦痛をフレイジャーが見て楽しんでいると非難する。他人が苦しむのを見て楽しむ人間こそ、まさしくサディストと呼ばれる。ともに精神科医であるふたりは、互いに痛いところを突き合う。

テクニック：ジョークは伏線／落ちのふたつの部分から成り立つ。伏線で引き出したエネルギーを、落ちで笑いとして爆発させる。コメディのエネルギーとなるのは、おもに攻撃的感情、防御的感情、性的感情の三つである。そのため、コメディのサブテクストをじっくり見ると、恐怖や怒りや激情が隠されていることがある。だからこそ、伏線が強力であるほど大きな笑いが起こる。

わたしの解釈の腹黒さには賛否両論があるだろうが、クライマックスまで行ったら、もう一度読み返して、あてはまるかどうか見てもらいたい。

ビート5

フレイジャー　もうやめろ、ナイルズ。

ナイルズ　やめるもんか。毎日毎日思い知らされてるんだよ。ぼくは精神医学会の理事をつとめてる。研究も学会で高く評価されてる。患者からは四人も政界に進出してる。それなのに、目立つのは兄さんのデカい顔ばかりだ。街じゅうのバスの横っ腹でね。

アクション：フレイジャーはナイルズを泣き虫呼ばわりする。

リアクション：ナイルズはフレイジャーを目立ちたがり屋呼ばわりする。

テクニック：作者は高尚なものを通俗的に語るという技法を使って、ビート5のジョークを構成している。

ナイルズの不公平への怒りが伏線となり、「精神医学会」「学会」「政界」といった仰々しい集団を並べたなかにエネルギーが蓄えられていく。ところが、落ちで投げつけられる爆弾は「兄さんのデカい顔」というまぬけなことばだ。

サブテクスト：バスの車体広告に顔写真が使われていることをフレイジャーは自慢に思っている。それを感じとったナイルズは、決定的な屈辱を味わう。屈辱／プライドという価値要素が出つくし、兄弟のライバル意識に根ざした、より深刻な価値要素が表面化する。勝ち／負けだ。

ビート6

フレイジャー　（憤慨して）おれの顔はデカくない。

ナイルズ　よく言うよ。木の実を頬っぺたにためこんでるんだろ？　冬に備えてさ。

アクション：フレイジャーは自分の顔をかばう。

リアクション：ナイルズはフレイジャーの顔をけなす。

サブテクスト：ビート6に至って、ふたりのサブテクストはテクストまで浮上し、これにつづくすべてのビートは、ほぼ直接的な表現となる。

ビート7

フレイジャー　ふん、少なくともへなちょこ野郎よりはましだ。
ナイルズ　だれがへなちょこだって？　このデカ顔！
フレイジャー　おまえだよ、へなちょこ！
ナイルズ　デカ顔！
フレイジャー　へなちょこ！
ナイルズ　デカ顔！
フレイジャー　へなちょこ！
ナイルズ　デカ顔！

アクション：フレイジャーはナイルズの容姿をけなす。
リアクション：ナイルズはフレイジャーの容姿をけなす。
テクニック：「へなちょこ」とはみごとなことばの選択で、いかにもフレイジャーらしい。とはいえ、中傷合戦はどうもフレイジャーのほうが分が悪い。というのは、ナイルズのへなちょこぶりよりもフレイジャーのデカ顔ぶりのほうがまさっているからだ。追いこまれたフレイジャーは、ことばではなく腕力に訴える。

ビート8

フレイジャー　撤回しろ！
ナイルズ　いやなこった！

アクション：フレイジャーはこぶしを握る。
リアクション：ナイルズもこぶしを握る。
サブテクスト：「こぶしを握る」というのは、精神的にも感情的にも戦う準備を整えたという意味だ。

ビート9
フレイジャー　撤回させてやる。
ナイルズ　やれるもんならやってみろ。

アクション：フレイジャーはどこから攻撃するかを見きわめる。
リアクション：ナイルズは兄をけしかける。
サブテクスト：この短いビートで、ふたりの兄弟はどこまで戦いを進めるかを見きわめる。フレイジャーが口火を切る。

ビート10
フレイジャー　そうか、それなら……（弟の胸毛をむしりとる）……こうしてやるさ。
ナイルズ、痛みで顔をしかめる。

アクション：フレイジャーはナイルズを攻撃する。
リアクション：ナイルズは反撃の機会を狙う。

サブテクスト：悲鳴をあげながらも、ナイルズは全面戦争を選ぶ。
テクニック：険悪な怒鳴り合いのあとで、胸毛をむしりとるという無意味な行為があまりにも珍妙でおかしい。ここでは、やる／やれる／やって／やる、という音の繰り返しが俳優の台詞でスタッカートのリズムを刻み、ペースをあげていく。

ビート11
フレイジャーは立ち去ろうとするが、追っていったナイルズが背中に飛びかかり、強烈なヘッドロックをかける。

フレイジャー　（叫ぶ）おい、おい、ナイルズ、やめろ！　おれたちは精神科医だぞ、格闘家じゃないんだ！

アクション：ナイルズはフレイジャーを攻撃する。
リアクション：フレイジャーはナイルズを欺こうとする。
サブテクスト：フレイジャーは、単に「おれたちは医者だぞ、ボクサーじゃない」と言ってもいいはずだ。しかし、ナイルズの虚栄心をくすぐってなだめるために、専門的な職名と小むずかしい格闘家ということばを使う。この駆け引きは成功する。

ビート12
ナイルズはフレイジャーを放す。

フレイジャー　また引っかかるとはな。

フレイジャーは向きなおって、ナイルズに強烈なヘッドロックをかける。

アクション：ナイルズはフレイジャーの策略に落ちる。
リアクション：フレイジャーはナイルズに反撃する。
サブテクスト：ふたりは幼児退行を起こす。フレイジャーのやり口からは、ふたりがこの手の駆け引きを互いに何度も仕掛けてきたことがうかがえる。

ビート13
フレイジャーはナイルズをベッドに投げ飛ばし、ナイルズの上に跳び乗って、襟首をつかんで締めあげはじめる。

ナイルズ　ええい、くそ。思い出したよ。ベビーベッドにいたおれに跳び乗ってきたよな。

アクション：フレイジャーはナイルズの息の根を止めようとする。
リアクション：ナイルズは恐怖におののく。
サブテクスト：ふたりの暴力行為が、フレイジャーのかつての野蛮な本能を呼び覚ます。恐怖におののくナイルズに赤ん坊のころの記憶がよみがえり、フレイジャーがかつて実際に自分をつぶそうとしたことを思い出す。

ビート14

フレイジャー（弟の首を締めあげながら叫ぶ）ママはぼくのものだぞ！

フレイジャー、自分の凶暴な行為にショックを受け、ベッドから跳びおりてドアから走り去る。

アクション：フレイジャーはナイルズの首を絞めあげる。

リアクション：フレイジャーは現場から走り去る。

サブテクスト：大きく誇張されたこのビートは大きな笑いを呼ぶが、それは本能的な衝動からエネルギーが引き出されているからだ。カインとアベルの物語は、西洋文化の原型のひとつである。兄弟間のライバル意識は、信じがたいほど頻繁に暴力へと発展する。子を持つ親ならだれもが知っているはずだ。シリアスドラマなら、この最後のビートは悲劇で終わるだろう。だがコメディでは、悲劇的となるはずの結末を笑いでまとめる。ケルシー・グラマーが興奮して叫ぶ「ママはぼくのものだぞ！」という台詞は、このビートに最高の笑いをもたらす。

サブテクストの進行

このシーンでは、内面の大きな変化は起こらない。以下に並べたサブテクストのアクション／リアクションをくわしく見て、螺旋構造を理解しよう。

ビート1：ナイルズに失敗を認めるよう促す／失敗をフレイジャーのせいにする

ビート2：ナイルズを愚か者呼ばわりする／フレイジャーを俗物呼ばわりする
ビート3：ナイルズを駄々っ子呼ばわりする／フレイジャーを高慢ちき呼ばわりする
ビート4：ナイルズをマゾヒスト呼ばわりする／フレイジャーをサディスト呼ばわりする
ビート5：ナイルズを泣き虫呼ばわりする／フレイジャーを目立ちたがり屋呼ばわりする
ビート6：自分の顔をかばう／フレイジャーの顔をけなす
ビート7：ナイルズの容姿をけなす／フレイジャーの容姿をけなす
ビート8：こぶしを握る／こぶしを握る
ビート9：どこから攻撃するかを見きわめる／兄をけしかける
ビート10：ナイルズを攻撃する／反撃の機会を狙う
ビート11：フレイジャーを攻撃する／ナイルズを欺こうとする
ビート12：フレイジャーの策略に落ちる／ナイルズに反撃する
ビート13：息の根を止めようとする／恐怖におののく
ビート14：ナイルズの首を絞めあげる／現場から走り去る

ふたりの兄弟は、互いの性格を攻撃することからはじまり、つぎに外見上の欠点をけなし合う。さらには、感情的な攻撃になり、ついには命にかかわりそうな暴力へと陥る。十四のビートに及ぶ兄弟の大立ちまわりはあまりにもおかしい。

コメディのダイアローグの手法

残酷さから着想を得た笑いが可能なのは、長い年月を経た慣習があるからだ。ストーリー作りの発祥から、作家たちは観客の痛みに対する認識をコントロールすることによって、悲劇と喜劇のあいだに明確な一線を引いてきた。真の悲劇では、だれもが傷つく。真の喜劇では、だれもほんとうの意味では傷つかない。

コメディの登場人物たちが、苦悶し、叫び、壁を叩き、髪を掻きむしったとしても、その気迫が激しすぎるあまり、ほんとうには傷ついていないことを読者や観客は理解し、安心して笑っていられる。明らかなコメディの様式でなければ、読者や観客は苦悩する登場人物に当然ながら同情してしまう。コメディの作り手は共感されたら終わりだ。思いやりから笑いは生まれない。そのため、コメディの技法では、読者や観客を冷静かつ批判的で共感などしない状態――痛みとは無関係の場所――に置かなくてはならない。

感情的な距離を保って、笑いを引き起こすための四つのテクニックを以下にまとめる。

(1) 明快さ　笑いを台なしにするのは共感だけではなく、あいまいさやとまどいなど、あらゆる混乱のたぐいが笑いの敵だ。笑いを途切れさせないためには、サブテクストからすべてが明快でなくてはならない。登場人物が悪事を働こうとしている場合、読者や観客がその悪事が何かを正確に知らなくてもよいが、これから悪事を働くということだけははっきりさせる必要がある。

ことばの使い方も同じだ。あいまいで冗長な台詞を並べても笑いをとれない。コメディを書こうとするなら、第五章から第七章で述べた表現の原則を読み返してもらいたい。すべての論点がコメディを書くことにあてはまるはずだ。とりわけ、簡潔明瞭という基本を大切にしよう。最高のジョークは、少ない語数でかぎりなく明快なことばを使っているものだ。

(2) 誇張　コメディのダイアローグは、原因と結果のあいだのずれが大きいほどうまくいく。このずれを誇張するために広く使われる手法はおもにふたつある。ひとつは些細な物事を大げさな表現でふくらませること（「ママはぼくのものだぞ！」）、もうひとつは重大な物事を過小表現で縮ませることだ（「ハリー・ポッターのテーマパークは、イギリスおたくだの、美少年おたくだのに大受けだ」）。コメディの誇張表現にはさまざまなものがあり、方言、非論理的な話、ことばの誤用、物真似、虚言、皮肉、さらには無意味なたわごとやナンセンスへもつながっていく。

(3) タイミング　前述したように、ジョークはふたつの部分で成り立っている。伏線と落ちだ。伏線は読者や観客から、攻撃的、防御的、性的な感情のどれか、またはすべてを引き出す。落ちはそのエネルギーを笑いとして爆発させる。そのため、伏線で感情の高まりが頂点に達したまさにその瞬間に落ちが来なくてはならない。早すぎれば笑いは弱くなるし、遅すぎれば不満が残る。また、落ちのあとに笑いを台なしにするようなものがいっさいあってはならない。

「30 ROCK／サーティー・ロック」からふたつの例をあげてみよう。

「エイヴリーはこの世のだれにも負けない完璧な女性だ。見た目は若き日のボー・デレク、中身はバリー・ゴールドウォーター」。エイヴリー（エリザベス・バンクス）とボー・デレクの名前が性的なイメージを喚起し（伏線）、セクシーさの対極にあるものとして、バリー・ゴールドウォーターという六〇年代の超保守系政治家の名前があがることで、それが笑いに変わる（落ち）。

「仮に屈したら、わが家での主導権を失う。知らないうちにジーンズを穿かされ、小説を読む」。ここでは、攻撃的で男らしい支配性（伏線）が、（ジャックの考えでは）女性的な行為である「小説を読む」（落ち）によって反転する。

どちらのジョークも掉尾文で書かれている。落ちのことばでギャグが終わったあとに間が置かれ、つぎのビートへ意識が移るまでのあいだに、観客が笑う余地を与えている。ボードビルの世界でも古くから言われているが、自分のギャグの尻尾を踏んではいけない。

「そりゃないぜ⁉　フレイジャー」のシーンでも、「おえらいラジオ人生相談の先生さま」「チュー チュー吸いつくされちゃってる」「バスの横っ腹」「デカい顔」「へなちょこ」「ママはぼくのもの」など、落ちはすべて台詞の最後に来ている。

唯一、ビート6でのナイルズの台詞で、落ちが前に来ているものがある。「よく言うよ。木の実を頬っぺたにためこんでるんだろ？　冬に備えてさ」という台詞にある「木の実」だ。「よく言うよ。冬に備えてためこんでるんだろ？　木の実をさ」というほうがより大きな笑いをとれるとわたしは思うが、実際に俳優が口にするのを聞かないとなんとも言えない。

（4）違和感

ジョークを構築するには、伏線と落ちのあいだで異質のものが火花を散らさなくてはならない。共通点がないふたつのものがいきなりぶつかるわけだ。「そりゃないぜ⁉　フレイジャー」のシーンに見られる潜在的な違和感は、教養ある大人が自分自身の未熟な幼少時代と向き合うことにある。精神科医という、本来なら自分の執着心を理解しているはずの者たちが、執着心をコントロールできず、それどころか、さらけ出している。自分の欲求を達成するはずの行動が、けっして達成できないと証明するための行動となってしまうわけだ。こうしてふたりは、ついに書けずじまいに終わる本の内容をみずから実践することになる。

15　不均衡な対立

『ア・レーズン・イン・ザ・サン』

一九五九年三月十一日、ロレイン・ハンズベリーの舞台劇がニューヨークで初演された。主演はシドニー・ポワティエで、ほかにクラウディア・マクニール、ルビー・ディー、ルイス・ゴセット・ジュニアも出演した。黒人女性が書いた戯曲がブロードウェイで上演されたのはこれがはじめてで、ニューヨーク演劇批評家協会賞にも輝いた。二年後には、ハンズベリー自身の手で映画化もされている。

物語の舞台は一九五〇年代のシカゴで、サウスサイドの小さなアパートメントに暮らす黒人一家が描かれている。ヤンガー家の大黒柱であるウォルターが過労で命を落とし、一家は埋葬をすませたばかりだ。ウォルターの妻リーナには、生命保険金一万ドルが残された。リーナはその三分の一を頭金に家を買いたいと考え、もう三分の一は娘のベニーが医学部を卒業するまでの学費、残りは息子のウォルター・リーのために使いたいと望んでいる。

ウォルター・リーは仲間ふたりと酒店をはじめようと計画しているが、それには元手が必要だ。ウォルターにとってのシーンの課題は、妻のルースを言いくるめて味方にし、一万ドル全額を自分のものにすることだ。一方、ルースは夫の新事業が成功するとは思っていないし、どんな理由であれ、ましてや酒店をはじめるなどという理由では、リーナがウォルターに保険金の全額を差し出すはずがないと知っている。ルースにとってのシーンの課題は、ウォルターの企みをかわすことで、ウォルターにとっての課題と相反する。

夫婦が互いにそれぞれの欲求（敵対する力）を阻もうとするため、このシーンに不均衡な対立の図式ができあがる。ウォルターはアクションを強引に押し進め、転換点を招く。ルースはどうにか衝突を避けようとする。

これは表面的な衝突だが、もっと深いところでふたりがほんとうに求めているものは何だろうか。ウォルター・リーは運転手で、それが将来性のない仕事であることはたしかだ。酒店をはじめれば金が手にはいり、そのせいで誇りや独立心が生まれて、妻や息子のトラヴィスからも尊敬されるとウォルターは思っている。ウォルター・リーが求めているのは自尊心の回復だ（究極課題）。だがウォルター・リーは、妻が妊娠二ヵ月で、近々第二子が生まれることを知らない。一家の暮らしは貧しいので、妻はひそかに中絶しようかと考えている。ルースも夫と同じように、裕福な白人の使用人として働いている。ルースの夢は、定収入を得て自分の持ち家で慎ましく暮らすことだ。安定した生活を送りたくてたまらない（究極課題）。

ここでまた、作中のシーンを太字で掲載し、それぞれのビートと技法についてのわたしのコメントを加えていく。まず、ハンズベリーが書いた太字の部分だけを最後まで読んでもらいたい。心のなかでことばに耳を傾け、できれば音読してみるとさらに効果的だ。短くパンチの効いた表現に注目しよう。無駄を省いたことばづかいと、特にその律動感、そして台詞のリズムが人物の感情のリズムと一致しているのを感じとってもらいたい。シーンの展開に手応えを感じたら、こんどはわたしの分析と照らし合わせて再読しよう。

『ア・レーズン・イン・ザ・サン』

第一幕　第一場

ヤンガー家のアパートメントのキッチン。ルースが朝食の支度をしていると、夫のウォルター・リーがはいってくる。

シーンというものは、小さな契機事件が引き金となったミニドラマだと考えるとわかりやすい。ここでは、ウォルターが酒店をはじめる計画を持ち出したせいで、この朝の均衡が崩れる。ウォルターはこの考えがばかにされるとわかっているので、妻が不機嫌そうに朝食の支度をしているところに笑顔で登場する。

ビート1

ウォルター　なあ、けさ、おれが洗面所で何を考えてたかわかるか？

ルース　（うんざりしたようにウォルターを見てから、食事の支度にもどって）さあね。

アクション：ウォルターはルースを話に誘う。
リアクション：ルースはウォルターの誘いを無視する。
シーンが展開していくなかで、ハンズベリーが同じビートをけっして繰り返さないことに注目してもらいたい。

ビート2

ウォルター　なんだよ、いつも楽しそうな顔しやがって！
ルース　楽しいことなんてあるわけないでしょ！

アクション：ウォルターはルースをつまらない女だとなじる。
リアクション：ルースは自分たちの暮らしは惨めだと言う。

ビート3

ウォルター　おれが洗面所で何を考えてたか、知りたいのか、知りたくないのか。
ルース　何を考えてたかぐらい、わかるって。

アクション：ウォルターはルースに話を聞くように求める。
リアクション：ルースはウォルターの考えをはねつける。
ハンズベリーは最初の三つのビートで、ふたりが長年にわたってぎりぎりの生活をしてきた結果、互いをなじるのがうまくなったという設定をすばやく作りあげている。

ビート4

ウォルター　（ルースを無視して）ゆうべ、ウィリー・ハリスと話してたことさ。
ルース　（即座に――口癖のように）ウィリー・ハリスなんて口先だけの役立たずよ。

アクション：ウォルターはルースを無視する。
リアクション：ルースはウォルターをばかにする。

ビート5

ウォルター　おれと話をするやつは、みんな口先だけの役立たずだってのか？　ほんとうに口先だけの役立たずなのはだれか、わかっちゃいないくせに。チャーリー・アトキンズも、ただの「口先だけの役立たず」だったよな！　おれとクリーニング店をはじめたがってたときにそう言ったろ。それがいまじゃどうだ。あいつは年に十万ドルも稼いでる。年収十万ドルだぞ！　それでも口先だけだって言うのか！
ルース　（つらそうに）ああ、ウォルター・リー……（テーブルにつき、腕のなかに顔を埋める）

アクション：ウォルターはルースを責める。
リアクション：ルースは自分の罪悪感を隠す。

ハンズベリーの技巧を見てみよう。あとで訪れる「落ち」のためにどんな伏線を張るかを考えるうえで、このビートは好例だ。この時点では、観客もほかの登場人物も、ルースが妊娠し、中絶を考えていることを知らない。このシーンを見ているときに観客がいだく第一印象は、ウォルターの不満ももっともで、ルースの悲観的な態度がウォルターの人生の足かせになっているのではないかというものだ。しかし、それは来たるべき落ちへ向けてハンズベリーが巧みに用意した伏線だ。妊娠していることが明かされると、ルースがなぜつっけんどんで不機嫌な態度をとっていたのか、ほんとうの理由がわかる。意外ではあるが、さかのぼって考えればしっかり筋が通ることに気づき、ルースの性格やこのシーンの意味、さらにはサブテクストが見えてくる。

だから、ルースを演じる女優は、秘密をかかえる苦しみと恐れを表現しながらも、観客にそれを気どられてはならないし、第一幕のクライマックスでこのシーンの伏線が回収され、真相を知らされるときの観客の驚きを台なしにしてもいけない。

たとえば、ハンズベリーはルースに、テーブルについて顔を両腕にうずめるように指示している。これはしつこいウォルターへの不満を表しているようにも見えるが、実はつわりをこらえているのかもしれない。俳優はそれを自分にしかわからないように演じ、腹を押さえて観客にヒントを与えるなどしてはいけない。

ビート6

ウォルター　（立ちあがってルースを見おろし）うんざりしてるんだろ？　何もかもに。おれにも、息子にも、この暮らしにも――穴倉みたいなぼろ家やなんかに。ちがうか？　（ルースは顔を埋めたまま返事もしない）うんざりして、四六時中、愚痴をこぼしたり不満を言ったりするくせに、なんの協力もしようとはしないんだな？　見返りもないのに、そんなに長いあいだ、おれの味方なんてしていられないってんだろ？

ルース　ウォルター、お願い、ひとりにして。

ウォルター　男には支えてくれる女が必要なんだ……

ルース　ウォルター……

アクション：ウォルターはルースが身勝手だと言う。

リアクション：ルースは反論しない。

ルースはおとなしく従い、話を聞く。少なくとも、聞くふりをする。しつこいウォルターとやり合うよりはましだからだ。ウォルターはそれを見てうまくいきそうだと思い、態度を変えて甘いことばを口にする。

ビート7

ウォルター　母さんはおまえの言うことになら耳を貸すさ。おれやベニーよりもおまえの意見を聞くのは知ってるだろ。おまえのほうが信用されてるんだ。朝、母さんといっしょにコーヒーを飲み、いつもみたいに話すだけだ――（ルースの隣に腰をおろし、何をどんな口調で話したらいいかをはっきり説明する）――ただコーヒーを飲みながら、そう、何気ない調子で言うんだ。ウォルター・リーがすっごく興味を持っている取引があって、そのことについて考えてますのよ、店やなんかのことですのよ、とかなんとか。そして、たいした話じゃないって感じで、もう少しコーヒーを飲む——そうすりゃ、母さんは興味津々になって、いろいろ訊いてくる。そこにおれが帰ってきて、細かいことを話して聞かせるって具合だ。なあ、これは行きあたりばったりの計画じゃないぞ。しっかり考え抜いたんだ、おれとウィリーとボボとで。

ルース　（眉をひそめて）ボボ？

アクション：ウォルターはルースをそそのかそうとする。

リアクション：ルースは不審に思いはじめる。

ウォルターはコーヒーを飲みながらの会話について説明したが、それが女性をばかにしているとは思いもしない。観客もそのことに気づかないばかりか、おもしろいとさえ思ったかもしれない。一九五九年にはあけすけな性差別など珍しくなく、ほとんど問題にもされなかったからだ。しかし、ハンズベリーはちがい、ここにもすぐれた伏線を書きこんでいる。ここでウォルターの性差別主義を示しておくことで、シーンの最後に、すべての黒人女性が黒人男性を裏切ったなどという難癖をつけさせることが可能になるわけだ。

ビート8

ウォルター　そうだ。いいか、おれたちが考えてる小さい酒屋には七万五千ドルかかるんだが、最初の投資は三万ドルぐらいだと思う。つまり、ひとり一万ドルだ。それにもちろん、ほかに何百かは払わなきゃな。抜け作どもから免許がおりるのを待ってたら、一生かかっても――

ルース　賄賂を払うってこと？

アクション：ウォルターは実業家のようにふるまう。

リアクション：ルースは最悪の事態を予測する。

ビート9

ウォルター　（眉をひそめて苛立ちをあらわに）その言い方はよせ。そう、女どもは世の中ってものがまったくわかってない。きょうび、だれかに金をつかませなきゃ、なんにもはじまらないんだ！

ルース　ウォルター、ひとりにしてちょうだい！

アクション：ウォルターは世慣れたところを見せようとする。

リアクション：ルースはウォルターの愚かな考えをはねつける。

ルースは道徳を重んじる女だ。中絶は一九五〇年代には重罪とされていたので、どうすべきか心を痛めている。そのことを打ち明けたくてたまらないはずだが、ハンズベリーはそれを巧みにサブテクストに隠している。

ビート10

ルース　（顔をあげて、ウォルターをにらみつけ、それから静かな口調で言う）卵を食べて。冷めちゃうから。

ウォルター　（体をまっすぐ起こし、視線をそらす）ほら、はじまった。またた。男が女に言う。夢があるんだ。女は言う。卵を食べて。（悲しげに、だが気を取りなおして）男は言う。なあ、世の中を動かすような、でっかいことをしたいんだ！　すると女は言う。卵を食べて、仕事に行って。（こんどは熱をこめて）男は言う。人生を変えたいんだ、このままじゃ息が詰まって死んじまう。すると女はこう言う。（怒りのあまりこぶしを太ももに打ちつけて）卵が冷めちゃう！

アクション：ルースはウォルターをなだめる。
リアクション：ウォルターはルースを裏切り者だと罵る。

ビート11

ルース　（ささやくように）ウォルター、あれはわたしたちのお金じゃないのよ。

ウォルターはだまりこみ、ルースから顔をそむける。

アクション：ルースはモラルの槌を振るう。
リアクション：ウォルターは敗北感に耐える。
第一の転換点：このシーンには、ひとつではなくふたつの動きが見られる。第一の動きはプラスからはじまり、ウォルターはルースを味方につけて母親の金を手に入れられるのではないかと希望をいだいている。ウォルターは罪悪感を植えつけるかのように、前回はルースのせいで成功するチャンスをふいにしたのだから、こんどこそ協力する義理があると訴える。さらに、妻として夫の冒険を支える道徳的な義務があるとも主張する。もちろん、ウォルターは賄賂を支払おうとしているのだから、自分の「道徳的」立場は危うい。結局、ルースは自分たちにその金を使う権利はないと指摘し、ウォルターをやりこめる。ウォルターの死んだ父親は、何十年も汗水流して働き、苦労してその金を稼いだ。それはリーナの金であって、ふたりのものではない。リーナを言いくるめて金を巻きあげることは人の道に反する。ビート11はマイナスの転換点を作り出し、ウォルターにとってのシーンの課題を打ち砕く。反論できないと悟ったウォルターは、しばらく黙して気を取りなおし、新たなシーンの課題——圧倒的な敗北感から逃れること——を設定して、新たな方向へ攻撃を仕掛ける。

ビート12

ウォルター　（ルースの話をまったく聞かず、顔も見ずに）けさ、鏡を見ていて思ったんだ。おれはもう三十五歳。結婚して十一年になり、息子もいて居間で眠ってる——（声を落として）——だけど、おれがあいつにしてやれる話と言えば、金持ちの白人がどんなふうに暮らして……

ルース　ウォルター、卵を食べて。

ウォルター　何が卵だ……卵なんて、みんなくそ食らえだ！

ルース　じゃあ、仕事に行って。

アクション：ウォルターは同情を請う。
リアクション：ルースは懇願を無視する。

ビート13

ウォルター　（ルースを見あげて）なあ――おれは自分のことを話そうとしてるんだ――（首を何度も振る）――なのに、おまえときたら、卵を食べろ、仕事に行けしか言えないのか。

ルース　（うんざりしたように）あなたの言うことはいつも同じ。毎日、毎晩、毎朝、同じ話ばかり聞かされる身にもなって。（肩をすくめて）運転手じゃなくて、ミスター・アーノルド本人になったらどう？　それができるなら、わたしだってバッキンガム宮殿で暮らしたいけど。

アクション：ウォルターは、自分のことを愛していないとルースを責める。
リアクション：ルースは、ウォルターが空想の世界に生きていると責める。

ビート14

ウォルター　そこが黒人女のだめなところだ……男を立てて、大物だと信じさせるってことがわかってない。何だってできると信じさせることがね。

ルース　（冷ややかながらも、心をえぐるように）何かをちゃんとやってのける黒人の男もいるけど。

アクション：ウォルターは自分の失敗をルースのせいにする。
リアクション：ルースはウォルターの失敗は自業自得だと伝える。
第二の転換点：ルースに同情心と罪悪感をいだかせようとしたが、聞く耳を持たないので、ウォルターはつぎのような理屈を並べる。黒人の男が失敗するのはすべて黒人の女のせいだ。ルースは黒人だ。よって、自分の失敗はルースのせいだ。しかし、またしてもルースはウォルターを論破し、今回は事実とその意味をはっきり示す。黒人の男でも成功する人はいる、ウォルターの人生がうまくいかないのは自業自得だ、と。ルースの主張は正しく、ウォルターもそれをわかっている。ルースの告げた苦々しい事実によって、このシーンは二重のマイナスの意味を持つ。

ビート15

ウォルター　黒人女なんてもうたくさんだ。
ルース　そうね、わたしは黒人女だし、それぱかりはどうにもできない。

アクション：ウォルターはへたな言いわけに終始する。
リアクション：ルースは自己欺瞞に満ちたウォルターの態度をあざ笑う。

ビート16

ウォルター　（ブツブツとつぶやくように）おれたち男は、心のせまい女たちに縛られてるんだ。

ルースは無言で目をそらす。

アクション：ウォルターは傷ついた自我を癒そうとする。
リアクション：ルースは自分の心配事に引きこもる。

一連のビートに注目し、ハンズベリーがそれらをどのように設計しているのかを調べてみよう。最初は小さな契機事件からはじまる。ウォルターは楽しそうに話に誘うが、ルースはとげとげしく「ノー」のひとことで応酬する。ビート1からビート6にかけて、ハンズベリーはマイナスの方向へビートを展開させる。やりとりを重ねるにつれて、ふたりは深く傷つけ合い、屈辱を与え合うようになり、ふたりの愛情と希望はどんどん危険にさらされていく。

ビート1：ルースを話に誘う／ウォルターの誘いを無視する
ビート2：ルースをつまらない女だとなじる／自分たちの暮らしは惨めだと言う
ビート3：ルースに話を聞くように求める／ウォルターの考えをはねつける
ビート4：ルースを無視する／ウォルターをばかにする
ビート5：ルースを責める／自分の罪悪感を隠す
ビート6：ルースを身勝手だと言う／反論しない

ルースはしばらくのあいだ、おとなしく従って、ウォルターの話を聞く。
ウォルターがビート7で、コーヒーを飲みながらのおしゃべりを演じると、シーンは軽妙になり、愉快とも言えるようなトーンを帯びる。雰囲気は少しよい方向へ転じ、ルースがウォルターの味方になるかもしれないと観客は感じはじめる。しかし、ウォルターの口からボボの名前が出たとたん、ルースは不審に思い、シーンは前よりもさらにマイナスへと向かい、ビート11の転換点に至る。

ビート7：ルースをそそのかそうとする／不審に思いはじめる
ビート8：実業家のようにふるまう／最悪の事態を予測する
ビート9：世慣れたところを見せようとする／ウォルターの愚かな考えをはねつける
ビート10：ウォルターをなだめる／ルースを裏切り者だと罵る
ビート11：モラルの槌を振るう／敗北感に耐える

ビート11で、ウォルターにとってのシーンの課題がクライマックスを迎える。ウォルターはルースを味方につけて母親の金を手に入れることはできないと悟る。またしても失敗した。ウォルターはショックで一瞬だまるが、シーンの切れ間に怒りを募らせ、第二の動きへと移る。

まず、ウォルターは傷ついた自我をどうにか癒さなくてはならない。そこで、ビート12ではルースに理解を求めるが、つづくビート13と14ではルースに食ってかかり、自分の失敗はルースとすべての黒人女のせいだと責める。やがて、ルースはウォルターに事実を突きつける。

ビート12：同情を請う／懇願を無視する
ビート13：自分のことを愛していないとルースを責める／ウォルターが空想の世界に生きていると責める

ビート14：自分の失敗をルースのせいにする／失敗は自業自得だと伝える

ビート14で、惨めな人生になったのは自業自得だとルースに事実を突きつけられ、第二の動きとこのシーンのクライマックスに至る。

ビート15：へたな言いわけに終始する／自己欺瞞に満ちたウォルターの言いわけをあざ笑う

ビート16：傷ついた自我を癒す／自分の心配事に引きこもる

最後のふたつのビートは解決へと向かう動きで、ウォルターは自己憐憫に満ちた言いわけをし、ルースは妊娠に関するひそかな不安に引きこもるので、緊張が少し和らぐ。

この夫婦のアクションとリアクションを示す動詞を抜き出すと、シーンの不均衡な対立がはっきりと見えてくる。

ウォルターのアクション：誘う、なじる、責める、そそのかす、振るう、請う、など。

それに対するルースのリアクション：無視する、はねつける、隠す、なだめる、引きこもる、など。

また、ふたりの台詞を抜き出すと、これらのアクションを実行するために、ハンズベリーがどんな表現を用いているかがわかる。

ウォルターの攻撃的な非難

それでも口先だけだって言うのか！

なんの協力もしようとはしないんだな？

男には支えてくれる女が必要なんだ……
このままじゃ息が詰まって死んじまう！

ルースの受け身の反応

ああ、ウォルター・リー……
お願い、ひとりにして。
あれはわたしたちのお金じゃないのよ。
それぱかりはどうにもできない。

このシーンの最初に見られるいくつかの価値要素はプラスからマイナスへ――希望から絶望へ、安全から危険へ、成功から失敗へ、自尊心から自己嫌悪へ――と変化していく。シーンの冒頭でウォルターは、成功して自尊心を満たしたいと願っている。ルースは安定した生活を求めている。しかし、このシーンのアクション／リアクションが重ねられるにつれて、ルースは安定した将来から、そしてウォルターは経済的成功という当面の目標や自尊心を満たしたいという人生の夢からどんどん遠ざかっていく。さらに、こうした言い合いをしながらも、ふたりが愛し合っていることは感じとれるが、このシーンのクライマックスでふたりの結婚生活は危機に陥る。ウォルターの希望は絶望へと、ルースの求める安定は危険へと変わり、シーンはマイナスの色合いを強く帯びて終わる。

ハンズベリーの技巧を余すところなく理解するには、それぞれの価値要素を変化させるという目の前の課題をこなしつつ、第二の動きを起こして、ゆっくりとウォルターの内面の変化を描いていることに注目するといい。

よくなるにしろ悪くなるにしろ、登場人物の道徳、心理、感情にかかわる重大な変化は、楽観主義／悲観主義、成熟／未熟、罪／贖いといった価値要素で表される。たとえば『ゴッドファーザーPARTⅡ』(74)のマイケルのようにプラス(やさしさ)からマイナス(非情)へと変わることもあれば、『恋はデジャ・ブ』(93)のフィルのようにマイナス(利己主義)からプラス(愛情深さ)へと変わることもある。

だから、こうした変化を観客が理解したり感じたりできるように、作者は冒頭で、登場人物の状態がプラスなのかマイナスなのかを明確に決めておかなくてはならない。この作品でモラルの変化を経験する人物はウォルターだけであり、ハンズベリーはビート12から16を巧みに使って、ウォルターの性質と変化の必要性とを示している。

連続する五つのビートのダイアローグで、ハンズベリーは自尊心や妻からの尊敬を懸命に求めるウォルターの心情を表現するとともに、いまの彼にはその両方がないことをはっきりと示している。ハンズベリーは第一幕でウォルターの究極課題をマイナス(傷ついた自尊心)に変えたあと、第二幕のクライマックスで、ウォルターを自己嫌悪や家族との軋轢というさらに深い奈落へと突き落とす。だが、終盤に見せる選択と行動によって、自尊心だけでなく、妻や家族の愛と称賛も勝ちとる。こうして最後にウォルターは再生する。その人物像の中核を自己嫌悪から自尊心へと変化させたことによって、『ア・レーズン・イン・ザ・サン』は、人種偏見を描いたありきたりの社会ドラマよりも数段すぐれた作品となっている。

こんどは、このすぐれたシーンを失敗例に変えてみよう。同じダイアローグも方法しだいでうまく機能しなくなるものだ。

仮にハンズベリーがこのシーンを転換点からはじめたとしよう。何を考えているか知りたいかとウォルターに尋ねられ、ルースはこう言う。「わかってる。お義父さんの生命保険のことでしょ。ウォルター、あれはわたしたちのお金じゃないんだから！　お義母さんのよ。だからそのことは忘れて。それに、自分が不幸だと泣き言を言ったり、人生がうまくいかないのをわたしのせいにしたりするのは、もううんざり。ウォルター、あなたの失敗は全部、自業自得なの」

これに対する反応として、ウォルターは、ルースが協力してくれない、酒店の経営はすばらしい、母親は簡単に説得できそうだ、自分の人生に我慢がならないなどと言い立て、ルースの考え方はすべてにおいて黒人女の典型だと責める。この場合、金やウォルターの計画、人生、妻に対する気持ちが何もかも明瞭化される。観客はたしかに必要な情報を得られるが、ウォルターの主張が見当はずれだと知って、早々と退屈するだろう。ルースはすでに「ノー！」と言っていて、それもまちがいなく本気だ。それゆえ、緊張感もサスペンスも失われて、このシーンは生彩を欠き、ただ説明を羅列しただけのシーンに堕してしまう。

あるいは、転換点の導入をもっと遅らせ、ビートを繰り返してシーンを間延びさせることによって、ぶち壊しにすることもできる。たとえば、ウォルターがドライクリーニング事業で儲けられたかもしれない金についてくどくど説明してもいいし、ウィリーとボボを非凡なビジネスマンだと褒めそやしたり、酒店をはじめる計画を美化して、儲けた金でルースや息子のために毛皮や宝石や新しい家を買ってやれると話したりしてもいい。

母親の金は自分のものではないという事実をルースに突きつけられたウォルターが、黒人女が百年にもわたって黒人男の足かせとなってきたと切り出し、ルースがやめさせるまで延々と話しつづける、という展開もありうる。この場合も、事実がつぎつぎと語られるうちに観客は興味を失う。

ようやく転換点を迎えたときには、明瞭化によってすでに疲れきっていて、本来もたらされるはずの衝撃も半減するだろう。卵についてのウォルターの台詞（ビート10）のように、ハンズベリーが繰り返しを用いる場合、それは俳優に三回ほど間を与えて感情を最高潮まで高めるためだが、回数には限度がある。

あるいはもっとひどい場合には、転換点がまったくないシーンになる可能性もある。ビジネスの計画、母親の金、惨めな結婚生活、黒人男と黒人女の運命について、朝の食卓での会話を三ページにわたって延々と書き散らすこともできるだろう。しかし、ハンズベリーはそうしていない。少しずつ真相を明かしながら力強くストーリーを進め、ビートごとにふたつの転換点を設けて、戯曲全体を作りあげた。

これまで見てきた例のように、あらゆるシーンに伏線と落ちのふたつの働きがあるのが理想である。登場人物のあいだに起こった最後の対立から何かが変化し、そこで発せられることばによって、過去の出来事との折り合いがつけられる。こうした落ちがダイアローグ全体に響くからこそ、ここで話されることばが先々のシーンで効いてくる。

そして「ザ・ソプラノズ　哀愁のマフィア」と「そりゃないぜ!?　フレイジャー」もそうだったように、ハンズベリーの巧みな人物造形のおかげで、ウォルター・リーを演じたシドニー・ポワティエは高く評価され、トニー賞、ゴールデン・グローブ賞、英国テレビ芸術アカデミー賞にノミネートされるに至った。

ここまでの三つの章で取りあげたドラマ型のシーンでは、転換点をきっかけとして、俳優たちは激しい感情の高まりを表現することが求められた。つぎの章では、冷静な筆致で控えめなアクションが描かれる小説のシーンを見ていこう。

16　間接的な対立

『グレート・ギャツビー』

スコット・フィッツジェラルドの小説では、第一章で語り手、ニック・キャラウェイが紹介される。ニューヨークへやってきたニックはウォール街で働きはじめ、ロング・アイランドのウェスト・エッグに家を借りる。隣人のジェイ・ギャツビーは、若いながらも途方もない大富豪で、酒の密売で財を成した男だ。ウェスト・エッグには富裕層が住んでいるが、湾の対岸にあるイースト・エッグはそれよりもはるかに華やかで、本物の上流階級の人々が暮らす。ニックの遠縁にあたる美しいデイジーは、アイヴィーリーグのスポーツ選手だった筋骨たくましく裕福な夫トム・ブキャナンと、イースト・エッグにある邸宅で暮らしている。ニックはブキャナン夫妻に夕食に招かれ、そこでジョーダン・ベイカーと出会う。ミス・ベイカーはゴルフのスター選手で、ブキャナン夫妻と同じ上流階級に属する。

フィッツジェラルドはこの小説をニックの視点による一人称で書いた。つぎに記すのはフィッツジェラルドの書いた一節を八つのビートに分けたものだ。このシーンは四人が夕食の前に酒を飲むところからはじまる。ミス・ベイカーはニックのほうを向いてつぎのように言う。

ビート1

「ウェスト・エッグに住んでいるのね」ミス・ベイカーは鼻であしらうように言った。「そこに住んでいる人を知ってるわ」

「ぼくはだれも――」

「ギャツビーは知ってるでしょ」

「ギャツビー?」デイジーが尋ねた。「上の名前は?」

ビート2

ギャツビーは隣人だとぼくが答える間もなく、夕食の準備ができたと告げられた。トム・ブキャナンは力のみなぎった腕をぼくの腕の下に無理やり差し入れ、まるでチェッカーの駒を別のマス目に動かすかのように、ぼくを部屋から連れ出した。

ふたりの女は、ほっそりと物憂げに両手を軽く腰にあて、ぼくらの前を進んでバラ色に染まったポーチへと出ていった。ポーチの向こうには夕焼け空がひろがり、テーブルに置かれた四本のキャンドルの光が弱い風に揺れていた。

ビート3

「どうしてキャンドルなんて?」デイジーは眉を寄せて文句を言い、指でつまんで炎を消した。

ビート4

「あと二週間で、一年でいちばん昼間の長い日になる」デイジーは晴れやかにぼくたち全員を見つめた。「夏至の日をずっと待っているのに、気がついたら終わっていることってない？　わたしはいつも気をつけているのに、いつの間にか過ぎてしまってるの」

ビート5

「何か計画しておかないとだめね」ミス・ベイカーはあくびをし、まるでベッドにもぐりこむかのようにテーブルについた。

「そうね」デイジーは言った。「どんな計画がいいかしら」困ったようにぼくのほうを向く。

「ふつうはどんな計画を立てるのかしら」

ぼくが答える間もなく、デイジーは怯えたような目で自分の小指を見つめた。

「ねえ、見て！」彼女は不満を漏らした。「怪我してる」

ぼくらはいっせいにそこに目を向けた――指の関節にあざができている。

ビート6

「あなたがやったのよ、トム」デイジーはなじるように言った。「わざとじゃないのはわかってるけど、あなたがやったのは事実よ」

ビート7

「獣のような人と結婚したせいよ。ばかでかい図体をして、腕っ節ばかり強くて——」

「その〝ばかでかい図体〟ってことばは、いただけないな」トムが不機嫌そうに言った。「たとえ冗談でもだ」

ビート8

「ばかでかい図体」デイジーはなおも言い張った。

ここでこのシーンは終わる。

分析をはじめる前に、まず視点というものについていくつか説明しておきたい。

まずは定義からはじめよう。**視点**とは、物語世界という球状の空間に作者や監督が設定した場所で、そこからわれわれはシーンを見ることができる。球状の空間とは、題材を取り囲む水平方向三百六十度、上下三百六十度の範囲を指す。

劇場では、自分が購入した座席という固定された視点から舞台上の人間を見る。登場人物たちのアクションとリアクションのすべてが、つねに目の前で繰りひろげられる。われわれは登場人物から登場人物へと、ある程度自由に視線を移すことができるが、それはわれわれが選ぶことのできる唯一の視点であり、俳優たちの声や動きはもちろん、演出家の指示によっても大きく左右される。

テレビや映画では、われわれはカメラが見たものを見る。物語の球状の空間を移動するカメラは、われわれの視点をコントロールするが、厳密に制限することはない。エスタブリッシング・ショットのほか、集団の構図やふたりの構図やクローズアップなどで補足するうちに、スクリーン上だけでなく、そこに映らない生活についてもわかるようになるからだ。その結果、実際には見ていないアクションやリアクションを想像する。

小説の場合、作者が視点を選ぶ際の自由度は最も高いが、読者にとっては最も強く支配される。ほかの媒体と同じように、小説の場合も現実世界のあらゆる場所からシーンを見ることができるが、同時に登場人物の心のなかに主観的な視点も加わる。作者がどの人称で書くか決めてしまえば（一人称、三人称、あるいは珍しい二人称もある）、その目はスポットライトのように動く。作者はわれわれのとらえ方をその手でしっかりコントロールしている。

読者は文章をたどるうちに、作者の望む場所へ連れていかれる。作者が築きあげる世界の場所、時間、社会を通って、または、ひとりの登場人物の思考で満たされた深みへとはいりこみ、そこで正当化や自己欺瞞や夢を目のあたりにする。あるいは、さらに深く、登場人物の意識下にまで忍び入り、生々しい欲求、悪夢のような恐怖、失われた記憶を暴き出す。

これが功を奏した場合には、意図的に立ち止まり、物語から抜け出して想像力を働かせないかぎり、われわれは視点の持つ強い力によって作品へ引きこまれ、語り手の狙いどおりに見たり聞いたりせざるをえなくなる。

そこで、つぎの分析では、デイジーが突然キャンドルの火を消したときのトム・ブキャナンの反応について、作品を完成させる前のフィッツジェラルドが思い描いていたシーンを想像しながら説明する。すぐれた小説家の例に漏れず、フィッツジェラルドも推敲を重ねるたびにこのシーンに手を入れ、納得がいくまでことばを足したり削ったり、順番を変えたり、言いまわしを何度も変えたりしたにちがいない。そして最終的にはニックの視点から書くとわかっていながらも、手直しする際には、あらゆる登場人物の視点からこのシーンを想像したのではないだろうか。

それではシーンにもどろう。キャンドルをともしてロマンチックな夕食を演出したのに、配偶者が何も言わず、あなたのほうを見もせずに、急にキャンドルの炎を消したとしよう。そんなとき、あなたはどう感じるだろうか。そして、どのような反応をするだろうか。トムは傷ついたはずだ。フィッツジェラルドのミニドラマに描かれた世界をくわしく分析するためには、フィッツジェラルドがこのシーンを完成させる前に思い描いたとおりに再現し、はっきり書かずに暗示にとどめた反応についても盛りこむ必要がある。

契機事件

シーンの冒頭で、デイジーとトムの生活は満ち足りて安定しているように見える。結婚／離婚の価値要素はプラスを示している。だが、デイジーはひそかに結婚生活をひどく退屈だと感じている。心のなかの興奮／退屈の価値要素はどん底にある。

ビート1

アクション：ジョーダン・ベーカーがギャツビーがウェスト・エッグに住んでいると明かす。
リアクション：デイジーは驚きを隠す。
ビート1では、この小説の契機事件が起こる。デイジーはジェイ・ギャツビーが近くに引っ越してきたことを知る。そのうえ、ジョーダンもニックもギャツビーのことを知っているという。この新事実を聞くなり、デイジーの人生は均衡を失う。結婚／離婚の価値要素はプラスからマイナスへと変わりはじめ、デイジーのギャッツビーに対する思いが再燃する。

デイジーは十代の後半に、ジェイ・ギャッツビーと激しい恋に落ちた。ギャッツビーが第一次世界大戦に出征し、金持ちの娘／貧しい青年というふたりの関係は終わった。ギャッツビーと別れたすぐあと、上昇志向の強いデイジーは裕福なトム・ブキャナンと結婚した。一方、最近では、ギャッツビーは悪評が立つほど金持ちで有名になっていた。その成功話をデイジーがどこかで読んだり耳にしたりしていたのはまちがいない。ギャッツビーが湾の対岸に広大な邸宅を買ったことも知っていたかもしれない。実のところ、ギャッツビーがその家を買ったのは、せまい湾の対岸にあるデイジーの家の窓の明かりが見えるからだった。

デイジーが「上の名前は？」と尋ねるときも、ジェイ・ギャッツビーであることはすでにわかっているが、昔の恋人が実際に近隣に住んでいるだけでなく、友人がその知り合いで、遠縁のニックもそのすぐ近くに住んでいると聞いたときの驚きを、そう尋ねることによって巧みに隠している。

ギャッツビーがウェスト・エッグに引っ越してきたのは自分のためにちがいないと悟ったせいで、デイジーの人生の均衡が崩れ、ギャッツビーに会いたいという気持ちが高まる。愛を取りもどすためなのか、浮気をしたいのか、夫のもとを去りたいのか。デイジーがどこまで本気なのかはだれにもわからない。流されやすく気まぐれな性格のせいで、デイジーは先のことをはっきり決められないが、以下のことは明らかだ。デイジーの究極課題は、少なくともジェイ・ギャッツビーに会うことであり、ギャッツビーは欲求の対象である。

これによって劇中に、結婚／離婚と倦怠／情熱というふたつの核となる価値要素が導入される。つまり、結婚という安心とギャッツビーへの情熱の対立である。後者を手に入れるためには、前者を危険にさらさなくてはならない。

デイジーは結婚という平和を守るか、それとも戦争をはじめるかを決断しなければならない。シーンの冒頭で、デイジーの結婚の価値要素はプラス（夕食前の夫婦の関係は和やか）を示しているが、情熱の価値要素はマイナス（ギャツビーは手が届かない存在）を示している。

ギャツビーに会ったあと、デイジーはいったい彼に何を求めるのか。フィッツジェラルドはそれをあえてサブテクストに隠している。しかし、デイジーは結婚生活を危険にさらし、夫と争いはじめることを選ぶ。

ビート2

アクション：全員で夕食のテーブルに向かって歩く。

リアクション：デイジーはトムに恥をかかせようと画策する。

デイジーの問題は、すぐさま受話器を取りあげてギャツビーに電話するわけにはいかないことだ。プライドと虚栄心がそれを許さない。そのうえ、悪名高いギャツビーを追いかけていることがもしも夫に、そして自分が加わった厳格で高慢な社交界に知れたら、スキャンダルとなって身を滅ぼしかねない。

デイジーは無意識のうちに、ニックとジョーダンの前でひと芝居打つ。ふたりの少なくとも一方に、ギャツビーへメッセージを伝えさせるためだ。内容は、ブキャナンとの結婚生活がうまくいっていないこと。デイジーはこのシーンを自由に操り、転換点へと向かわせる。デイジーにとってのシーンの課題は、みんなの前で夫に恥をかかせることだ。一方、トムにとってのシーンの課題は、言うまでもなく、公の場で恥をかくのを回避することだ。この相反するふたつの欲求が、このシーンの敵対する力を生み出す。

トム・ブキャナンは使用人に命じて、夕食のテーブルにキャンドルをともさせる。それはデイジーのためだったかもしれないし、ニックとジョーダンの仲を取り持とうと、ロマンチックな演出を狙ったのかもしれない。実のところ、ふたりの関係はやがてひと夏の恋へと発展する。

ビート3

アクション：デイジーは夫のロマンチックな演出を台なしにする。

リアクション：トムは苛立ちを押し隠す。

だが、トムの目的がなんであれ、一同がテーブルに近づいたとき、デイジーは「眉を寄せて」キャンドルに文句を言い、指でつまんで炎を消す。トムはデイジーのふるまいに傷ついたことを押し隠し、何も言わない。デイジーの倦怠感がギャツビーへの期待へと変化するにつれ、プラスだった結婚の価値要素は、どんどんマイナスへ向かっていく。

ビート4

アクション：デイジーが会話のきっかけとなる話題を提供する。

リアクション：デイジーは話題を自分自身にもどす。

このビートで、デイジーは夏至の話題を出して会話をはじめるが、珍妙な問いかけにだれかが答える間もなく、デイジーは自分のアクションに対してリアクションを起こし、自分自身に話をもどしてその話題を終わらせる。結婚／離婚、興奮／倦怠の価値要素に変化はなく、ビート3と同じ状態がつづく。

ビート5

アクション：ジョーダンとデイジーが疑問を口にする。

リアクション：デイジーは自分の指に注意を向けさせる。

夏ははじまったばかりなので、何をするかの計画を立てようとジョーダンが持ちかけ、そこからビートがはじまる。デイジーはそのままの態度をつづけ、夫ではなくニックに対して同じ質問を二度問いかける。ところが、ニックが答える前に、デイジーは唐突に話題を自分の小指へ向ける。結婚／離婚、興奮／倦怠の価値要素に変動はない。

ビート6

アクション：デイジーはトムが自分に怪我をさせたと非難する。

リアクション：トムは無言で反応を押し隠す。

デイジーは危機的なジレンマに直面する。夫をばかにすれば（マイナス）、ギャツビーにメッセージを送ることになり（プラス）、結婚生活を守れば（プラス）、ギャツビーの注意を引くことはできない（マイナス）。そこで、夫が自分の指を傷つけたと責めることにする。ここでもフィッツジェラルドは、トムに目に見える形で反応させず、ひとことの抗議もさせない。結婚／離婚の価値要素は暗転し、興奮／倦怠の価値要素には光が差す。

ビート7

アクション：デイジーはみんなの前で夫をばかにする。

リアクション：トムはデイジーに二度とばかにするなと命じる。

デイジーは夫がいやがっているのを知りながら、冷たい皮肉をこめて、「ばかでかい図体」という語をわざと強調してばかにする。ついにトムが言い返す。

ここで忘れてはいけないのは、これらの登場人物が教養のある上流階級に属していることである。トムのリアクションに「命じる」という動詞を使ったのは、サブテクストではまさにそう行動しているからだ。トムにはマナーが染みついているから、「おい！　デイジー、その〝ばかでかい図体〟ということばを二度と使うな！」と叫ぶことはできない。しかし「いただけないな……」という表現の裏には、間接的な命令が隠されている。

デイジーの侮辱によって、結婚／離婚の価値要素は急速にマイナスへ向かうが、その裏では、ギャツビーへの期待が倦怠感に打ち勝つ。

ビート8

アクション：デイジーはもう一度トムを攻撃する。

リアクション：トムはだまりこむ。

デイジーは夫の命令に逆らって、いやがることばを強調して繰り返し、このシーンをクライマックスへ導く。一方、トムはまた沈黙に陥る。

デイジーは六つのビートを通して、結婚との戦いに勝利し、トムに恥をかかせる。夫婦間の対決、トムの敗北とデイジーの勝利を、繊細で観察力のあるニックとゴシップ好きのジョーダン・ベイカーが見逃すはずがない。デイジーにはそれがわかっていて、ふたりがこのニュースをギャツビーに伝えることを願っている。デイジーは夫に恥をかかせて、思いどおりの効果を得た。

トムではなくギャツビーを選ぶことにしたので、デイジーにとっての結婚は名ばかりのものになり、未来への期待が頂点に達する。

小説におけるダイアローグと地の文

前述のように、(例外もあるが) 小説家の書くドラマ型のダイアローグは、簡潔で飾り気のないものになる傾向がある。このシーンの台詞は短いものが多く、登場人物のだれも隠喩や直喩を使っていない。

一方、フィッツジェラルドは、「まるでチェッカーの駒を別のマス目に動かすかのように、ぼくを部屋から連れ出した」や「ミス・ベイカーは……まるでベッドにもぐりこむかのようにテーブルについた」など、地の文では比喩表現を使ってイメージ豊かに描写している。ほかにも、〝鼻であしらうように〟、〝ほっそりと〟、〝物憂げに〟、〝晴れやかに〟、〝なじるように〟など、副詞的表現が多く使われている。

このシーンの力はサブテクストに隠されたデイジーのアクションから生じているが、一人称視点に縛られたニックには、それを知る手立てがない。そのため、フィッツジェラルドはデイジーに「上の名前は?」と尋ねさせるなど、ところどころにヒントをちりばめ、読者がデイジーの無邪気さのベールの奥にあるものを見抜くように仕向けている。

転換点／シーンのクライマックス

　このシーンでは、ブキャナン夫妻の結婚生活が八つのビートを通して、プラスからマイナスへと大きく変化する。ビート1では、ふたりは互いに尊重し合い、結婚生活は誠実さに満ちている。ところが最後のビートに至ると、ギャツビーとよりをもどしたいデイジーのふるまいによって、憎しみと軽蔑に満ちた結婚生活があらわになる。同時に、結婚生活にとってマイナスとなるアクションのひとつひとつが、ギャツビーがもたらす冒険を望むデイジーにとってプラスとなる。デイジーの作戦は成功し、夫との争いに勝つとともに、ギャツビーに伝えたいメッセージをジョーダンとニックに託す。
　八つのビートはつぎのように展開する。

ビート1：明かす／隠す
ビート2：歩く／画策する
ビート3：台なしにする／押し隠す
ビート4：話題を提供する／話題を自分自身にもどす
ビート5：疑問を口にする／注意を自分自身に向けさせる
ビート6：非難する／押し隠す
ビート7：ばかにする／命じる
ビート8：攻撃する／退く

ビートからビートへと進みながら勢いを増し、デイジーが夫の命令にそむいて、恥をかかせたところで転換点に至る。ただし、ビート4とビート5は例外で、これらがダイアローグ進行の穴のように見えるのは、デイジーにとってのシーンの課題と無関係だからだ。実のところ、フィッツジェラルドはこのふたつのビートを、この小説の軸となる別のもっと大きな目的のために使っている。

ビート4とビート5のパターンに注目しよう。デイジーは質問をして一般的な話題を提供するが、だれも答えないうちに一同の関心を自分自身に引きもどす。フィッツジェラルドはこの作品全体を通して、デイジーの台詞でこのパターンを繰り返す。おもしろがらせたり、同情を引いたり、煙に巻いたりしながら、デイジーはつねにすべての話が自分へ向かうように誘導する。つまり、デイジーがとても美しく、とても魅力的なナルシストであることをフィッツジェラルドは読者に知らせたいというわけだ。

そもそも、デイジーはこのシーンでほんとうは何がしたいのだろうか。なぜ夫に堂々と刃向かって社会的慣習を破り、みずからギャツビーを訪ねることができないのか。なぜジョーダンとニックを介して遠まわしにメッセージを伝えなくてはいけないのか。ナルシストというものは、他人ではなく自分に関心を集めたがるからだ。デイジーにとっては、ギャツビーに自分を探させることが大事であり、ギャツビーのほうから来なくてはいけない。フィッツジェラルドはこのふたつのビートや他のシーンのビートを使って、『グレート・ギャツビー』という作品を動かしていくふたつの言動の中核――ギャツビーのデイジーへの執着と、デイジーの自分自身への執着――を表現している。

17　内省的な葛藤

自己への案内

第一章では、ダイアローグを〝あらゆる登場人物が、あらゆる人物に対して発する、あらゆることば〟と定義した。発言の流れは三通り考えられる——第三者に語る、読者や観客に語る、自分自身に語る、の三つだ。この章では後ろのふたつ、読者へ直接向けたダイアローグと、複数の自己が語り合う内面のダイアローグに焦点をあてる。このふたつの形は、演劇や映画では数がかぎられるが、小説では短編、長編を問わず、一人称形式のすべてにあてはまる。

登場人物が読者に直接語りかける場合、内容はその人物が過去に経験した出来事と、そこから受けた影響であることが多い（たとえば『無垢の博物館』）。一方、登場人物が自分自身に向けて語りかける場合は、たったいま内面で起こっている出来事を吐露することがほとんどだ。対立する自己を描くことで、心の奥底にある〝言えないこと〟が明らかにされる（たとえば中編小説「フロイライン・エルゼ」〔アルトゥール・シュニッツラー『夢がたり』所収〕）。これは前述したとおり、〝語る〟ことと〝見せる〟ことのちがいでもある。

〝語る〟というのは、自己認識が完全にできているわけでもない登場人物が、過去の内面の葛藤とその結果を話すことだ。〝見せる〟というのは、登場人物が胸中の思いを読者の前で話しているうちに、いつの間にか複雑な深部までさらけ出すことだ。言うまでもなく、〝語る〟ダイアローグと〝見せる〟ダイアローグでは、必要な手法がまったく異なる。

古くからの文学上のしきたりで、われわれ読者は、登場人物が直接語りかけてこなくても、まるで神のようにその人物の考えを見通せる。では、その人物はだれに向かって話しているのだろうか。ダイアローグとは、話し手と聞き手の双方向のやりとりだ。読者以外のだれがその人物の話を聞いているのだろうか。もし自分のなかのもうひとりの自分に話しかけているのなら、心もふたつあるはずだ。心がふたつ以上あるなら、そのなかの自己はどのように分かれているのだろうか。自己は正確にはいくつあるのか。それは何者なのか。互いにどのようにつながっているのか。

これらの問いは、ストーリーテリングを考えるうえでは、目新しくも独特でもない。二千五百年前、ブッダは弟子たちに、このような問題で頭を悩ませるのはやめるように説いた。そもそも自己が存在すると思うのが誤りで、そんなものは存在しない。自我というものは、肉体や感覚のさまざまな力が生み出すまやかしで、絶えず移り変わるのだから、と。

同じころ、ソクラテスは正反対の意見を唱えた。自己は存在するし、自分が何者かを知ろうと努力しなければ、無教養で無意味な人生にしかならない、と。それから数十世紀が過ぎたが、自己のあり方に関する問いかけの答えはこの両極のあいだを揺れ動くばかりで、決着はついていない。

一方、科学はある程度、立場を明確にしている。〔原注1〕現代科学はソクラテスと同様に、意識の隠された本質を探ろうとしてきたが、同時に、ブッダが言うように、直観に惑わされがちだ。感覚的には、意識の中心は目の奥のほうにあると思えるが、脳をスキャンして調べる研究者たちによると、それぞれに応じた脳の領域で処理された情報が、共同してこの錯覚を作り出しているだけだという。つまり、中心的、物理的にすべてを司るただひとつの自己というものは存在せず、〝わたし〟という感覚はただの副作用にすぎないということだ。「自意識とは何か」という難問に対して、神経科学界ではソクラテスよりブッダの答えのほうが主流になっているが、明確な結論に達したわけではない。［原注2］

科学における答えも、哲学における形而上学的な答えも、確定はしていないものの、創作者はどこで自己を見つければいいのかを正確に知っている。創作の芸術が合図の口笛を吹けば、自己は犬のように飛び跳ねてやってくる。ストーリーの語り手にとって、自己は同じ主観の領域のいつも変わらない場所にありつづけている。

錯覚であろうがなかろうが、自意識はわれわれの人間性にとって欠かせないものだ。自己は脳の特定の場所に存在するわけでなく、いろいろな部分の寄せ集めだと科学が証明したところで、どうということはない。わたしは自分自身の寄せ集めにちがいなく、それで大いにけっこうだ。自己とは安定しないもので、日々移り変わるから、完全には正体がつかめないと哲学が告げたところで、どうということはない。変化してもわたしはわたしだし、願わくはよりよい自分になりたいと思いながら、移り変わりを楽しんでいる。

人間の内面を書こうと苦闘する作家にとっては、哲学の演繹的論理も、科学の帰納的論理も、審美眼を曇らせるだけだ。どちらの論理も、自己が内から外へ出ようとする力には関係ない。どちらの論理も、自己の感情の意義深い経験を――ホメロスの時代からあらゆる主要なストーリーが描いてきたものを――説明することはできない。ストーリーは〝自意識とは何か〟という難問に答えるためのものではない。それをドラマ化して表現するものだ。

わたしが思うに、内面のダイアローグを形にするために最もよいのは、登場人物の心を舞台装置のように扱うことだ。自己という名の登場人物たちが出演する内的世界の風景をひろげ、都市にしたり、絶景にしたり、戦場にしたりして、ストーリーを展開する心の舞台装置として使う。それから、その世界へはいっていき、主人公の意識の中心に住んでみる。その立場で〝この人物でいるというのは、どういうことなのか〟を考え、その答えをドラマ化する形で内面のダイアローグを作り出せばいい。

ここで、最初の問いに立ち返ろう。登場人物がひとりで話しているとき、読者以外のだれがそれを聞いているのか。答えは〝静なる自己〟だ。登場人物がひとりごとを言っているとき、話している人物とは別の自己がいて、静かに耳を傾けている。それはあまりにも周知のことで、読者は意識することがない。というのも、われわれ自身が日ごろから無意識のうちに静なる自己に語りかけているからだ。

わたしには、すべての人の心のなかに表の自分とは別の静かな自己がいて、その場で見たり聞いたり評価したり記憶したりしているように感じられる。目を閉じて考えれば、この自己のことがよくわかるだろう。いわば、あなたの後ろで漂いながら、あなたのすることすべて（黙想も含めて）を見守っているような存在だ。もっとも、この自己について考えようとすると、すぐにまた陰へ隠れてしまう。だから自分のなかの自分と対面することはできないが、それはたしかにそこにいて、あなたのすべての発言を静かに聞いている。

話し手の自己と聞き手の自己のあいだで内なるダイアローグがおこなわれると、そこで内省が生まれる。

内省的な葛藤

ストーリーの世界で**内省的な葛藤**ということばは、登場人物が陥った苦境を解決しようとして生じる心のなかのせめぎ合いを指す。自分の内に引きこもって窮状をなんとかしようとすると、かえって悪い結果を生む原因となる。自己矛盾は葛藤のなかでも特に複雑で、原因と結果の輪がどんどんひろがり、やがては矛盾そのものが原因となって、解決を不能にしてしまう。

悩める登場人物が自分自身に向かって語りかけると、内省的な葛藤はダイアローグに変わる。第一章でも述べたとおり、人間の心は本来、一歩引いてみずからを客観的にとらえることができる。ひとつの人格が一時的にふたつに分かれて、核の自分ともうひとりの自分とのあいだで、しばしば批判的な関係を築いていく。もうひとりの自分というのは、過去の自分であったり、いやな自分であったり、逆に善良な自分であったり、未来の自分であったりする。良心でもあり、潜在意識でもあり、何より、自分の発言に耳を傾ける静なる自己でもある。

核の自分ともうひとりの自分との関係が穏和なときもある。言いわけしたり、自分をだましたり、他人のせいにしたりして、みずからを慰めているときだ。しかしたいがいは、一方が他方を攻撃する。選択に迷う自分に対し、正しいことをしろ、人のために犠牲になれ、動揺などせずにしっかりしろと、うるさく責め立てるなど、自己の内面で激しい矛盾が起こっている。［原注3］

内省的な葛藤を描くには、直接的な現在形を用いるか、間接的な過去形を用いるか、ふたつの方法がある。演劇や映画では、現在形で直接訴えるには独白の形をとればいい。過去形は、登場人物が別の登場人物に、または間接的に観客に語りかける形で使われる。小説では、主人公が内面の葛藤をもうひとりの自分に打ち明けるときに現在形が使われ（「フロイライン・エルゼ」）、かつての内省的な葛藤を読者に打ち明けるには過去形が使われる（『無垢の博物館』）。

「フロイライン・エルゼ」

アルトゥール・シュニッツラーはオーストリアの小説家、劇作家で、一九〇一年に発表した短編「グストル少尉」を皮切りに、意識の流れの手法を用いた作品を書きつづけた。一九二四年に発表した中編「フロイライン・エルゼ」では、全編にわたって主人公エルゼによる一人称のダイアローグを展開し、心の悩みを読者に聞くように仕向けている。

設定

社交界にデビューしたばかりの十九歳の美しい令嬢エルゼは、休暇で叔母といっしょに山中の保養地に来ている。そこへ、ウィーンにいる母親から速達が届き、エルゼの父親である弁護士が、被後見人から多額の金を横領した罪で捕まったという。二日以内に金を返済しなければ、父親は刑務所に入れられるか、自殺するしかない。

その窮地を救うために、エルゼと同じホテルに逗留している富豪の美術商、フォン・ドースデイから金を借りてくれないか、というのが母の頼みだった。エルゼは恥を忍んで、この老人に援助を求める。ドースデイは翌朝その金を送金してやってもいいが、引き換えに今夜エルゼの体を差し出すのが条件だと言う。

この三つの出来事――父の横領、母の策略、ドースデイの提案――が契機事件となって、エルゼの人生の均衡を急激に乱し、マイナスの方向へ動かす。ふたつの相反する考えがすぐさま心にあふれる――自分を犠牲にして両親を救うべきか、両親を犠牲にして自分を救うべきか。どちらを選んでも、代償は大きい。この場合、〝自分を救う〟というのは文字どおりの意味だからだ。エルゼの自意識は道徳心と深く結びついている。家族を救おうとすれば、道徳心を捨てることになる。道徳心を捨てれば、自分そのものも失うことになる。

ふたつのあいだで板ばさみになり、どちらがましかと思い悩んでいるあいだ、エルゼのアクションはひたすら内へと向かう。心は千々に乱れ、夕方から夜にかけてホテルの敷地内をひとり歩きまわりながら、何度も同じことを考える。最初は、ドースデイの要求を受け入れて家族を救い、不名誉を耐え忍ぼうと考える。それから、やはりそれはだめだと思いなおし、ドースデイをはねつけて父親の不始末は家族のだれかに対処させようとする。ある瞬間には、ドースデイに身を委ねれば裕福な男の愛人として一生楽しく暮らせるかもしれないと想像し、自分を奮い立たせようとするが、すぐに良心が頭をもたげ、貞操を守って貧しくとも清らかに生きよと迫る。

主人公の心のなかで起こるモラルの衝突は、しばしばこのように渦巻いて内省的な葛藤に至る。たとえば、ドースデイとの約束の時刻が近づいてくると、エルゼはつぎのように自分に言い聞かせる。

ホテルはあまりにも巨大だ。光り輝く魔法の城のようで、怪物を思わせる。何もかも巨大だ。山々もそうだ。恐ろしいほど大きい。これほど黒々としていたことはない。まだ月はのぼっていない。催しがはじまるころにのぼるはずだが、それは野外の大きな催しで、フォン・ドースデイさんが奴隷の女に裸踊りをさせる。ドースデイさんはわたしとなんの関係があるの？　そして、マドモアゼル・エルゼ、あなたは何をそんなに大騒ぎしているの？　つぎからつぎへと未知の男たちと楽しんで、恋人になろうとしたことだってある。それなのに、フォン・ドースデイさんのあんな些細な申し出にはたじろぐの？　真珠のネックレスのためなら、美しい服のためなら、海辺の別荘のためなら、あなたは体を売ってもいいと思っているの？　それに比べて、父親の命なんて、あなたにとっては価値のあるものではないのね？

内省的なダイアローグ

エルゼの内なるダイアローグを記したこの箇所では、十四の考えが飛びまわっている。最初の七文（「ホテルは」から「のぼっていない」まで）は、巨大で威圧感があり、とうてい現実とは思えないような周囲の世界に対する、エルゼの恐怖ともろさを表している。〃魔法の〃ということばは、エルゼの子供っぽさの象徴だ。

八文目では、七文目の「まだ」に反応して想像を飛躍させ、月明かりのもとで裸踊りをする奴隷の女に自分を重ね合わせる。〃ドースデイさんはわたしとなんの関係があるの？〃と問いかけることで、〃奴隷〃という語にこめられた含意を払い落とし、無関心を装う。

だが、それから急に、きびしく批判的な自己へと切り替わる。つづく五文は、批判的な自己が〃やめなさい／しなさい〃の連続攻撃で本来の自己を責めさいなむ。批判的な自己は本来の自己を偽善者だと非難する（〃何をそんなに大騒ぎしているの？〃）。それから、ふしだらな女だと罵り

（〝未知の男たちと楽しんで、恋人になろうとした〟）、つぎに臆病者だとあざける（〝あんな些細な申し出にはたじろぐの？〟）。そしてもう一度、ふしだらな女だとなじり（〝体を売ってもいいと思っているの？〟）、最後に恩知らずだと怒る（〝父親の命なんて、あなたにとっては価値のあるものではないのね？〟）。

エルゼの心は内省的な葛藤で揺れ動く。きらびやかな売女か、臆病な恩知らずか、自分はどちらになりたいのか、と。どちらもいやだし、なりたくない。けれども、疑問符がつぎつぎ襲いかかり、この一節の終わりではすっかり精神的に参ってしまう。未読の人の興を削ぐかもしれないが、行きづまったエルゼは、最後には公衆の面前で裸になり、大量の睡眠薬を口にする。

これまで見てきたのと同じく、感情的な台詞は短く、論理的な台詞は長い。恐怖がエルゼのなかを駆け抜ける前半の七文と、批判的な自己が顔を出した後半の七文では、ちがいが一目瞭然だろう。

なりきって書くこと

「フロイライン・エルゼ」を発表したとき、アルトゥール・シュニッツラーは六十二歳だった。そんな男性が、十九歳の令嬢の心の声を一人称で書くなどということが、どうして可能だったのだろうか。まず、シュニッツラーは小説だけでなく戯曲も書いていたので、劇作の技術を生かして、エルゼにふさわしいことばを見つけたにちがいない。つぎに人生経験だ。シュニッツラーは四十一歳のときに二十一歳の女優と結婚している。そのうえ、生涯のうちに何度も若い女性と浮き名を流している。そのどれもがきっかけとなって、若い声を実際に聞き、女性の視点から新しく物事をとらえることができたはずだ。

ただ、これはわたしの想像だが、シュニッツラーには才能や技術やよく訓練された耳のほかに、みずから演じる力があったのだろう。観客の前では演じていなくても、机の前や書斎を歩きまわりながら、エルゼになりきったのではないか。そのようにして書く技術については、第十九章でくわしく説明しよう。

『無垢の博物館』

オルハン・パムクが『無垢の博物館』を発表したのは、二〇〇六年にノーベル文学賞を受賞した二年後のことだ。パムクはアメリカの小説家モーリーン・フリーリーとともに熱心にこれの英訳に取り組み、長期間をかけて完成させた。この先さらに各国で翻訳されていく場合には（現時点で六十ヵ国語）、原文のトルコ語版よりも英語版がもとになる可能性が高い。

設定

『無垢の博物館』は、ひと目惚れからはじまった恋と、その波瀾に富んだ顚末を描いた長編小説だ。主人公である裕福なトルコ人実業家ケマルは、イスタンブルにある一軒の家を改築して、そこに思い出の品々を保管し、〝無垢の博物館〟と名づける。タージ・マハルと同じく、愛を記念する建物だ。ケマルが九年間恋い焦がれた美しい恋人で、のちに妻となった、いまは亡きフュスンという女性に捧げられている。

作者はケマルをこの博物館のなかに置き、あたかも学芸員のように、展示された品々について語らせるという独特の手法をとった。読者はまるで実際に博物館を訪れたかのごとく、学芸員ケマルの一人称を用いた説明を受ける。

嵐のような恋愛漬けの九年は、ケマルをすっかり成熟させた。しかし、この博物館の最大の展示物は、ケマルの記憶のなかに生きている——恋煩いをしている、かつてのケマル自身だ。若き日のケマルは、手に入れることのできないものを、熱に浮かされたように追い求めていた。ケマル自身は、フュスンを愛していたからだと語り、ある程度までそれは正しい。だが心の奥底で、ケマルは恋に恋していた。なかなか手にはいらないと昔から決まっているもの、つまり、人生を満たすようなすばらしく情熱的な恋に憧れていた。ケマルのすべてを懸けたこのドラマで、フュスンはたまたまそこにいたにすぎない。

恋に恋する者は、ありとあらゆるロマンスを追い求める。月明かりの下の散歩、飽くなきセックス、キャンドルに照らされたディナー、シャンパン、クラシック音楽、詩、沈む夕日などなど。だが、これらの夢のような行為も、分かち合うすてきな相手がいなければ無意味だ。そして、恋に恋する男の悲劇は、運命の女性に出会ったときにはじまる。というのも、ただただ、彼女が並はずれて美しいからだ。言い換えると、若きケマルは美の呪いにかけられた。崇高を求める飽くなき思いが、単純な生活を信じがたいものに変えてしまった。

学芸員ケマルと恋するケマルというふたつの自己を作ったことで、作者はふたつの声を使い分けなくてはいけなくなった。ここには三つの問題がある。(1)学芸員ケマルは、どのような口調と態度で、訪問者である読者に接するべきか。(2)学芸員ケマルは、恋するケマルの内なるダイアローグをどのように表現すべきか。(3)恋するケマルの語りは、どんな特徴を具えるべきか。

以下の抜粋は、学芸員ケマルによる読者への語りであり、三つの問いへの答えを示している。

ここにある時計やマッチやマッチブックを見れば、その日フュスンは来ないだろうと受け入れるまでの十分か十五分が、いかにゆっくりと流れ、わたしがその時間をどう過ごしていたかがわかるだろう。部屋のなかを歩きまわり、窓から外をのぞき見し、ときどき足を止めて、じっと立ったまま、体内を流れていく苦痛に耳を澄ましたものだ。アパルトマンじゅうの時計が時を刻むのに合わせて、毎秒毎分、わたしは意識を集中させ、その痛みから逃れようとした。約束の時間が近づくにつれ、〝きょうだ、そう、もうすぐ、来る〟という思いが心のなかで春の蕾のように花開いた。そんなときには、すぐにも彼女に会えるように、時間が早く過ぎ去ればいいと願った。けれども、時はそんなふうには流れなかった。ふと頭が冴えわたる瞬間には、自分で自分をだまそうとしているだけで、どうせ彼女は来ないのだから、ほんとうは時が過ぎてほしくないことを悟った。二時になると、その時刻になったのを喜ぶべきなのか、あるいはフュスンが来る可能性が刻一刻と小さくなることを悲しむべきなのか、わからなくなり、桟橋から離れていく船に乗った旅人と岸に残された恋人のように、フュスンとの距離がどんどん開くのが感じられた。だからわたしは、あまり時間は経っていないと思いこもうとして、頭のなかで時を小さくひとまとめにし、毎分毎秒と苦しむのではなく、五分に一回だけにしようとした。こうしてわたしは五分間の痛みを取りこんで、最後にまとめて耐えようとした。しかし、最初の五分が過ぎてしまうと、この努力も意味をなさなかった――フュスンは来ないと認めざるをえなくなると、抑えこんでいた痛みが、釘を打ちこまれたかのように体内へ沈んでいった……。

学芸員ケマルはこの一節を現在形ではじめることで、宝物のはいった展示ケースを前に、実際に訪問者に説明しているかのように語っている。だが、そもそも〝無垢の博物館〟というのは仮の姿にすぎず、ほんとうに見せたいものは、過去から掘り起こして陳列した愛のエピソードの数々だ。それらの思い出に閉じこめられた恋するケマルについて話すときには、学芸員ケマルは過去形を使っている。

学芸員ケマルが恋するケマルに関して現在形を使ったのは、恋するケマルの内面の興奮を〝きょうだ、そう、もうすぐ、来る〟と短く刻んで言い表した一ヵ所だけだ。そこ以外では、恋するケマルの心の声は行間に埋めこまれ、訪問者である読者の想像に委ねられている。六文目では、第三の自己である批評家のケマルがちらりと顔をのぞかせ、恋するケマルの子供っぽい自己欺瞞をたしなめている。

学芸員と訪問者の関係は、教授と学生の関係よりも堅苦しく形式ばったものだ。教授と学生はともに考え、活発に意見を交わしたりするが、学芸員と訪問者は粛々と過去に敬意を表する。それゆえ、学芸員ケマルのダイアローグは流れるようによどみなく、哀愁に満ちている。

この箇所は十一文から成り立ち、ひとつの文のなかに修飾語句がいくつも連なって、小さなクライマックスへとつながっている（〝体内を流れていく苦痛に耳を澄ました〟、〝その痛みから逃れようとした〟など）。また、かしこまった格調高い文体は、学芸員ケマルが訪問者相手にこの説明を何度も繰り返すうちに、表現に磨きがかかったことを暗示する。

学芸員ケマルは、かつてのような熱烈に恋する男ではないものの、いまだに昔の恋を懐かしんでいる。学芸員であると同時に、恋を詠う詩人でもある。ロマンチックな妄想でいっぱいであることを、パムクは隠喩や直喩をちりばめて表現している。学芸員ケマルはそこかしこで、ありがちなクリシェを用いていて、春の蕾のように花開くとか、恋人を岸に残して出発する船などのたとえは、甘ったるくお涙ちょうだいで安っぽい。だが、その心の奥底を表すことばは暗く、痛みをともなう。体内を流れていた痛みは、やがて、打ちこまれた釘と化す。痛みに耐えるために、時間を水路か何かに変えてしまい、いわば心の弁を開閉するかのように描いたイメージは、とりわけ生々しい。

内省的な葛藤

この作品を進めていく力となっているのは、ふたつの内省的な葛藤、すなわち愛の残虐さと時間の残虐さだ。

まず、愛の残虐さについて。ケマルは別の女性と婚約していたとき、ブティックで売り子をしていた美しいフュスンと出会う。そしてひと目で恋に落ち、唯一無二の愛を得ようとして、人生で大きく道を踏みはずす。恋するケマルは運命を責めるが、運命というのは、人が無意識のうちに人生を放棄したときによく使う言いわけだ。

究極の恋をしたケマルは、毎日毎分毎秒、つねに愛する人といっしょにいたいと願う。フュスンがいないと孤独に苦しみ、ますますフュスンを求める。考えれば考えるほど、それは深刻になる。彼女と会えれば、ほんとうに苦痛が治るのかは、もはやだれにもわからない。

つぎに時間の残虐さについて。ふつうの時計は時を刻むが、心のなかの時計は針を持たない。ときには何時間もが瞬きのうちに消え、ときには一分が冷えきった二月のまるひと月ぶんにも感じられる。恋するケマルは苦痛を和らげようとして、時間に意識を集中させる――〝アパルトマンじゅうの時計が時を刻むのに合わせて、毎秒毎分、わたしは意識を集中させ、その痛みから逃れようとした〟。けれども、時間にこだわることで、痛みはますます強まる。時を操ろうとして、束ねたり、分解したり、速めたり、遅らせたりしたものの、時の力を増幅させただけで、苦しみは減っていない。

　ケマルは自分で自分を苦しめ、よくないとわかっているのに、それに固執する。言うまでもなく、内省的な葛藤はダイアローグの数を大きく増やす。

　最後にひとつ付け加えよう。学芸員ケマルは恋するケマルの愛を、力強く、あまりに執念深く描いている。フュスンが姿を現さなかったとき、ケマルは「おや、どうしたんだろう、事故にでも遭ったんだろうか」と考えてもよかったはずだ。けれども、そうは考えなかった。それどころか、痛み混じりの高揚感を事細かく分析している。よく言われるとおり、恋する者は身勝手なのだ。

18　暗黙の葛藤

はじめに——テクストとサブテクストのバランス

ダイアローグのどの台詞においても、すべてのことばの文字どおりの意味と、読者や観客がサブテクストからそれとなく感じとる裏の意味とのバランスが重要である。

このバランスが崩れ、小さなきっかけからあまりに大げさな反応が見られると、ダイアローグはうつろに響き、そのシーンは嘘っぽく感じられる。第六章で説明したメロドラマの定義を思い出してもらいたい。不要な箇所で過剰に表現しすぎると、どうなるか。腐った食材を濃厚なソースで隠すシェフと同じく、ありふれた内容を美辞麗句でごまかす作家はメロドラマ臭を漂わせる。

また、ことばにする必要のない考えや感情がすべてそのまま書き起こされていると、うるさいだけで含みのないダイアローグとなる。あるシーンで暗示されているものと明示されているものがまったく同じだとしたら、表も裏もなく、底が浅く、台詞は陳腐で、演技はぎこちなくなるだろう。

形式よりも中身が優先され、最小限のことばで最大限の意味を伝えるバランスが完成しているとき、ダイアローグは最も大きな力と信頼性を得る。ロバート・ブラウニングの名高いことばを借りれば、〝少ないほうが豊か〟〔原注1〕である。省けることばはすべて省いたほうがいい。そうすることで台詞に効果が加わるなら、なおさらだ。ことばが少なければ少ないほど、読者や観客は〝言わないこと〟と〝言えないこと〟へ深く引きこまれる。ごく一部の例外を除いて、抑制こそがダイアローグを引き立たせる。

以下では、最小限のことばで最大限の感情と意味を表現した、すばらしい一例を紹介しよう。

『ロスト・イン・トランスレーション』

ソフィア・コッポラがみずから脚本を書いた『ロスト・イン・トランスレーション』を撮ったのは、三十二歳のときだ。脚本を書いたのは四本目、監督をしたのは二本目だった。この作品は世界じゅうで数々の賞に輝き、アカデミー脚本賞も受賞した。

コッポラは芸術家に囲まれて育ち、それまでに何度も日本を訪れていた。そして、われわれと同じく、恋愛で成功や失敗を重ねてきた。だから、コッポラ個人の体験がストーリーに反映されていると言えなくもないが、自伝的作品としてのみ『ロスト・イン・トランスレーション』をとらえるのはまちがいだ。その脚本はフィクションの形で人生の暗部への洞察を的確に表現したもので、作家としての信頼性やすぐれたバランス感覚が見られる。

コッポラの簡潔なダイアローグでは、ことばを石のように投げつけて言い争ったり（『ア・レーズン・イン・ザ・サン』の夫婦喧嘩）、罠を仕掛けるためにことばを重ねたり（『グレート・ギャツビー』のデイジーの意地悪いふるまい）はしない。そのような手立てを用いずに、数少ない遠まわしで繊細な表現を用いて、目には見えないものの、登場人物が過去から現在まで引きずって、心の奥深くにかかえた葛藤を描き出す。

以下のシーンで、コッポラは登場人物ふたりの内面と過去へ同時に切りこんでいく。ジレンマに陥ってのやむない選択という形をとらずに、両方を明らかにしていく。

矛盾する価値観のなかから、ましなものを選ぶという手法は、登場人物の真の姿をあらわにするものだが、ドラマ化の手立てとしてはかなり安易である。コッポラは別の道を選んだ。コッポラの登場人物たちは、人生が押しつけてきたものに苦しんでいるのではなく、人生が否定してきたことの空虚さに悩んでいる。直接的、間接的、内省的な葛藤のどれもなく、このシーンは静かに観客の心をつかみ、保持し、すぐれた効果をあげている。

設定

最小限のダイアローグで最大限の効果をあげるには、シーンの設定が重要だ。そのシーンに至るまでに、登場人物が人生の危機的状況に陥っていれば、読者や観客はそれをサブテクストから察知している。登場人物のほうが意識していようといまいと、読者や観客はその危機を知っているし、感じているし、それがどう展開していくのかを期待して待っている。慣れた読者や観客なら、台詞やしぐさに隠された内容を読み解いていく。

『ロスト・イン・トランスレーション』はこの手法をみごとに利用している。冒頭のシーンは、ふたりの主人公を対比して交互に映し出す。最近イェール大学を卒業したばかりで、カメラマンの夫の仕事に同行してきたシャーロットと、中年のハリウッドスターで、アクション俳優として名高いボブ・ハリス。ふたりはパーク・ハイアット東京で出会うが、あらゆる面で異なっている。歳のちがい（少なくとも三十歳）、名声のちがい（シャーロットはだれもが無視し、ボブはだれもがこびへつらう）、そして結婚生活のちがい（シャーロットは夫にかまってほしく、ボブは妻をうるさく感じている）。

その日、ふたりは二度すれちがっている——最初はエレベーターで、二度目はラウンジでだ。その夜、眠れないふたりはどちらもホテル内のバーへ行き、そこでまた偶然に顔を合わせる。

シーンの課題

このシーンのはじまりでは、ふたりの欲求は一致しているように見える——ただ酒を飲んで、時間をつぶしたい。けれども、もしほんとうに酒を望むだけなら、部屋のミニバーをあければいい話だ。だれかと話したいという無意識の欲求があったからこそ、部屋から出てバーまで来た。こうしてふたりが出会ったとき、ふたりにとってのシーンの目標は変わっている。つまり、だれかと話して時間をつぶすことだ。

シーンの価値要素

バーにいるボブにシャーロットが近づくと、緊張感が高まる。その日の少し前に見かけたときには、互いに微笑を交わしたふたりだが、彼のほうは傲慢でいやなやつかもしれないし、彼女のほうは頭のおかしなファンだと判明するかもしれない。「話しかけようか、ひとりで飲もうか」という問いが、ふたりの頭を駆けめぐっているはずだ。ひとりでくつろぐべきか、思いきって近づくべきかという迷いに満ちた緊張のなかで、このシーンは幕をあけ、ふたりの選択が注目される。

だが、実際にことばを交わしてみると、ふたりはすぐさま深い欲求を感じて、打ち明け話をはじめる。耳の痛い真実を告白し合うにつれ、親密さが孤独を上まわる。ここで新たな価値要素が生まれる。人生で見つけたものと失ったものだ。発見／喪失の対比が、ストーリーの中核をなす価値要素となる。

作品のタイトルからもわかるように、ボブとシャーロットはそれぞれに喪失感を覚えている。このシーンが幕をあけたとき、発見／喪失の価値要素についてはマイナスのまま動かない。会話を重ねてもプラスへ転じることはないし、最後のビート15では寒々しさが漂う。その一方で、親密／孤独の価値要素はプラスへ向かい、つづくビートでふたりは急速に、そして自然に親しくなっていく。

以下では、それぞれのビートの終わりに、発見／喪失と親密／孤独の価値要素が上向きになったときにはプラス（＋）、下降したときにはマイナス（－）の印をつけた。振れ幅が大きくなったときには、プラスやマイナスを重ねてある。

まずは台詞（太字の部分）だけを最後まで通して読み、最小限のことばで構成されたダイアローグを味わってもらいたい。それからわたしのコメントと照らし合わせつつ、ビートやサブテクスト、プラスやマイナスに注意して再読することを勧める。

場所　パーク・ハイアット東京のバー――夜

ボブが飲み物を前にひとりですわっている。

ビート1

ボブ　（バーテンダーへ）やつは何回か結婚したことがあるんだ。みんな美人で、ぼくたちならぞっこんになっちまうくらいのいい女ばかりだが、それでも噂は絶えなかった。やつの演技はきらいだから、ゲイでもどうでもいいがね。

アクション：ボブはバーテンダーを感心させようとする。
リアクション：バーテンダーは感心したふりをする。
親密／孤独：－
男がバーでひとり坐しているところを背中側から撮るという、ありがちな構図ではなく、ショービジネスの噂話でこのシーンははじまる。ハリウッドのスターであるボブが、日本人のバーテンダーを相手に軽口を叩くことで、ボブの孤独が痛烈に際立つ。この最初のビートが、シーンのクライマックスとなる暗いビートと対になって、効果的な音色を奏でる。

ビート2

シャーロットがバーへはいってくる。
バーテンダーがボブのそばの席へ案内して、スツールを引く。

シャーロット　（バーテンダーへ）ありがとう。
（ボブへ）こんばんは。
（すわりながら、バーテンダーへ）どうも。

アクション：バーテンダーがシャーロットに席を勧める。
リアクション：シャーロットは腰かける。
親密／孤独：－
あるシーンを組み立てるには、ひとつひとつの台詞を書く前に、つねに以下の問いかけをおこなうとよい。まさにこの瞬間、この登場人物はどんな行動をとるのか。どんな作戦を立てられるのか。どの作戦を選ぶのか。登場人物が選ぶ作戦は、その人物の性格を示し、目的を果たすために使うことばを決める。繰り返すが、ダイアローグとは内なるアクションが表へ現れた結果だ。
では、ほとんど客のいないバーへはいってきたシャーロットが、世界的に有名なスターがひとりでスツールに腰かけているのを見たときの反応は、選択は、作戦はどうだったろうか。怖じ気づいてこの場から去ることも、スターのプライバシーを尊重してテーブル席へ移ることも、会話を交わせる距離にすわることもできる。
バーテンダーにスツールを勧められると、シャーロットはその三つのなかでいちばん大胆なものを選び、ボブと並んだ。気恥ずかしさと引き換えに、横並びにすわると決めたのは、シャーロットの心の準備が整ったことを意味している。

ビート3

バーテンダー　ご注文は？
シャーロット　そうねぇ……どうしよう……うーん。
アクション：バーテンダーはシャーロットの応対をする。

リアクション：シャーロットは自分がボブに受け入れられるかどうかを試す。
親密／孤独：－
ここでも選ぶ道がいくつかある。シャーロットは、自分の好きな飲み物をさっさと頼むこともできる。しかし自分の決断にひるんでためらい、ボブに反応の機会を与える。ボブがつぎにとる行動から、自分がほんとうに受け入れられるかどうかがわかるはずだ。

ビート4

ボブ　（自身のコマーシャルを真似て）心安らぐひとときーー
ボブ&バーテンダー　（声を合わせて）〝サントリーのとき〟！
シャーロット　ウォッカ・トニックにする。

ボブは感心して、シャーロットを見る。

アクション：ボブはシャーロットをくつろがせようとする。
リアクション：シャーロットは応じる。
リアクション：ボブはシャーロットの反応を喜ぶ。
親密／孤独：＋
ボブの自嘲気味のジョークは、シャーロットを安心させる。シャーロットが飲み物を注文すると、ボブはうなずいて賛成してみせ、親密／孤独の価値要素がプラスへ向かう。他人だったふたりが、これからゆっくり語ろうとしている。

ボブの自嘲は、その性格の一端を示している。俳優はたとえコマーシャルでも真摯に仕事をするものだが、ボブはあえて自分自身をからかう。このような行動をとるのは、芸術家としてのプライドと自己嫌悪が心のなかでせめぎ合っているからだ。

ビート5

シャーロット　（バーテンダーが飲み物を作るために去ると、ボブに向かって）なぜここに？

ボブ　まあ、いろいろ……。妻と距離を置いたり、息子の誕生日を忘れたり。それから、ああ、二百万ドルのギャラでウイスキーのＣＭに出たり。ＣＭより芝居に出るべきだが。

シャーロット　（信じられないというように目を見開いて）まあ。

アクション：シャーロットは会話の糸口を作る。
リアクション：ボブは人生における三つの失敗を告白する。
リアクション：シャーロットは驚きを押し隠す。
発見／喪失：――

シャーロットは予想外の答えを耳にする。世界的に有名な映画スターと隣り合わせ、人もうらやむ暮らしをしているにちがいないと思って、近況を尋ねたら、唐突に悩みを打ち明けられたのだから、驚くのも当然だ。〝距離を置く〟という言い方からは、ボブが夫婦間の問題に関して、自分を責めているのか、妻を責めているのか、その両方なのかはうかがい知れないが、息子の誕生日を忘れたこと、そして何より、芸術よりも金銭を優先させたことに関しては、まちがいなく自分を責めている。
　ボブが失敗を告白したことは、シャーロットを驚かせただけでなく、ある一線を越えた。他人と話すとき、ふつうは一定の距離を保つものだが、それを無視したということだ。そのせいで、シャーロットは少し重荷を負わされる。プライバシーの発見／喪失が話題になったいま、さらに大きく一歩踏みこんで、自分も告白すべきかどうか。シャーロットはそうするが、ボブの告白がこの連鎖のきっかけになっている。

ビート6

ボブ　でも、ウイスキーで気分がいい。

シャーロットは笑う。

アクション：ボブはシャーロットの気持ちを和らげようとする。
リアクション：シャーロットは同調する。
親密／孤独：＋
ここでは、互いへの共感によって親密度が少し増す。ビート5でのボブの告白はシャーロットを驚かせたが、ボブは自分が何をしたかに気づいて後悔した。そこで、ジョークでまぎらせようとする。シャーロットもボブのとまどいに気づき、笑いを返すことで、ボブの気分を楽にしようとしている。

ビート7

ボブ　きみはここで何を？

シャーロット　えーっと、その、カメラマンの夫が、東京で撮影があって、それで、わたしはすることもないから、ついてきたの。こっちに住んでる友達もいるし。

アクション：ボブはシャーロットの告白を促す。

リアクション：シャーロットは、むなしくて悩みの多そうな結婚生活を告白する。

発見／喪失：――

ビート4で目が合った瞬間から、ボブとシャーロットは包み隠さず、正直に話している。酒が進むにつれ、本音が出る。ビート5でボブは思いきって個人的な告白をし、ここではシャーロットにも告白するよう誘いかけている。またしても選ぶ道がある。シャーロットは「すごく楽しいのよ。夫が撮影に出かけてるあいだに、昔の友達と会って、はしゃいだりして」と言うこともできた。しかし、冷めた受け身の返答をして、結婚生活がうまくいっていないことをにおわせる。ボブはその悩みを感じとる。

ビート8

ボブはシャーロットの煙草に火をつける。

ボブ　結婚して何年？

シャーロット　あ、どうも。（間）二年よ。
ボブ　ぼくは二十五年にもなるよ。

アクション：ボブはシャーロットを口説こうとする。
リアクション：シャーロットはその心構えをする。
リアクション：ボブはシャーロットを口説く。
親密／孤独：――

結婚生活がうまくいっていないとシャーロットが告白したので、ボブはこの若く美しい女を口説きたいという誘惑に抗えず、自身の満たされない結婚生活をかこつ。

注目すべきは、コッポラがどのようにボブの行動を組み立てているかだ。ボブは自分で起こしたアクションに対してリアクションを用意している。ボブはシャーロットに結婚年数を訊いたが、シャーロットがなんと答えようと、自分のほうがそれを上まわることを知っている。四分の一世紀にもわたって、耐えてきたのだから。

シャーロットの選択も興味深い。ボブが煙草に火をつけてくれたときに、これから口説かれるのは予測できたはずだから、「すてきな二年間」と答えたり、あるいはもっとけんか腰に「なんでそんなこと訊くの」と問い返したりして、それをかわすこともできただろう。だが、流れを受け入れた。

たしかなのは、ボブの誘いに性的な意味合いが含まれていることだ。どのくらい本気かはわからない。ただ単に男としての挨拶として口説いただけかもしれないが、中年の男がバーにいる若い女を相手に、幸せとは言いがたい長い結婚生活を嘆くときは、同情以上のものを求めているのがふつうだ。

ボブの行動でシャーロットが立ち去る可能性もあったが、シャーロットは逆に近づいた。

ビート9

シャーロット　たぶん〝中年の危機〟を感じるころね。（間）もうポルシェは買った？

ボブ　（おもしろがるように）買おうかと思ってる。

アクション：シャーロットは誘いをうまくかわす。

リアクション：ボブはシャーロットの機転に感心する。

親密／孤独：＋

シャーロットはボブが本気でないことを見抜き、年齢についてからかって、ノーという意思をやんわりと示す。ボブはシャーロットの巧みな対応に感心する。

ビート10

シャーロット　二十五年……それって……なんていうか、すごいわね。

ボブ　うん、でも、人生の三分の一は眠ってるだろ。だから、結婚生活のうち、八年と少し引ける。残りは十六年とちょっとだ。まあ、十六歳はまだ青い……結婚生活も同じさ……運転はできるけど……たまの事故は付き物、ってやつだよ。

シャーロット　（笑いながら）そうね……

アクション：シャーロットは明るい兆しを見つけようとする。
リアクション：ボブは波瀾含みの結婚生活を打ち明ける。
リアクション：シャーロットはボブの巧みな対応に感心する。
発見／喪失：――

ここまでのシーンから、シャーロットが夫や自分の将来に疑念を持っていることはわかっている。ボブと妻の関係にお世辞を言おうとするシャーロットに、ボブはシャーロットも自身の経験から学んでいるはずの現実――人間関係はなかなか理想どおりにはいかないということを思い出させる。ティーンエイジャーの運転テクニックに巧妙にたとえることで、その棘を和らげているものの、ボブの皮肉な返しに希望はない。それでも、シャーロットはボブの巧みなことばに笑う。

ビート4、5、8、10が、通常の二段階ではなく、三段階から成ることに注目してもらいたい。ふつう、アクション／リアクションのあとには、新たに別のアクションが起こる。ところが、この四つのビートは、アクション／リアクション／リアクションから成り立っている。リアクションがさらなるリアクションを引き起こすのは、登場人物たちの関係がより深まり、親密度があがるしるしだ。

アカデミー賞の受賞経験がある脚本家のフィリップ・ヨーダンもこう言っている。「とりとめのない会話や長々とした演説で脚本を埋めつくしてはいけない。すべての質問に答える必要はない。身ぶりだけで感情を示せるなら、そうすべきだ。ひとたび質問を投げかけたら、じゅうぶんに間をとってから答えを明かそう。もっといいのは、おそらく登場人物たちに何も言わせない、つまり答えが見つからないことだ。そうすれば、何も語らないまま、宙に漂わせておける」

ビート11

ボブ　きみの仕事は？
シャーロット　うーん、まだ何も。春に大学を卒業したばかりで。
ボブ　専攻は何？
シャーロット　哲学。
ボブ　そいつは儲かりそうだ。
シャーロット　（恥ずかしそうに笑いながら）たしかに……でも、うーん、いまのところ無料奉仕よ。

アクション：ボブはシャーロットに身の上話をさせたがる。
リアクション：シャーロットは先の見えない将来だと伝える。
発見／喪失：――
ボブはビート10で二度目の告白をしたので、シャーロットにもつぎの告白を求める。シャーロットはそれに応じて、私生活だけでなく、仕事の面でも不安定だと言う。

ビート12

ボブ　（笑いながら）まあ、そのうち稼ぐ方法が見つかるよ。
シャーロット　（笑いながら）ええ……

アクション：ボブはあてもない希望を口にする。

リアクション：シャーロットは笑い飛ばす。
親密／孤独：＋
発見／喪失：－
人生に倦んでいるボブは、皮肉混じりの望みを口にする。シャーロットの笑いは、その皮肉に気づいていることを意味し、つぎの台詞のひと刺しにつながる。

ビート13
シャーロット　ポルシェを買って、なんとかなるといいわね。

ボブ、うなずく。

アクション：シャーロットも偽りの希望を口にする。
リアクション：ボブもその皮肉を理解したことを示す。
親密／孤独：＋＋
発見／喪失：－－
ふたりとも幸せではないけれど、どちらもそれを嘘でごまかすつもりはない。このきびしい現実を理解し、共有していることが、ふたりの結びつきを強める。

ビート14
シャーロット　（グラスを掲げて）そうなることを願って。

ボブ　そうなることを願って。カ・ン・パ・イ。

アクション：シャーロットは自分たちがみずからに正直であることを祝う。
リアクション：ボブも賛同する。
親密／孤独：＋＋＋
このように盛りあがったあとで、つぎのビートは一転して暗い調子になり、シーンを締めくくる転換点となる。

ビート15

長い沈黙。

シャーロット　眠れないの。

ボブ　ぼくもだ。

ふたたび沈黙。

アクション：シャーロットは途方に暮れていることを告白する。
リアクション：ボブは自分も途方に暮れていることを告白する。
発見／喪失：－－－
親密／孤独：＋＋＋＋

このやりとりは、サブテクストとして苦悩をほのめかす台詞として、わたしの知るかぎり最も心を揺さぶられるものだ。

眠ることで、人は健全でいられる。眠れなければ、人生はでたらめに時を刻む時計と化す。眠れずにのたうっていると、頭のなかをさまざまな考えがとめどなく駆けめぐり、不安や心配事が渦巻いて、心を掻き乱す。シャーロットもボブも眠れない。なぜだろう。時差ぼけなのか。それとも、激しい物思いなのか。

わたしの解釈したサブテクストでは、ふたりの不眠症はより深いところに原因がある。これまでの告白からわかるように、ふたりは結婚生活から疎外されたように感じ、仕事でも居場所がなく、もはやどうすればいいのかわからない。家庭でも仕事でも満たされない穴が、心にぽっかりあいている。シャーロットもボブも、人生の目的を失っている。

登場人物とダイアローグ

映画のタイトルからもわかるとおり、主人公ふたりはむなしさを充実感へと変化《トランスレート》させることができない。未来を思い描けず、人生の理不尽さに意味を見いだすことができない。もっとロマンチックな時代なら、〝さまよえる魂《ロスト・ソウル》〟と呼ばれていただろう。

コッポラが巧みにことばのぶつかり合いを避け、さりげなく軽いふるまいによって、笑顔の奥に隠された懊悩を暗示する手法に着目しよう。実に多くの内容が、可能なかぎり短く刈りこんだそっけないダイアローグに凝縮されている。「まあ、そのうち稼ぐ方法が見つかるよ」や「ポルシェを買って、なんとかなるといいわね」などだ。どうしたら、このようなダイアローグを生み出せるのだろうか。

第一に、背景となるストーリーを設定することだ。『無垢の博物館』から引用したシーンのように、主人公に過去の葛藤を事細かく、まざまざと語らせることもできる。だがコッポラは、そういうドラマを画面外へ追いやり、想像にまかせている。ボブとシャーロットが口にする話題は、それぞれ三つ――結婚、仕事、自分自身だ。そのどれもが中途半端なところで終わり、ことばはできるかぎり省かれている。ボブの「妻と距離を置いたり」や「ウイスキーのCMに出たり。CMより芝居に出るべきだが」、シャーロットの「カメラマンの夫が、東京で撮影があって、それで、わたしはすることもないから」が好例だ。ふたりが自嘲気味に語るさまからは、自分たちの不幸せをジョーク混じりに語っているが、心の奥底で渦巻く葛藤を疲れた様子で押し隠す姿が感じとれる。

第二に、サブテクストに気づかせるための間をとることだ。ボブとシャーロットが、多くの台詞の前に、「まあ」「ええ……」「そうね」などと言って、思慮に満ちた短い間をとっていたことに気づいただろうか。「うーん」「えーっと」と口に出して、考える間をとるほかにも、笑ったり、うなずいたり、視線を送ったり、だまって目を合わせたり、何もない空間を見つめたりすることで、声に出さずに間をとる手立てもある。これらのためらいは、短いものであれ長いものであれ、台詞を一時的に止め、観客を中へ引きこむ。そこで、考えるゆとりが生まれる。

第三に、登場人物の自然な性格描写だ。ボブは世界的に有名なアクションスター、ボブ・ハリスとして、多くの台詞でそれらしく語っている。「ゲイでもどうでもいいがね」、「そのうち稼ぐ方法が見つかるよ」、「そいつは儲かりそうだ」、「ウイスキーで気分がいい」などの台詞は、ボブが演じるタフガイが口にしてもおかしくない。役柄がボブの人格に溶けこんでいるということだ。

シャーロットの話し方はボブとはまったく異なり、きわめて簡潔に思いを伝えている。また「なんとかなるといいわね」や「どうしよう」など、あいまいな言い方をよくする。口調は楽しげだが、使うことばは色も動きもない生活を反映している。

価値要素の変化とダイアローグ

登場人物の表面的な発言と行動とを分けて考えると、シーンの全体像が見えてくる。ビートが進むにつれ、価値要素の変化がダイアローグを押し進めていく。

コッポラはマイナスのイメージを三回重ねて、シーン全体を下降させるように設計している。それはどんどん悪化する告白の連鎖で組み立てられる。

まずボブが、夫としても父親としても失格だ、日々自分を欺きながら生活している、と告白する（悪い）。シャーロットは、自分はただ夫についてきただけで、夫は妻より仕事のほうを愛している、と告白する（悪い）。ボブは自分が俳優の仕事を冒瀆している、まともな芝居で演技すべきなのに、ウイスキーのCMなんかに出ている、と告白する（さらに悪い）。シャーロットは自分が職にも就かず、その予定もなく、結婚生活以外になんの自由も目的もない、と認める（さらに悪い）。最後のビートでは、とうとう底辺まで行き着く。ふたりとも、眠れないと告白するのだ（最悪）。

告白を積み重ねてシーンを構成することで、コッポラは人物像を浮き彫りにし、互いにどんな人間かわかるようにしている。ふたつのさまよえる魂は、自分の姿をはっきりとさらけ出している。

これらの告白は、なぜ順を追って進展しているように見えるのだろうか。そもそも、ボブとシャーロットは似たような生活を送っていて、ふたりともあらゆる領域で挫折を味わっている。コッポラはふたりの告白の中身が交互に悪くなっていくように会話を組み立てている。では、結婚生活に敗れるのと、仕事で敗れるのと、どちらがよけいに悪いだろうか。

仕事のほうだ。なぜか。結婚生活で起こる問題には相手がいて、お互いさまだからだ。どちらか一方が完全に悪いとも、まったく咎がないとも言いきれない。関係が破綻したときには、相手に責任を押しつけて、敗北感を軽くすることができる。

しかし、自分で選んだ仕事に失敗したときには、責任は自分ひとりにある。もちろん、社会の仕組みが悪いだの、運がなかっただのと言いわけをすることはできるものの、心の奥底では、訓練や才能や知識や判断力や努力など、仕事で失敗するありきたりの原因のせいだとわかっている。

だがはたして、仕事での失敗は結婚生活での敗北より悪い、と言いきれるものだろうか。ほんとうに失業より離婚のほうがましなのだろうか。このバーのシーンでの鍵となるのは、失われた自我の再生である。問題は職を失うかどうかではなく、自我を失うかどうかだ。

もし主人公が、たとえばウォルマートで店員をしている既婚女性なら、結婚生活に敗れるのは、くびになるより悪いことだろう。その人の自我は仕事より家庭のほうにあると思われるからだ。

けれども、この映画の主人公たちは結婚生活を重んじていない。ボブもシャーロットも、自分を芸術家や職業人として認識している。だから、仕事での挫折は結婚生活に敗れるよりはるかに悪い。シャーロットは、職業経験を積んでいないのはもちろん、どんな仕事に就きたいかさえ明らかにしていない。ここよりあとに、作家になりたいとにおわせるシーンがあるが、これまでに何かを書いたりはしていない。それはまぎれもなく、シャーロット自身が決めたことだ。ボブは金と名声のある人気俳優だが、ウイスキーのＣＭの顔となって、時間と才能を浪費している。やはりまぎれもなく、ボブ自身が決めたことだ。

コッポラはさらにきびしくナイフで切りつける。仕事上の損失と、自己を失うことと、どちらがより悪いだろうか。自己を失うほうだ。なぜか。その気になれば、仕事も名声も富も、芸術活動の成果さえもはかない幻であると認められるからだ。公の場から逃げ出すこともできる。それでも、どこかで生きていかなくてはならない。結婚生活で自分の居場所を見つけられず、仕事でも自分の価値を見つけられないとしたら、何が残るだろう。内面へ目を向けて、自分のなかに生きる価値を見いだすしかない。

『ロスト・イン・トランスレーション』の中核にあるジレンマは、みずからの存在の危機だ。ボブとシャーロットが不幸である理由は、はっきりとは見あたらない。学歴もあり、財産もあり、ふつうに結婚し、友人に囲まれている――ボブの場合は、世界じゅうにファンもいる。ふたりはけっして孤独なわけではない。自分を見失っているだけだ。

孤独と自己の喪失は別物だ。孤独というのは、何か分かち合いたいものがあるのに、分かち合う相手がいないことだ。自己を見失っていると、だれとともに暮らそうと、分かち合いたいものすら見つからない。もちろん、孤独であり、自分を見失っていることもありうるが、そのふたつでは、自分を見失うほうが苦痛が大きい。

以下にビートごとのアクション／リアクションと、これが引き起こす効果の大きさを記す。全体として、親密／孤独のプラスと発見／喪失のマイナスが交互に現れ、反復なしに力強くシーンを進めているのがわかるだろう。

ビート1　誇示／追従

親密／孤独：－
ビート2　案内／着席
親密／孤独：－
ビート3　注文／試行
親密／孤独：－
ビート4　歓迎／参加／支持
親密／孤独：＋
ビート5　招待／告白／隠蔽
発見／喪失：－－
ビート6　慰撫／同情
親密／孤独：＋
ビート7　招待／告白
発見／喪失：－－

ビート8　先制／準備／説得
親密／孤独：－－
ビート9　辞退／感心
親密／孤独：＋
ビート10　希望／告白／感心
発見／喪失：－－
ビート11　誘引／告白
発見／喪失：－－
ビート12　空論／一笑
親密／孤独：＋
発見／喪失：－
ビート13　空論／受容
親密／孤独：＋＋
発見／喪失：－－

ビート14　祝杯／祝杯
親密／孤独：＋＋＋
ビート15　告白／告白
発見／喪失：－－－
親密／孤独：＋＋＋＋

ビート5、7、10、11、12、13で明らかになるそれぞれの喪失感は、ビートが進むにつれて深まり、ふたりの人生に暗い影を落としている。ビート10から12にかけては、ますます本音の告白がおこなわれ、それゆえにさびしさが増す。ビート13、14で、シャーロットとボブは互いに人生の迷子であることに乾杯し、新たに培われた友情が一瞬ムードを盛りあげるが、ビート15では一気に反転する。

三つ目の、そして最も痛々しい告白（眠れないの／ぼくもだ）につづく間で、ふたりは自分たちが似ていることに突然気づく。ビート15で双方の切実な願いが明らかになるや、ふたりの関係は孤独（－）から親密（＋＋＋＋）へと変化する。もちろん、ここで反転する。ふたりとも眠れない（－－）。ただし、語り合える（＋＋）。ふたりとも人生の迷子だ（－－－）。だが、よく似た魂同士で結びついている（＋＋＋＋）。

シャーロットとボブの行動を見比べると、ふたりがいかに似ているかがわかるだろう。バーで肩を並べてすわるふたりは、無意識のうちに互いの姿勢やしぐさを真似し、ことばに出さずに呼応し合い、自分たちも気づいていないであろう近しさで結ばれている。

　このシーンは、どことなく明るい皮肉と見え隠れする希望を漂わせて終わる。静かなシーンだが驚くほど力強く、気軽な友情と愛を失ったわびしさとを描いている。最後のビートは、この映画のつづきの部分へ強烈な質問を投げかけている――出会ったいま、ボブとシャーロットはそれぞれの人生を見つけられるだろうか。

19　技術の習得のために

耳を澄ます

少ない台詞で多くを表現する技術を身につけるには、まず、周囲の人たちの〝言わないこと〟と〝言えないこと〟を見きわめる目を養い、それから〝言うこと〟を聞く耳を鍛えることだ。脚本家のウィリアム・ゴールドマンは、おそらく映画史上最もすぐれたダイアローグの書き手で、しばしば〝ハリウッド一の耳〟の持ち主と評される。だが、それを言うなら、ダイアローグ向けの耳というのはどういうものだろうか。

印象としては、記者や速記者のような技能に長け、たとえばバスに乗ったときに、まわりの人の会話を聞いて内容をすばやく正確に書き留められるということだろう。わたしはゴールドマン本人をよく知っているが、彼がニューヨークでバスに乗っていたのはずいぶん前の話だ。しかしどこにいようと、ゴールドマンは作家の耳で深く傾聴し、聞こえてくることばよりはるかに多くのものを聞きとる。

人生に耳を傾けよう。作家になる者は、幼いころから本物の世界の声を——そのリズムを、口調を、使われていることばを——積極的に聞いている。どんな場所でも、折にふれて人の話に耳をそばだて、心に刻みつけたり、おもしろい言いまわしやその意味するところを書きつけたりするといい。

語りも行動である。だからゴールドマンのように、人の話をふたつのレベルに分けて聞く必要がある。テクストとサブテクスト。言うことと、すること。語るにあたってのことばの選び方と文法。人が自分の行為を隠そうとするときに、どんなことばを使うのかに耳を澄ますといい。〝言わないこと〟を感じると、語り手の巧妙な戦術に気づくだろう。そこからさらに、〝言えないこと〟、つまり意識の下で働いて行動を起こさせる衝動と欲求を聞きとろう。社交上の技術としての語りにも気をつけよう。人はどんなことばを使って他人を動かし、自分の望みをかなえてくれそうな反応を引き出すのだろうか。

周囲で交わされるやりとりをよく聞いていると、日常会話はダイアローグよりはるかに冗長だが、それは語彙の宝庫だと思い知らされるはずだ。インターネット中心の社会では、驚くべき新語が分刻みで生まれている。〝ツイートする〟〝ハッシュタグ〟〝自撮り〟〝自撮り棒〟といったことばは、テクノロジーの産物だ。一方、manspreading（バスなどで隣に人がすわらないように、脚を大きくひろげること）、lumbersexual（ひげや体毛などの濃さがセクシーな男性）、budtender（医療系マリファナの調剤師）、linguisticky（小むずかしいことば）などの複雑な単語は、話すことへの純粋な愛から生まれた造語だと言える。周囲のそんなことばに耳を澄ましたり、自分でも新たに作ったりして、ストーリーに取り入れるといいだろう。

それから、よいものを読み、悪いものを書きなおすことだ。勤勉な作家は、書いていないときはほとんど、熱心に何かを読んでいる。小説や戯曲を読み、映画やテレビドラマの台本に目を通す。劇場や映画館の大小を問わず、そこで演じられるダイアローグをよく見て、よく聞いている。彼らはこれまでに読んだり見たりしたすべてのストーリーに、ふだんの生活で耳にした生の会話を加え、それらの副産物として、ダイアローグ向けの耳を養ってきた。

クエンティン・タランティーノのダイアローグは、自然な響きと高度な表現性をみごとに両立させている。タランティーノの作品の登場人物のように早口でまくし立てる人間は現実にはいないのに、観客はそれが街角で撮られたものであるかのように感じる。テネシー・ウィリアムズの生き生きとしたダイアローグは、デカンターから注がれるワインのようによどみなく流れる。裏社会のごろつきたちの軽妙で粋なダイアローグを書くことに関しては、エルモア・レナードにかなう者はいない。これらの定評ある作家たちの作るダイアローグは、日常会話のように耳になじむ一方で、立体感のある登場人物に独自の声を与えている。

逆に、出来のよくない脚本や小説を読むことになったとしても、作者を見捨てて本を投げ出してはいけない。そういう場合は、もう一度読んで、書きなおすといい。作者のことばを消して、自分のことばに変える。悪いダイアローグを書きなおすことは、才能を鍛錬する最も効率的な手立てだ。

なりきって書く

シーンというものは、ふたつの方向から考えることができる。外から内へ向かってと、内から外へ向かってだ。

作家が外から内へ向かって書くときは、登場人物が出演する劇を前から十列目の真ん中の席で観る客になったつもりで、自分の想像したものが動くのをながめ、シーンを観察し、ダイアローグを聞く。この方法だと、その場でどんなふうにも調整できるので、なんにでも使えるし、さまざまな変形が無限に生まれる。作家はそのひとつひとつを吟味し、試行錯誤を繰り返すうちに、理想のビートの組み合わせを見つけて、転換点に至るまでそのシーンを作っていけばいい。

この方法は客観的で受け入れやすく、融通がきくが、ともすると深みに欠ける危険もある。作家がいつも外にいて、遠くからながめているだけでは、登場人物との接点を失い、内面を流れる感情をとらえきれなくなる。内から湧きあがる感情がなければ、行動を起こしたり語りはじめたりする意欲が生まれない。そのため、内容と形式に欠陥が生じ、ダイアローグもその犠牲になってしまう。だから、内から外へ向かっても書かなくてはならない。登場人物の中心に〝わたし〟という名の絶対の核を置き、登場人物の視点で物事を見て、想像上の出来事を体験するというわけだ。

言い換えると、作者はその登場人物を最初に演じることになる。男であれ、女であれ、子供であれ、野獣であれ、中へはいりこんで、即興で演じ、その登場人物を内面から作りあげていく。その人物となって、いまを生き、さまざまな感情や衝動がこみあげるなかで、求めるものを手にしようと苦悶し、望みを妨げるものを取り払おうと奮闘する。その人物が感じるとおりに感じ、鼓動までも合わせていく。この主観的なダイアローグの作り方を、わたしは**内面からの造形**と呼んでいる。

内面から書くには、伝説的な演技指導者コンスタンチン・スタニスラフスキーの〝魔法のもしも〟理論を用いるとよい。その際、〝もしもこの登場人物が、こういう状況にいたら、どうするだろうか〟と考えてはいけない。これでは、その人物を外からながめることになるからだ。〝もしもわたしが、こういう状況にいたら、どうするだろうか〟と考えてもいけない。あなたはその登場人物ではないからだ。あなたがそのような状況で感じたり、行動したり、言ったりするであろうことは、その登場人物のふるまいにはほとんど、もしくはまったく関係ない。だから〝もしもわたしがこの登場人物で、こういう状況にいたら、どうするだろうか〟と考えるべきだ。あなた自身をもとにして作るのだが、あなた自身としてではなく、あなたが作り出した人物として考えるということだ。

有名な劇作家の経歴を調べると、アリストファネスもシェイクスピアもモリエールもハロルド・ピンターも、みな出発点は舞台俳優だったことがわかる。小説家にとってさえも、演じることはダイアローグを書くうえでとても役立つはずだ。

チャールズ・ディケンズの娘メイミー・ディケンズは、伝記のなかで、父親の仕事ぶりをこんなふうに記している。

わたしが長椅子に横たわって、物音ひとつ立てないように、おとなしくしていると、机で忙しそうに書き物をしていた父が、急に椅子から立ちあがって、近くに懸けてある鏡の前へすばやく歩いていき、顔をゆがめたりして、おかしな表情をするのを見たことがあります。父は足早に机へもどり、少しのあいだ、猛烈な勢いで何かを書きつけると、また鏡の前に立ちました。そしてふたたび顔のパントマイムをはじめたかと思うと、こちらを振り返り、でもわたしのことなど気づきもしないまま、早口でぼそぼそとつぶやきました。まもなくそれもやめ、またしても机へもどって、昼食の時間まで黙々と書きつづけたのです。これはわたしにとって、とても興味深い体験であったと同時に、大人になるまでその意味をよく理解できなかったことでもありました。のちにわかったのですが、父は心から熱中するあまり、自分の作った登場人物にすっかりなりきっていたのでしょう。そのあいだはまわりのものさえ目にはいらず、自分のペンが生み出した人物として、空想のなかで生きていたのだと思います。[原注1]

生み出した登場人物に自然な話し方をさせるには、ディケンズのようにすればよい。みずから演じることだ。まずその人物の考えで心を満たしてから、語彙、文法、構文、比喩、文末、敬語、発音、慣用句、話す速度などに留意して、その人物にふさわしい台詞を形作っていく。細部にまで気を配り、観客の耳と記憶に残る唯一無二の声にしよう。

それでも陳腐なクリシェから抜け出せないのなら、別の提案がある。コンピューターの電源を切って、即席パフォーマンスの講座に出てみるといい。クラスメイト全員の前でダイアローグを作れるなら、机の前でもできるはずだ。

内側からひとつのシーンを作りあげたら、こんどは外側から考える。技巧を最大限に生かすには、ひとつのシーンを双方向から何度も見直す必要がある。最後に、その作品の第一の読者や観客になったつもりで、そのシーンを見てみよう。

内なるアクションが外のアクティビティに変わることを意識して、ことばをつむぎ出すことで、ダイアローグを作る能力は磨かれる。想像がページへと滞りなく流れるときや、自分のことばの正しさに確信が持てるときは、分析など無用だ。ただひたすら書くといい。しかし、そのシーンが自分の感覚と食いちがうときや、頭が混乱して進まないときにはどうすればいいのだろうか。そういうときは、自分に対していくつかの質問をぶつけよう。

鍵となる質問

ダイアローグを作るときは、当然ながら、たくさんの疑問が湧く。どの感覚を頼りに書けばいいのか。目だろうか、耳だろうか。説明しすぎると、単なる描写になってしまうし、ダイアローグが多すぎると、だらだらして、うるさいだけだ。では、どのくらいが多すぎて、どのくらいが少なすぎるのだろうか。

設計と意図に関しての疑問もある。この台詞は登場人物に対してどのように作用するのだろうか。ビートには？　シーンには？　ストーリーには？　作家は目隠しをした正義の女神のように、片手に剣、反対の手に天秤を持ち、判断が必要なシーンではいつでも、イメージとことば、ことばと沈黙のバランスを探っている。

創造力とは、正解を覚えることではなく、的確な質問を発することだ。この本で新たに習得した、シーンとダイアローグを設計する知識を創作に生かす際には、以下に並べた質問を自分に投げかけるとよい。執筆と推敲の質をより高めて、才能を最大限に引き出せるだろう。行きづまったら、初心に返り、登場人物それぞれの視点でこれらの質問を考えよう。明確な答えは、書きなおす力となるだけでなく、才能をひろげてもくれるだろう。

これらの質問の答えは、力強いダイアローグを生む素地となる。

潜在的欲求　どのような欲求が、登場人物の生活環境や、ほかの登場人物との関係を取り巻いているだろうか。また、それらの欲求は、その人物の選ぶ行動や使うことばを、どのように制限したり決定したりしているだろうか。それによって、どのような行動を（少なくともいまは）とれなくなっているか。どのようなことばを（少なくともいまは）使えなくなっているか。

欲求の対象　人生の均衡を取りもどすために、登場人物はどうしたいと言っているだろうか。サブテクストには、潜在的欲求が盛りこまれているか。顕在的欲求と潜在的欲求はどのように対立しているか。

究極課題　何が登場人物をその行動に駆り立てたのか。それは意識的な行動か、それとも無意識の別の欲求が意識に反してそうさせたのか。それはその人物にとって最大の敵なのか。

シーンの課題　そのシーンでの登場人物の課題は何か。その人物は何を望んでいるように見えるか。いろいろな面を持つ複雑な性格の人物なら、真の望みは何か。隠された意図は？　シーンの課題は究極課題を果たすための一段階なのか。言い換えれば、そのシーンはストーリー全体のなかで意味のあるものか。

動機　登場人物はなぜそれをしたいのか。

シーンの支配者　そのシーンを動かしているのはだれか。

敵対する力　そのシーンでの対立や葛藤の源は何か。それは登場人物の内面に起因するのか。それとも、ほかの登場人物やストーリーの設定に原因があるのか。

シーンの価値要素　登場人物の人生の何がそのシーンで問題になっているのか。シーンの冒頭ではそれにどういう位置づけがされているのか。終盤ではどうなっているか。

サブテクスト　登場人物の行動の裏には何があるのか。ほんとうにしたいことは何か。シーンの課題を達成するために、どんな手立てを使っているか。

ビート　それぞれの台詞のサブテクストがあるなかで、登場人物は具体的にはどのようなアクションを起こすのか。その結果、どんなリアクションが生じるのか。そのビートで台詞はどう機能しているか。アクションなのか、リアクションなのか。

進展　各ビートがシーンをどのように進展させているか。前のビートより進んだものになっているか。

駆け引き　そのことばをそのように語ることによって、登場人物はどんな駆け引きをしているのか。どんな効果を生み出そうと狙っているのか。

転換点　そのシーンの価値要素は、プラス／マイナスのあいだでどのように変化しているか。転換点はどこにあるのか。正確にはどのビートのどの言動で大きく変わるのか。

真の姿　そのシーンでの行動の選び方は、登場人物の真の姿をどのように明らかにするのか。

シーンの進展　そのシーンはストーリーをどのように進めるのか。

テクスト　ほしいものを手に入れるために、登場人物はどんな台詞を外へ向けて言っているか。駆け引きやアクションやリアクションをおこなうために、どのような単語や言いまわしを使っているか。

明瞭化　その台詞には、どのような歴史的、社会的、伝記的真実が含まれているか。それははっきりドラマ化されていたり、明確に言語化されていたりするのか。そのタイミングは遅すぎたり早すぎたりせず、適切なのか。

性格描写　登場人物の話し方は、性格や環境や習性と合っているか。

ビートごとにこれらの質問を繰り返し、答えるとよい。ダイアローグを書いているさなかにも繰り返す。一シーンのダイアローグを書き終えたら、もう一度だ。最良の質問が最良の答えを生む。

おわりに

登場人物になりきって書くことは、はじめはむずかしそうに思えるかもしれない。しかしそれは、毎日の生活のなかで知らず識らずのうちにしていることだ。だれかと揉めたとき、あなた自身はどうしてきたか。頭のなかでそのシーンを思い返し、それを再現して書きなおす。自分と相手の立場に立って、その揉め事をもう一度、ビートごとに追ってみる。そうやって再現された人生の断片は、つねに鮮やかで、つねに印象に残る。ダイアローグを書くには、人生を書きなおすときとほとんど同じことをする必要がある。

　登場人物に合ったダイアローグを作るには、周囲の人々をよく観察し、フィクションもノンフィクションもたくさん読んで、人間の行動に関する知識を身につけることだ。しかし、総じて、すぐれた人物造形の源は自分自身をしっかり見つめることである。アントン・チェーホフも「わたしは人間の本質についてのすべてを、自分自身から学んだ」と言っている。

　結局のところ、あなたの生み出す登場人物は、あなた自身のなかにある。その人物にふさわしいことばを見つけるには、想像力を駆使することだ。〝魔法のもしも〟で考えよう。もしも自分がこの登場人物で、このような状況にいたら、どうするだろうか。なんと言うだろうか。その正直な答えに耳を澄ますことだ。それはいつでも正しい。あなたは人間らしくふるまい、人間らしく話すのだから。

　自分自身の姿を知るにつれ、ほかの人間の本質も、それを表現する独自の形もわかるようになる。そして自分を知れば知るほど、より多くの人になれることに気づく。人物を造形し、演じ、彼らのことばで語ろう。

　わたしはここできみを見守っている——きみの瞳に乾杯。

原注（出典）

1 ダイアローグの定義

1 J・L・オースティン『言語と行為』（坂本百大訳、大修館書店、一九七八）

2 Hjalmar Soderberg, *Doctor Glas*, trans. Paul Britten Austin (London: The Harvill Press)

3 James E. Hirsh, *Shakespeare and the History of Soliloquies* (Madison, New Jersey: Fairleigh Dickinson University Press)

4 ジェイ・マキナニー『ブライト・ライツ、ビッグ・シティ』（高橋源一郎訳、新潮社、一九九一）

5 Bruce Norris, *Clybourne Park* (New York: Faber and Faber, Inc., 2011)

6 ジョナサン・フランゼン『コレクションズ』（上下、黒原敏行訳、早川書房、二〇一一）

2 ダイアローグの三つの機能

1 エドワード・T・ホール『沈黙のことば——文化・行動・思考』（國弘正雄訳、南雲堂、一九六六）

2 Elizabeth Bowen, *Afterthought: Pieces about Writing* (London: Longmans, 1962)

3 表現（1）内容

1 エドワード・T・ホール『文化を超えて』（岩田慶治、谷泰訳／TBSブリタニカ、一九七九）

4 表現（2）形式

1 ピーター・ブルック『なにもない空間』（高橋康也、貴志哲雄訳／晶文社、一九七一）

2 Yasmina Reza and Christopher Hampton, *The God of Carnage* (London: Faber and Faber Limited, 2008)
3 David Means, *Assorted Fire Events: Stories* (New York: Faber and Faber, Inc., 2000)
4 ロバート・ペン・ウォーレン『すべての王の臣』(鈴木重吉訳/白水社、一九六六)
5 ケン・キージー『郭公の巣』(岩元巌訳/冨山房、一九七四)
6 ジュリアン・バーンズ『終わりの感覚』(土屋政雄訳/新潮社、二〇一二)

5 表現(3) 技巧

1 Ezgi Akpinar and Jonah Berger, "Drivers of Cultural Success: The Case of Sensory Metaphors," *Journal of Personality and Social Psychology*, 109 (I) (Jul 2015), 20-34
2 マルコム・グラッドウェル『第1感——「最初の2秒」の「なんとなく」が正しい』(沢田博、阿部尚美訳/光文社、二〇〇六)
3 David Means, *Assorted Fire Events: Stories* (New York: Faber and Faber, Inc., 2000)
4 ノーマン・メイラー『アメリカの夢』(山西英一訳/『世界文学全集』Ⅲ-20/集英社、一九六六)
5 Yasmina Reza and Christopher Hampton, *Art in Yasmina Reza: Plays1* (London: Faber and Faber Limited, 2005)
6 ウィリアム・ストランクJr、E・B・ホワイト『英語文章ルールブック』(荒竹三郎訳/荒竹出版、一九八五)

6 信頼性の問題

1 A. H. Maslow, "A Theory of Human Motivation", *Psychological Review*, 50 (1943), 370-96
2 Michael Burleigh, *Sacred Causes* (New York, HarperCollins, 2006)

7 ことばの欠陥

1 Betty Kirkpatrick, *The Usual Suspects and Other Cliches* (London: A&C Black Academic and Professional, 2005)

2 ジョージ・オーウェル『政治と英語』(川端康雄訳/『オーウェル評論集2——水晶の精神』/平凡社、二〇〇九)

11 四つのケーススタディ

1 Mark Van Doren, *Shakespeare* (New York: Doubleday, 1965)
2 ロバート・マッキー『ザ・ストーリー』(純丘曜彰訳/ダイレクト出版、二〇一五)
3 『ザ・ストーリー』ロバート・マッキー

12 ストーリー/シーン/ダイアローグ

1 『ザ・ストーリー』ロバート・マッキー
2 『ザ・ストーリー』ロバート・マッキー
3 『ザ・ストーリー』ロバート・マッキー
4 『ザ・ストーリー』ロバート・マッキー
5 『文化を超えて』エドワード・ホール
6 『ザ・ストーリー』ロバート・マッキー
7 『ザ・ストーリー』ロバート・マッキー
8 『ザ・ストーリー』ロバート・マッキー
9 『ザ・ストーリー』ロバート・マッキー
10 『ザ・ストーリー』ロバート・マッキー
11 『ザ・ストーリー』ロバート・マッキー

14 喜劇的な対立(「そりゃないぜ!? フレイジャー」)

1 Marvin Carlson, *Theories of the Theatre* (Ithaca and London: Cornell University Press, 1984)

17 内省的な葛藤（「フロイライン・エルゼ」『無垢の博物館』）

1 Bruce Hood, *The Self Illusion*（New York: Oxford University Press, 2012）

2 デイヴィッド・イーグルマン『あなたの知らない脳――意識は傍観者である』（大田直子訳／早川書房、二〇一六）

3 ジャーゲン・ロイシュ、グレゴリー・ベイトソン『コミュニケーション――精神医学の社会的マトリックス』（佐藤悦子、ロバート・ボスバーグ訳／思索社、一九八九）

18 暗黙の葛藤（『ロスト・イン・トランスレーション』）より

1 もとはロバート・ブラウニングの詩「アンドレア・デル・サルトウ」（一八五五）のなかの一節 "Well, less is more, Lucrezia: I am judged." である。

19 技術の習得のために

1 Mamie Dickens, *Charles Dickens*（Charleston, South Carolina: Nabu Press, 2012）

訳者あとがき

ロバート・マッキーは一九四一年生まれのアメリカ人で、世界で最も注目されているシナリオ講師と言っても差し支えがないだろう。マッキーは三十年にわたって世界各国でライティングのセミナーを精力的に開催し、数々の脚本家、小説家、劇作家、詩人、ドキュメンタリー作家、プロデューサー、演出家などを養成してきた。受講生のなかには、アカデミー賞受賞者六十人、エミー賞受賞者二百人などなど、想像を絶するほどの数の著名な面々が並んでいる。

ほんの一部だが、例をあげると、ピーター・ジャクソン(『ロード・オブ・ザ・リング』『ホビット』など監督・脚本)、ポール・ハギス(『ミリオンダラー・ベイビー』脚本、『クラッシュ』監督・脚本など)、アキヴァ・ゴールズマン(『ビューティフル・マインド』『シンデレラマン』など脚本)、ピクサー・アニメーション・スタジオの脚本チーム(『トイ・ストーリー』『ファインディング・ニモ』など)などだ。俳優では、ジェーン・カンピオン、ジェフリー・ラッシュ、メグ・ライアン・ロブ・ロウ、デヴィッド・ボウイなど、こちらも数えきれない。

マッキーの指導を受けた者たちは、物語や劇的なるものに対する彼のあまりにも鋭く、あまりにも深い分析に敬意を表して、師を「現代のアリストテレス」と呼ぶという。そのマッキーが書いた前著『ザ・ストーリー』は、豊富な具体例に基づいて作劇術の基本から応用までを徹底的に論じた名著で、脚本家やその予備軍をはじめ、小説・演劇なども含めたあらゆる創作に携わる人々にとって、多くの国でバイブルとされてきた。

本書『ダイアローグ』はマッキーの二番目の著書であり、ストーリーを作るうえでとりわけ重要な要素であるダイアローグ(会話、台詞)に特化して書かれている。とはいえ、読了なさった人ならおわかりのとおり、ストーリーとダイアローグと人物造形は密接にかかわっていて、けっして切り離して考えられるものではないため、本書は前著に劣らず、作劇術全体についての秀逸な論考でもある。論を進めるにあたっては、映画、テレビ、演劇、小説という四つの媒体の相違を踏まえ、それぞれから選んだいくつもの作品の多角的な分析によって、すぐれたダイアローグとはどんなものか、そしてすぐれたフィクション作品とはどんなものかという問題について、その輪郭をみごとに浮き彫りにしつつ、明確な答えを導き出している。

たとえば、サスペンス型・蓄積型・均衡型といった台詞の構造の分析や、シーンを細かい部分(ビート)に刻んでアクション/リアクションや価値要素の変化を観察していく考え方などは、従来はなんとなく感覚的にとらえられてきた「よい台詞」「悪い台詞」の相違をきわめて論理的に可視化したもので、本書の白眉と言えるだろう。作品がどうやったらおもしろくなるか、つまらなくなるかが手にとるようにわかり、読んでいてこの上なく痛快である。

本書はもちろん、シナリオや劇作や小説創作の仕事に携わる人や携わりたい人にとって有用なガイドブックとなるにちがいないが、効率的でわかりやすい文章を書きたい人や説得力のある話術を身につけたい人などにとっても、きっと役立つだろう。また、映画、テレビ、演劇、小説をより深く楽しみたい人にとっても、新たな視点をいくつも与えてくれるはずだ。

なお、原文が英語の文法や語彙についてくわしく言及している箇所も少なからずあったが、翻訳にあたっては、あまりに日本語の論理とかけ離れた記述の場合は、日本語の実情に見合った表現に適宜改変したことをご了承いただきたい。

映画『アダプテーション』には、ブライアン・コックス演じるシナリオ講師ロバート・マッキーが登場し、セミナーで情熱的に語るシーンもある。マッキーは七十代半ばを越えたいまも精力的に活動し、各地で作劇の指導をつづけるかたわら、つぎの著書の執筆にも取り組んでいるらしい。日本でもその話を直接聞ける日が訪れることを祈っている。

ロバート・マッキー
Robert Mckee

1941年生まれ。世界で最も名高く、信頼されているシナリオ講師。全米のみならず、世界各地でセミナーを開催している。これまで30年以上にわたって、数々の脚本家、小説家、劇作家、詩人、ドキュメンタリー作家、プロデューサー、演出家などを育成してきた。マッキーの指導を受けたなかからは、アカデミー賞受賞者が60人以上、アカデミー賞候補が200人以上、エミー賞受賞者が200人以上、エミー賞候補が1,000人以上、全米脚本家組合賞受賞者が100人以上、全米監督組合賞受賞者が50人以上生まれている。著書はほかに『ザ・ストーリー』(ダイレクト出版)。

越前敏弥
(えちぜん・としや)

1961年生まれ。文芸翻訳者。東京大学文学部国文科卒。学生時代には映像論やシナリオ技法なども学び、卒論テーマは「昭和50年代の市川崑」。学生時代には蓮實重彦映像論ゼミなどで学おもな訳書『ダ・ヴィンチ・コード』『Xの悲劇』『思い出のマーニー』(以上、KADOKAWA)『解錠師』『生か、死か』(以上、早川書房)、『夜の真義を』(文藝春秋)、『おやすみ、リリー』(ハーパーコリンズ・ジャパン)、『世界文学大図鑑』(三省堂)など。著書『翻訳百景』(KADOKAWA)、『越前敏弥の日本人なら必ず誤訳する英文』(ディスカヴァー)など。

ダイアローグ

小説・演劇・映画・テレビドラマで
効果的な会話を生みだす方法

2017年10月28日　初版発行

著者　ロバート・マッキー
訳者　越前敏弥

日本語版編集　山本純也（フィルムアート社）
ブックデザイン　水戸部功

発行者　上原哲郎
発行所　株式会社フィルムアート社
〒150-0022
東京都渋谷区恵比寿南1-20-6 第21荒井ビル
tel 03-5725-2001　fax 03-5725-2626
http://www.filmart.co.jp/

印刷・製本　シナノ印刷株式会社

ISBN 978-4-8459-1629-0 C0074